Marianne Giesert (Hrsg.)
Arbeitsfähig in die Zukunft

D1723974

Marianne Giesert (Hrsg.)
Arbeitsfähig in die Zukunft
Willkommen im
Haus der Arbeitsfähigkeit!

VSA: Verlag Hamburg

Die Publikation wurde mit finanzieller Unterstützung der Hans-Böckler-Stiftung herausgegeben.

Ansprechpartnerin:

DGB Bildungswerk BUND
Kompetenzzentrum Gesundheit und Arbeit
Marianne Giesert
Hans-Böckler-Straße 39
40476 Düsseldorf
Tel.: 0211/4301-372
E-Mail: marianne.giesert@dgb-bildungswerk.de

www.dgb-bildungswerk.de

www.betriebsratsqualifizierung.de

www.vsa-verlag.de

Inhalt

3. Betriebliche Beispiele: aus der Praxis für die Praxis

▌ 4. Betriebliche Gesundheitsförderung – eine Standortbestimmung

▌ Anhang

·

Marianne Giesert
Einführung

Mit diesem Buch sowie mit unserer Veranstaltung »Workshop zur Betrieblichen Gesundheitsförderung – Arbeitsfähig in die Zukunft: Willkommen im Haus der Arbeitsfähigkeit!« sollen Möglichkeiten und Strategien für alle betrieblichen Akteurinnen und Akteure aufgezeigt werden, um *arbeitsfähig in die Zukunft zu gehen.*
Arbeitswissenschaftliche Erkenntnisse und relevante betriebliche Beispiele werden vorgestellt und diskutiert. Schwerpunkt ist dabei das finnische Arbeitsfähigkeitskonzept zur Verbindung von Theorie und betrieblicher Praxis sowie die betriebliche Gesundheitsförderung in ihrer Entwicklung im betrieblichen Gesundheitsmanagement.
Das Buch gliedert sich zugunsten der besseren Übersichtlichkeit in vier Teile:
1. Arbeitsfähigkeit – Grundlagen und Weiterentwicklungen
2. Beratungsinstrumente auf der Grundlage des Arbeitsfähigkeitskonzeptes
3. Betriebliche Beispiele: aus der Praxis für die Praxis
4. Betriebliche Gesundheitsförderung – eine Standortbestimmung

1. Arbeitsfähigkeit – Grundlagen und Weiterentwicklungen

Der erste Beitrag bildet die theoretische Grundlegung: *Juhani Ilmarinen* stellt das finnische Arbeitsfähigkeitskonzept mit seinen Grundlagen und Weiterentwicklungen vor. Im Mittelpunkt steht dabei die Balance zwischen der Arbeitsanforderung und dem individuellen Potenzial des einzelnen Menschen. Ziel ist es, für die Beschäftigten eine Verbesserung des Wohlbefindens am Arbeitsplatz und der Lebensqualität sowie für den Arbeitgeber eine bessere Produktivität und Qualität der Arbeit zu erlangen.
Ilmarinen beschreibt anhand des »Hauses der Arbeitsfähigkeit« mit seinen vier Stockwerken das solide sozial- und arbeitswissenschaftliche Fundament und belegt mit internationalen Erkenntnissen und Erfahrungen die erfolgreiche Nutzung dieses Konzeptes. Er zeigt auf,

wie sich die Arbeitsfähigkeit von alternden Beschäftigten fördern lässt. Dafür bedarf es vielfältiger, aufeinander abgestimmter individueller und betrieblicher Maßnahmen.

Ilmarinen plädiert für hochspezialisierte Einzellösungen, die als Maßnahme zur individuellen Erhaltung der Arbeitsfähigkeit der Beschäftigten ihre Berechtigung haben. Er fordert Führungskräfte und betriebliche Interessenvertretungen auf, nach neuen Wegen zu suchen, um kollektive Interessen und individuelle Entscheidungen miteinander kombinieren zu können. Dabei favorisiert er den offenen Dialog mit »eingeräumten Entscheidungsmöglichkeiten«. Er empfiehlt, das »Haus der Arbeitsfähigkeit« als Basis zur Maßnahmengestaltung für ein besseres und längeres Arbeitsleben der Beschäftigten in den Betrieben zu nutzen. Dadurch wird die Beachtung aller relevanten Handlungsfelder – Gesundheit, Kompetenz, Einstellungen gegenüber der Arbeit sowie alters- und alternsgerechte Arbeitsgestaltung – gefördert.

Die weiteren Artikel unterstreichen mit ihren Beispielen, Erfahrungen und Ideen der Weiterentwicklung aus Deutschland und Österreich die folgende Aussage von Juhani Ilmarinen: »Es ist möglich und realistisch, durch die Anwendung des Arbeitsfähigkeitskonzepts mit alternden Belegschaften arbeitsfähig in die Zukunft zu gehen.«

Gottfried Richenhagen stellt die Begriffe Arbeitsfähigkeit und Arbeits*un*fähigkeit in den Mittelpunkt seines Beitrages und zeigt Wege, gesetzlich verpflichtende Arbeitsschutzaufgaben mit dem Arbeitsfähigkeitskonzept und dem Work Ability Index (WAI) zu kombinieren, um die Arbeitsfähigkeit der Beschäftigten zu ermitteln und positive wie negative Entwicklungen sichtbar zu machen. Er betont den Nachholbedarf für Deutschland im internationalen Vergleich und unterstreicht so die Notwendigkeit, den Erhalt der Arbeits- und Beschäftigungsfähigkeit von alternden Belegschaften zu fördern.

Irene Kloimüller berichtet über die Erfahrungen und Weiterentwicklungen aus Österreich und bezieht dabei ein aktuelles Programm der Allgemeinen Unfallversicherung (AUVA) und der Pensionsversicherungsanstalt (PVA) ein. Dieses vierjährige Programm »Fit für die Zukunft – Arbeitsfähigkeit erhalten« setzt sich auf der Grundlage der finnischen Forschungs- und Beratungsergebnisse in den Betrieben gezielt für die Förderung der Arbeitsfähigkeit der Beschäftigten ein. Einbezogen sind bis 2012 insgesamt 20 Pilotbetriebe mit rund 13.000 Arbeitnehmerinnen und Arbeitnehmern aus acht Branchen. Erste Ergebnisse zeigen, dass Interventionen bzw. Unterstützungsmaßnahmen zu ca. 70% im obersten Stockwerk – bei den Verhältnissen bzw. den Arbeitsbedingungen des »Hauses der Arbeitsfähigkeit« – ansetzen, z.B. bei der Unternehmenskultur, den Strukturen und Abläufen. Damit liegt die Priorität eindeutig in der Veränderung der Verhältnisse, und nicht im individuellen Verhalten.

Melanie Ebener beschreibt die Entwicklung des WAI-Netzwerks in Deutschland von 2003 bis heute. Sie zeigt weitere interessante Perspektiven für die Verbreitung und Weiterentwicklung des WAI für die betriebliche Praxis und die Wissenschaft auf.

2. Beratungsinstrumente auf der Grundlage des Arbeitsfähigkeitskonzeptes

Heinrich Geißler, Alexander Frevel und *Brigitta Gruber* stellen das »Arbeitsbewältigungs-Coaching« (ab-c) als Instrument für den betrieblichen Beratungsprozess vor. Sein Ziel ist es, die Beschäftigten als Individuum zu stärken und die betriebliche Zukunft zu sichern. Dieses *Beratungswerkzeug* basiert auf den wissenschaftlichen Erkenntnissen und überprüften Praxiserfahrungen des Arbeitsfähigkeitskonzepts und dem Messverfahren des Arbeitsbewältigungsindex (ABI bzw. WAI). Es wird eingesetzt, um Beschäftigte und Unternehmen in ihrer Selbstbeobachtungs- und Selbstmanagementkompetenz zu unterstützen und auf individueller wie auch auf betrieblicher Ebene zu Gestaltungs- und Veränderungsmaßnahmen zu gelangen.

Anja Liebrich, Marianne Giesert und *Tobias Reuter* beschreiben ein neues Beratungsinstrument: das »Arbeitsfähigkeitscoaching« (AFCoaching), das derzeit im Projekt »Neue Wege im Betrieblichen Eingliederungsmanagement (BEM)« entwickelt wird. Das AFCoaching ist ein fallbezogener Beratungsprozess auf der Grundlage des Arbeitsfähigkeitskonzepts im Betrieblichen Eingliederungsmanagement. Beschäftigte werden bei der Überwindung ihrer Arbeitsunfähigkeit sowie bei der Eingliederung nach längerer Krankheit durch eine Verbesserung der Arbeits- und Beschäftigungsfähigkeit individuell begleitet. Das Instrument unterstützt die Beschäftigten, ihre aktive Rolle innerhalb des betrieblichen Eingliederungsmanagements wahrzunehmen. Es werden nicht über sie hinweg, sondern mit ihnen gemeinsam die betrieblichen Arbeitsbedingungen gestaltet und Unterstützungsmöglichkeiten initiiert. Durch diese partizipative Vorgehensweise können maßgeschneiderte Lösungen für die einzelnen Beschäftigten gefunden werden, um eine aktuelle Arbeitsunfähigkeit zu überwinden sowie die langfristige Arbeits- und Beschäftigungsfähigkeit zu erhalten und zu fördern. Derzeit wird das AFCoaching pilothaft durchgeführt, detaillierte Ergebnisse zur Wirksamkeit werden Ende März 2013 vorliegen.

Nachdem zwei Beratungsinstrumente auf der Grundlage des Arbeitsfähigkeitskonzepts vorgestellt wurden, widmen sich die nächsten Artikel der betrieblichen Praxis.

3. Betriebliche Beispiele: aus der Praxis für die Praxis

Christoph Schindler stellt das Konzept und die Messung der Arbeitsfähigkeit bei der Stadt München vor. Deren Abteilung Betriebliches Gesundheitsmanagement führte das »Haus der Arbeitsfähigkeit« 2007 im Zusammenhang der Neukonzeption der Mitarbeiterbefragung bei Projekten im Rahmen des Betrieblichen Gesundheitsmanagements ein. Es wurden Stärken und Belastungen mit den dazu gehörenden Verbesserungsvorschlägen für alle »Stockwerke« erfasst und mit den Beschäftigten systematisiert. Dadurch kann eine Übersicht der Belastungen und Stärken erstellt und die Schwerpunkte können sichtbar gemacht werden. Diese Übersicht wird in vorhandenen Medien, wie z.B. Intranet, lokalen Dateien oder Infotafeln, zugänglich gemacht. Insgesamt verdeutlicht diese Sammlung, welche Maßnahmen des Gesundheitsmanagements die Gesundheit und Arbeits- und Beschäftigungsfähigkeit der Beschäftigten unterstützen.

Ein weiteres Beispiel sind die Verkehrsbetriebe Hamburg-Holstein AG im Verbund mit der Pinneberger Verkehrsgesellschaft mbH (VHHPVG). Dort wird das Arbeitsfähigkeitskonzept seit zehn Jahren in die Praxis umgesetzt. Fünf Beiträge spiegeln die unterschiedlichen Erfahrungen und Perspektiven verschiedener betrieblicher Akteurinnen und Akteure wider.

Torsten Bökenheide als Prokurist der VHHPVG Unternehmensgruppe verdeutlicht seine Sichtweise am Beispiel von Maschinen und betont, wie wichtig deren Wartung im betrieblichen Alltag ist, um die Maschinen funktionsfähig zu halten. Er vergleicht dies mit der Erhaltung und Förderung der Arbeitsfähigkeit von alternden Belegschaften und kommt zu dem Schluss: »Maschinen brauchen Wartung. Menschen auch! Dieser Prozess ist ein dauerhafter. Er lohnt.«

Matthias Stricker, Betriebsleiter bei der VHHPVG, schildert im Gespräch mit Jürgen Tempel seine Erfahrungen als Führungskraft in diesem Prozess, den er als »Prozess des Führens und Balancierens im Dialog« mit den Beschäftigten beschreibt. Grundlage für diesen Dialog ist für alle Führungskräfte das Haus der Arbeitsfähigkeit mit seinen verschiedenen Stockwerken. In den Gesprächen zwischen Führungskraft und Beschäftigten werden Lösungsansätze für den Erhalt und die Förderung der Arbeitsfähigkeit erarbeitet und vereinbart. Ein zielführender und erfolgreicher Weg.

Die Betriebsräte *Ralf Lukas* und *Thomas Scheel* von VHHPVG geben einen Zwischenbericht über die Berücksichtigung des demografischen Wandels in der Tariflandschaft. Im vorgestellten Tarifvertrag, der sich im Frühjahr 2011 in der Verhandlung zwischen den Sozialpartnern ver.di und VHHPVG befindet, sollen klare Ziele formuliert werden, z.b. sichere Arbeitsplätze für alle, und Vorgehensweisen zum Erhalt und zur Förderung der Arbeitsfähigkeit festgelegt werden. Außerdem soll eine paritätisch besetzte Kommission (VHHPVG/ver.di) festgeschrieben werden, die sich um die Kolleginnen und Kollegen kümmert, deren gesundheitliche Balance beeinträchtigt ist und die Unterstützung benötigen.

Die Arbeitsmedizinerin *Jutta Schramm* und der Arbeitsmediziner *Jürgen Tempel* berichten über ihre zehnjährige Arbeit als Betriebsärzte mit dem Arbeitsbewältigungsindex-Dialog (ABI-Dialog) bei der VHHPVG Unternehmensgruppe. Sie begleiten die Beschäftigten bei der Erhaltung und Förderung ihrer Arbeitsfähigkeit und unterstützen die Wiederherstellung bei eingeschränkter Arbeitsfähigkeit. Dabei werden alle Stockwerke im »Haus der Arbeitsfähigkeit« gemeinsam betrachtet. Die einzelnen Beschäftigten stehen im Mittelpunkt eines Prozesses, bei dem auch die Führung und die unmittelbaren Vorgesetzten eine zentrale Rolle übernehmen. Sie sind verantwortlich für die Arbeitsgestaltung und die Aufrechterhaltung der Handlungskompetenz.

Andreas Soukup und *Karin Schweighofer,* syn.energy GmbH, haben für die VHHPVG ein praxisnahes Training auf Grundlage des »Hauses der Arbeitsfähigkeit« entwickelt. Ziel ist es, das Konzept nachvollziehbar zu vermitteln, den Dialog zwischen Mitarbeiterinnen/Mitarbeitern und Führungskräften zu fördern und das Verantwortungsgefühl für die eigene Arbeitsfähigkeit zu stärken.

Mit diesen verschiedenen Ansätzen zum »Haus der Arbeitsfähigkeit« hat die VHHPVG Unternehmensgruppe eine Vorreiterposition eingenommen. Die dabei gemachten Erfahrungen liefern neue Impulse im eigenen Unternehmen. So ist das »Haus der Arbeitsfähigkeit« die Grundlage eines Prozesses, an dem stetig an der Förderung und Verbesserung der Arbeits- und Beschäftigungsfähigkeit partizipativ gearbeitet wird.

Joseph Kuhn, Karin Sötje und *Martina Panke* betrachten in ihrem Beitrag die Arbeitsfähigkeit und subjektive Sinnstruktur am Beispiel der Bildungsarbeit mit Auszubildenden aus Bauberufen. In der dortigen Arbeitskultur spielt die Gesundheit eine vermeintlich nachrangige Rolle. Motive, wie z.B. ein guter Kollege zu sein, die eigene Männlichkeit zu beweisen oder nicht als zimperlich zu gelten, wenn es einmal anstrengend wird, sind aus der Sicht der Auszubildenden wichtiger für das Bewältigen des Arbeitsalltags als die eigene Gesundheit. Die Autorinnen und der Autor stellen die Betrachtung der Arbeitsfähigkeit in den Kontext der Sozialisationsbedingungen von Berufen. Sie plädieren dafür, Gesundheitstrainings, Unterweisungen und Bildungsangebote aus dem betrieblichen Alltag zu lösen, um an Bildungsorten Zeit zum Reflektieren und Diskutieren zu haben. Damit wird ein Überdenken der eigenen Arbeitserfahrungen und -sozialisation möglich. Jemand, der seine berufliche Identität primär aus der Einstellung bezieht, körperlichen Belastungen standhalten zu müssen, wird für Gesundheitsargumente stets schwerer zu erreichen sein als jemand, der auf das Produkt seiner Arbeitsleistung und auf seinen Beruf stolz sein kann.

Heinz Kowalski und *Birgit Schauerte* berichten von den Ergebnissen eines Projektes mit kleinen und mittleren Unternehmen (KMU), in dem versteckte Gesundheitsrisiken von Beschäftigten rechtzeitig erkannt und durch gezielte Maßnahmen die eigene Beschäftigungsfähigkeit erhalten wurde.

Manuela Maschke gibt Tipps für gute betriebliche Vereinbarungen und beschreibt das umfangreiche Angebot des »Archivs Betriebliche Vereinbarungen« der Hans-Böckler-Stiftung.

Tobias Reuter, Marianne Giesert und *Anja Liebrich* beschreiben die Bedeutsamkeit des Datenschutzes beim Betrieblichen Eingliederungsmanagement (BEM) und damit bei der gesetzlichen Verpflichtung zur Wiederherstellung, zum Erhalt und zur Förderung der Arbeitsfähigkeit bei Mitarbeiterinnen und Mitarbeitern, die länger als sechs Wochen innerhalb eines Jahres, wiederholt oder am Stück, arbeitsunfähig waren. Hierzu beantworten sie eine Reihe datenschutzrechtlicher Fragen, z.B. über Umfang und Inhalt der Daten, zur Freiwilligkeit des BEM, der Beteiligten im Prozess sowie der Art und Weise der Datenerhebung. Die in diesem Beitrag vorgestellte Handreichung zum Datenschutz aus dem Projekt »Neue Wege im BEM« unterstreicht, dass umfangreiche Datenschutzbestimmungen hilfreich sind und betriebliche Prozesse des BEM datenschutzrechtlich bewertet werden müssen.

Anastasia Wagner, Diplom-Gesangspädagogin und klassische Sängerin, beschreibt, was Singen mit betrieblicher Gesundheitsförderung zu tun hat. Alle, die beim 15. Workshop Betriebliche Gesundheitsförderung dabei sind, können darüber berichten, wie viel Freude diese Maßnahme macht und was sie zur Gesundheitsförderung beiträgt.

Jürgen Tempel skizziert in seinem zweiten Beitrag seine Entwicklung vom Anästhesisten und Hausarzt zum »Häuserbauer«. Dabei prägen bedeutsame Schlüsselerlebnisse und -diskussionen seinen persönlichen und beruflichen Werdegang. Um die Zukunft und den demografischen Wandel besser zu bewältigen, plädiert er dafür, das Haus der Arbeitsfähigkeit im Unternehmen aufzubauen und den Dialog zwischen Arbeitgebern und Beschäftigten bzw. deren Vertretungsorganen zu forcieren. Dieser Dialog basiert darauf, dass Entscheidungen gemeinsam getroffen und umgesetzt werden. Die Betriebsärzte können diesen Prozess fachlich unterstützen. Das bereits geschilderte betriebliche Beispiel von VHHPVG belegt Erfolge der von ihm aufgezeigten Strategien.

4. Betriebliche Gesundheitsförderung – eine Standortbestimmung

Franz Bindzius und *Volker Wanek* stellen die Landkarte der betrieblichen Gesundheitsförderung (BGF) in Deutschland vor. Sie ist Ergebnis einer Befragung der nationalen Arbeitsgruppe »Betriebliche Gesundheitsförderung«, in der sich die wichtigsten Akteure aus dem Bereich der betrieblichen Prävention und Gesundheitsförderung zusammengeschlossen haben. Bei der Analyse wurden die Stärken und Schwächen sowie Möglichkeiten und Gefahren der betrieblichen Gesundheitsförderung erhoben. Es handelt sich um eine subjektive Einschätzung der Mitglieder der Arbeitsgruppe und nicht um eine quantitative Erhebung. Eindeutig kann ein hoher Bedarf der Betriebe und Beschäftigten an qualitativ hochwertiger BGF festgestellt und ein kontinuierlicher Ausbau in Deutschland gefordert werden. An diesem Anspruch müssen sich alle messen lassen, die hierzulande politische und gesellschaftliche Verantwortung tragen. Die Autoren stellen der BGF eine optimistische Zukunftsprognose, da die Einsicht bei allen Beteiligten langsam wächst, dass Investitionen in Gesundheit und Wohlbefinden der Beschäftigten allen zugutekommen: den Unternehmen, den Beschäftigten und der gesamten Gesellschaft.

Gudrun Faller stellt die provokante Frage:»Lässt die Qualifizierung in der betrieblichen Gesundheitsförderung zu wünschen übrig?« Sie erläutert anhand ausgewählter Ergebnisse einer aktuellen Untersuchung den Stand der Aus- und Fortbildung zur Betrieblichen Gesundheitsförderung in Deutschland. Dabei stellt sie fest, dass die in großer Zahl angebotenen, zeitlich kurz angelegten Kurse einen ersten Einblick, aber keine anspruchsvolle Betriebliche Gesundheitsförderung vermitteln können. Dies ist aber ihrer Ansicht nach notwendig, da sie die betriebliche Gesundheitsförderung als gesundheitsfördernden Organisationsentwicklungsprozess definiert. Dieser Prozess lässt sich nicht so einfach in den Betrieben realisieren, da das Beharrungsvermögen von betrieblichen Routinen erheblich ist.

Eine zentrale Voraussetzung für erfolgreiche Veränderungsprozesse ist die Qualifizierung aller beteiligten Akteure. Darüber hinausgehender Handlungsbedarf besteht schließlich im Hinblick auf die Qualitätssicherung von Qualifizierungsangeboten. Gudrun Faller empfiehlt die Bildung einer unabhängigen Fachkommission, bestehend aus Vertretern der Ausbildungsanbieter und aus Experten, die sich der Qualitätssicherung im Bereich der betrieblichen Gesundheitsförderung annehmen.

Der *Schlussbeitrag* ist eine Bestandsaufnahme der Betrieblichen Gesundheitsförderung im Zeitraum 1996 bis 2011 (1.-15. Workshop). In diesem zeichnet die Herausgeberin Entwicklungen der Betrieblichen Gesundheitsförderung in der Vergangenheit nach und eröffnet gleichzeitig Perspektiven für die Zukunft.

Für die Beiträge möchte ich mich recht herzlich bei allen Autoren und Autorinnen bedanken. Nur durch ihre engagierte Arbeit ist dieses Buch möglich geworden. Außerdem möchte ich mich bei der Hans-Böckler-Stiftung für die finanzielle Unterstützung und bei unseren Kooperationspartnern Manuela Maschke von der Hans-Böckler-Stiftung und Jürgen Reusch, dem verantwortlichen Redakteur von»Gute Arbeit – Zeitschrift für Gesundheitsschutz und Arbeitsgestaltung«, die uns mit Rat und Tat bei unserer Arbeit immer wieder unterstützen, bedanken.

Danken möchte ich auch Anja Liebrich und Tobias Reuter vom DGB-Bildungswerk sowie Marion Fisch vom VSA: Verlag für die gute und engagierte Zusammenarbeit.

Über dieses Buch hinaus hat mir die Arbeit in dieser gesamten Workshopreihe »Betriebliche Gesundheitsförderung« (1.-15. Workshop) viel Freude bereitet. Ich möchte mich an dieser Stelle noch einmal bei allen Experten und Expertinnen, Kollegen und Kolleginnen bedanken, die uns über die 15 Jahre fortwährend oder punktuell begleitet haben. Besonders möchte ich hier Jürgen Tempel erwähnen, der uns fachlich qualitativ hochwertig und persönlich als guter Freund vom 1. bis zum 15. Workshop bei der Vorbereitung und Durchführung konsequent begleitet hat. Damit hat er der Workshopreihe eine starke Basis gegeben. Auch Heinrich Geißler hat mit seinen interessanten Fachbeiträgen und kreativen Methoden die Workshopreihe stark bereichert.

Ich wünsche mir, dass die Beiträge dieses Buches am Ende dieser Workshopreihe interessante Anregungen für die betriebliche Praxis bieten und die Erhaltung und Förderung der Arbeitsfähigkeit von alternden Beschäftigten im Betrieb weiterhin zum Wohle aller Verbreitung findet.

1. Arbeitsfähigkeit – Grundlagen und Weiterentwicklungen

Juhani Ilmarinen
Arbeitsfähig in die Zukunft[1]

1. Warum ist unsere Arbeitsfähigkeit so wichtig?

Arbeitsfähigkeit ist die Grundlage, um arbeiten zu können und zu wollen. Diese Balance zwischen dem, was von uns verlangt wird (Arbeitsanforderung), und dem, was wir leisten können (individuelles Potenzial), bestimmt unser privates und vor allen Dingen unser Arbeitsleben. Arbeitsfähigkeit und die mittel- und langfristige Stabilisierung dieser Balance ist auch die Voraussetzung dafür, besser und länger zu arbeiten. Für den Mitarbeiter bedeutet sie ein besseres Wohlbefinden am Arbeitsplatz und eine bessere Lebensqualität. Für den Arbeitgeber entsteht so eine bessere Produktivität und Qualität der Arbeit: »*Das wichtigste Vermögen im Erwerbsleben von Beschäftigten ist ihre Arbeitsfähigkeit. Ein positives Unternehmensergebnis ist erst durch die Arbeitsfähigkeit der Mitarbeiterinnen und Mitarbeiter möglich. Dadurch hat das Unternehmen eine bestimmte Rolle bei der Erhaltung und Förderung der Arbeitsfähigkeit der Mitarbeiter. Die Konzepte der Arbeitsfähigkeit haben sich in den letzten zehn Jahren in eine ganzheitliche und vielseitige Richtung verändert und entwickelt.*« (Ilmarinen 2006: 162) Unsere über 28 Jahre hinweg betriebene Längsschnittstudie hat mittlerweile auch nachgewiesen, dass die Arbeitsfähigkeit im Alter von 45-57 Jahren einen großen Einfluss auf den dritten Lebensabschnitt hat: Eine gute Arbeitsfähigkeit vor der Rente bedeutete ein besseres Leben frei von Einschränkungen der täglichen Aktivitäten im Alter von 73 bis 85 Jahren. Gute Arbeitsfähigkeit bietet bessere Chancen für ein unabhängiges Leben in der Rente – ein Traum für uns alle. Dazu gehören allerdings auch politische, wirtschaftliche und soziale Rahmenbedingungen, die die Verwirklichung dieses Traums ermöglichen.

[1] Die deutsche Fassung dieses Beitrags entstand mit Unterstützung von Dr. Jürgen Tempel. Dafür an dieser Stelle herzlichen Dank.

2. Was ist Arbeitsfähigkeit?

Arbeitsfähigkeit kann wie ein Haus mit vier Stockwerken beschrieben werden. Dieses Modell für ein komplexes arbeitswissenschaftliches Verständnis der Arbeitssituation im Unternehmen verfügt über ein solides sozial- und arbeitswissenschaftliches Fundament (Ilmarinen/Tuomi et al. 1998), das in der Praxis mittlerweile vielfache Überprüfung, Bestätigung und Weiterentwicklung erfahren hat. So entstand ein Bild, das nicht nur Forschung und Empirie abbildet, sondern auch der menschlichen Fantasie und dem offenen Dialog zwischen den Bewohnern Platz einräumt. Das Haus der Arbeitsfähigkeit bietet – nicht nur in unserer Traumwelt (Klessmann/Eichbach 1998), sondern auch in der betrieblichen Realität – Geborgenheit und Schutz, es kann aber auch zum »Gefängnis« werden, wenn die Ordnung gestört und die Abläufe fehlerhaft sind. Die Ergebnisse von umfangreichen Forschungen zeigen auf, dass der Rundgang durch alle vier Stockwerke – Gesundheit und

Abbildung 1: Das Haus der Arbeitsfähigkeit

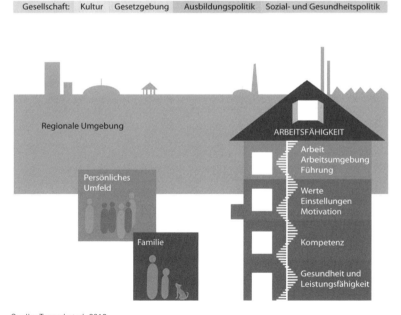

Quelle: Tempel et al. 2010

Leistungsfähigkeit (1), Qualifikation und Kompetenz (2), Werte und Einstellungen (3) sowie Arbeit und Führung (4) – entscheidend ist für Richtung und Erfolg dieses Prozesses.

■ Man kann in einem Stockwerk anfangen, aber es wäre ein Fehler, sich darauf zu beschränken.

Beginnen wir mit dem untersten Stockwerk (1), das die Grundlage für alle weiteren bildet:»Die physische und psychische *Gesundheit*. Veränderungen in der Leistungsfähigkeit und der Gesundheit wirken unmittelbar auf die Arbeitsfähigkeit. Einschränkungen in der Gesundheit und Leistungsfähigkeit bedrohen immer auch die Arbeitsfähigkeit – umgekehrt bieten die Förderung von Gesundheit und Leistungsfähigkeit die Möglichkeit der Förderung der Arbeitsfähigkeit. Eine gute Arbeitsfähigkeit braucht ein stabiles Fundament – das bedeutet auch, dass es eine gute Arbeitsfähigkeit ohne Gesundheit nicht geben kann.« (Oldenbourg/ Ilmarinen 2010: 431) Gesundheit und Krankheit sind aber ein Teil von *Lebendigkeit*:»Es ist genetisch unmöglich und biostatistisch äußerst unwahrscheinlich, immer ›kerngesund‹ zu bleiben und dann plötzlich – am besten in hohem Lebensalter – schmerzlos tot umzufallen.‹ Um es paradox zuzuspitzen: Gerade die Möglichkeit der zeitweisen Gesundheit – d.h. der Fähigkeit, die Lebensanforderungen zu erfüllen – setzt zwingend die Hinnahme der leider nur zu weit verbreiteten Disposition zur Krankheit voraus.‹ (Markl 1996: 32) Insbesondere chronische Krankheitsprozesse verlaufen zeitabhängig und manifestieren sich oft erst dann, wenn die vielfältigen bio-psycho-sozialen Regulations- und Kompensationsmechanismen ausgeschöpft und/oder zusammengebrochen sind. Und: Sie entwickeln sich mit dem Älterwerden.« (Ilmarinen/Tempel 2002: 94) Diese individuellen Fähigkeiten sind zwar genetisch vorbereitet, sie werden aber durch die Entwicklung in den ersten Lebensjahren in der Familie, dann in der Schule, am Wohnort und z.B. im Verein oder den Peergroups richtungweisend geprägt. Alles zusammen bildet die persönlichen individuellen *internen* Ressourcen, die uns den erfolgreichen Eintritt in das Arbeitsleben erst ermöglichen. Im weiteren Verlauf des Arbeitslebens tritt die Gestaltung der Arbeit durch die Führung als wichtigste *externe* Ressource in den Vordergrund.

■ Bei Störungen der Balance ist deshalb auch daran zu denken, dass das Haus der Arbeitsfähigkeit in einem spezifischen Umfeld steht, das möglicherweise eine entscheidende Rolle spielt.

Das zweite Stockwerk (2) *Qualifikation* beschreibt das Wissen und Können eines Menschen. Hierunter fallen sowohl fachliche Qualifikationen als auch Schlüsselkompetenzen. Eine andere mögliche Einteilung ist die in Fertigkeiten und Fähigkeiten. Unter Fertigkeiten versteht man die Anteile des eigenen Könnens, die schon ausgebildet sind, z.B.»Ich kann Fahrrad fahren.« Als Fähigkeiten werden die Anteile beschrieben, die noch nicht erlernt, aber prinzipiell erlernbar sind, z.B.»Ich kann eine neue Sprache lernen.« Mit den angeeigneten vielfältigen Qualifikationen begegnet man den beruflichen Herausforderungen – im fortlaufend sich verändernden Arbeitsalltag wird das lebenslange Weiterlernen dabei immer wichtiger. Dies ist nicht nur eine Anforderung an die Mitarbeiter. Die Arbeit sollte auch so gestaltet werden, dass eine lernförderliche Arbeitssituation entsteht.

Im dritten Stockwerk (3) sind die *Werte* untergebracht. Hier wird unterschieden zwischen Einstellungen und Motivationen. Einstellungen prägen unser gesamtes Verhalten und beeinflussen auch, welche Dinge uns motivieren. Für eine gute Arbeitsfähigkeit ist es wichtig, dass die eigenen Einstellungen und Motivationen im Einklang mit der eigenen Arbeit sind. Eine Arbeit, die man vor sich selbst nicht gut vertreten kann, oder ein Chef, der mit Gehaltserhöhungen zu locken versucht, obwohl man sich selbst einen Freizeitausgleich wünscht – darunter leidet langfristig die eigene Arbeitsfähigkeit.

Das vierte Stockwerk (4) ist das größte und schwerste – es ist die *Arbeit* selbst. In den meisten Zeichnungen wird es aus diesem Grund auch doppelt so groß gemalt wie die anderen. Und weil es das oberste Stockwerk ist, drückt es mit seinem Gewicht auf die unteren – alles, was hier passiert, hat deutliche Auswirkungen auf alle vorher genannten Stockwerke. Im Stockwerk »Arbeit« finden sich all die unterschiedlichen Faktoren, die den eigenen Arbeitsplatz zu dem machen, was er ist: Die Arbeitsaufgabe und die daraus entstehenden Anforderungen, das soziale Umfeld mit Kolleginnen, Kollegen und Vorgesetzten, die Struktur der Organisation, in der man arbeitet, und die Arbeitsumgebung in Form von z.B. Räumen, Lichtverhältnissen, Mobiliar. Dieses Stockwerk ist in seinem Aufbau sehr komplex, weil es sich aus vielen unterschiedlichen Aspekten zusammensetzt, die eng miteinander verwoben sind.

Eine große Verantwortung in diesem Stockwerk tragen die Vorgesetzten. Sie sind für eine gute Arbeitsgestaltung verantwortlich und haben in ihrer Position auch die Möglichkeit, diese durchzusetzen. Gleichzeitig kann eine gute Arbeitsfähigkeit nur dann entstehen, wenn Vorgesetzte, Mitarbeiterinnen und Mitarbeiter zusammenarbeiten. Keiner von ihnen kann allein eine gute Arbeitsfähigkeit bewirken – erst wenn beide ihren Anteil dazu leisten, wird sie möglich. Neben den Vorgesetzten wirken auch Kolleginnen und Kollegen auf die eigene Arbeitsfähigkeit – im besten Falle unterstützend und fördernd. *Arbeitsschutz und Betriebsärztlicher Dienst* wirken hierbei als gesetzlich verankerte Schutzmechanismen.

Da Arbeit und Leben keine Gegensätze sind, wirkt auch der Teil des Lebens, der außerhalb der Arbeit stattfindet, auf die eigene Arbeitsfähigkeit. Das Haus der Arbeitsfähigkeit steht nicht allein – auch die Umgebung des Hauses beeinflusst die Arbeitsfähigkeit: Familie, persönliche Umwelt, regionale Umgebung und Gesellschaft spielen eine wichtige Rolle im eigenen Kräftehaushalt. Der Betrieb und die Umgebung des Hauses der Arbeitsfähigkeit bilden eine entscheidende externe Ressource eines Mitarbeiters, die Einfluss nimmt auf die Entwicklung der Balance: Die Suche nach einem möglichst guten Gleichgewicht zwischen Anforderungen und Ressourcen zieht sich durch ein ganzes Menschenleben und wird in den verschiedenen Lebensphasen unterschiedlich beantwortet. Dabei verändern sich sowohl die Ressourcen der Menschen als auch die Anforderungen der Arbeit. Das Streben nach einer guten Arbeitsfähigkeit dauert also im Idealfall ein Leben lang an – indem es sich den verändernden Gegebenheiten immer wieder neu anpasst (ausführlich bei: Oldenbourg/Ilmarinen 2010).

3. Arbeitsfähigkeit und Alter

Mit dem Arbeitsbewältigungsindex wurde ein Instrument entworfen, mit dem sich die Arbeitsfähigkeit messen lässt. Es wurde im Finnish Institute of Occupational Health (FIOH) für die o.g. Längsschnittstudie über elf Jahre entwickelt (Tuomi/Ilmarinen et al. 1998) und hat sich in dieser und anderen Untersuchungen als Erhebungsmethode für die Arbeitsfähigkeit bewährt (deutsche Fassung: Hasselhorn/Freude 2007).

Die beiden unterschiedlichen Begriffe»Arbeitsfähigkeit«und»Arbeitsbewältigung« haben ihren Ursprung in unterschiedlichen Übersetzungen im deutschsprachigen Raum – in Finnland wird für beides dasselbe Wort verwandt. Heute tritt der Begriff der *Balance* in den Vordergrund (Gould/Ilmarinen et al. 2008), und das Erhebungsinstrument Arbeitsbewältigungsindex hilft dann mit, der»Balance einen Wert zu geben« (Tempel et al. 2010). In jedem Fall sagt der Wert des Arbeitsbewältigungsindex nichts über eine Person aus, sondern beschreibt die Beziehung zwischen zwei Größen: der Arbeitsanforderung und dem individuellen oder kollektiven Potenzial.

Die Arbeitsfähigkeit zeigt eine Tendenz, mit steigendem Alter linear abzunehmen: Die Stabilisierung des Gleichgewichts zwischen Anforderung und Ressourcen wird mit dem Alter schwieriger und schlechter. Das bedeutet nicht, dass die Änderungen der menschlichen Ressourcen allein die Abnahme erklären können. Vielmehr müssen alle Stockwerke systematisch durchsucht werden, und ein Schwerpunkt muss im 4. Stock liegen. Circa 60% der Gründe für die Abnahme der Arbeitsfähigkeit, der Störung der Balance, sind Folgen einer mangelnden Arbeitsgestaltung und eines bestimmten Führungsverhaltens, etwa 40% der Möglichkeiten fallen in den Bereich des Individuums und der individuellen Förderung der bio-psycho-sozialen Fähigkeiten.

■ Es hat keinen Sinn, das eine – die Gestaltung der Arbeitsverhältnisse – gegen das andere – das individuelle Verhalten – zu stellen.
■ Beide Aspekte haben ihre Berechtigung, und es ist Teil des Erfolges beim Bau des Hauses der Arbeitsfähigkeit in einem Unternehmen, darüber in einen Dialog einzutreten.

Störungen der Balance führen zu einer teuren Abnahme der Arbeitsfähigkeit: Berechnungen zeigen, dass in Finnland die jährlichen Kosten der mangelnden Anpassung nach dem 45. Lebensjahr eine Summe von ca. 800 Millionen Euro betragen, verursacht durch den Verlust an Produktivität und Qualität der Arbeit, durch die Kosten der Abwesenheit und die Kosten der Behandlung.

■ Es wird deshalb eine lebenslange und lebenslaufbezogene Arbeitsfähigkeitspolitik benötigt,
■ die ausreichende Rahmenbedingungen herstellt und sichert,
■ um eine individuelle Entwicklung im Alter zu ermöglichen.

Je eher ein Unternehmen sich entscheidet, Geld in die Zukunft zu investieren, statt die Folgen der Verschlechterung abzuwarten und zu kompensieren, desto besser wird es den demografischen Wandel bewältigen und Vorteile gegenüber der Konkurrenz erringen.

4. Förderung der Arbeitsfähigkeit

Wie lässt sich nun die Arbeitsfähigkeit der Arbeitenden fördern? Das Haus der Arbeitsfähigkeit zeigt die Vielfalt der verschiedenen Ansatzpunkte am Arbeitsplatz auf. Gleichzeitig kann die Arbeitsfähigkeit nur dann wachsen, wenn die verschiedenen Stockwerke gleichzeitig im Auge behalten werden. Es geht also um eine Integration der verschiedenen Handlungsfelder. Wer sich *nur* auf die Zusammenarbeit unter Kolleginnen und Kollegen, *nur* auf eine möglichst gesunde Ernährung, *nur* auf die Förderung von Bewegung konzentriert, kann die Arbeitsfähigkeit nicht langfristig und bleibend verbessern. Dafür braucht es vielfältige, aber aufeinander abgestimmte Maßnahmen. Alters- oder Generationenmanagement fasst als Begriffe diese möglichen Maßnahmen am Arbeitsplatz unter einem Dach zusammen. Das grundlegende Konzept für die Förderung der Arbeitsfähigkeit ist für alle Altersgruppen gleich. Die notwendigen Anpassungen und Einzelmaßnahmen sind jedoch altersabhängig. Altersmanagement berücksichtigt diese verschiedenen alters- und alternsrelevanten Faktoren bei der Arbeitsgestaltung. In der Regel werden die Maßnahmen bei den Älteren eine eher unterstützende Wirkung haben (innerbetriebliche Rehabilitation), während sie für die Jüngeren einen eher präventiven Charakter besitzen. Dabei kann es notwendig sein, hochspezialisierte Einzellösungen zu finden, die als Maßnahme zur individuellen Erhaltung der Arbeitsfähigkeit ihre Berechtigung haben.

■ Führungskräfte und betriebliche Interessenvertretungen werden also nach neuen Wegen suchen, wie kollektive Interessen und individuelle Entscheidungen miteinander kombiniert werden können.

■ Der offene Dialog, bei dem Entscheidungsmöglichkeiten eingeräumt werden, ist dabei der beste Weg.

5. Arbeitsfähig in die Zukunft: die Rolle des 3. Stockwerkes

Das Ziel für uns alle ist, arbeitsfähig in die Zukunft zu gehen. Große Herausforderungen sind mit diesen Bedürfnissen verbunden, denn nicht nur unsere eigenen Ressourcen und Potenziale verändern sich mit dem Alter. Auch die Arbeitsanforderungen passen sich laufend an die wirtschaftlichen und politischen Rahmenbedingungen an. Viel zu oft konzentriert sich dabei die betriebliche Aufmerksamkeit auf die ökonomischen Anforderungen und ordnet diesen die Veränderung der Individuen mit dem Alter unter. Eine solche Einschränkung der Aufmerksamkeit kann verheerende Folgen haben, denn sie übersieht nur zu leicht das »Durcheinander« auf und zwischen den verschiedenen Stockwerken, das dabei entstehen kann.

■ Das Gleichgewicht zwischen Ressourcen bzw. Potenzialen und der Arbeit zu erzeugen und zu halten, ist eine schwierige Aufgabe.

■ Wir wissen genug darüber, aber diese Situation ist in ihrem Ausmaß und ihrer Bedeutung für Betriebe und Gesellschaft historisch einmalig, und wir müssen alle zusammen lernen, wie damit optimal umgegangen werden kann.

■ Und: Zu den betrieblichen Änderungen kommen noch solche im Familienbereich und im weiteren persönlichen Umfeld.

■ Die Erhöhung des Rentenalters und die Verlängerung der Arbeitslebenskarrieren erhöhen ebenfalls den Druck auf die Erwerbsbevölkerung, denn die neuen gesetzlichen Regelungen zeigen meistens nicht auf, wie die Arbeit gestaltet werden muss, damit sie bis zur neuen Regelrente ausgeführt werden kann.

Alle Änderungen und neuen Anforderungen innerhalb und außerhalb des Arbeitsplatzes landen im 3. Stockwerk des Hauses der Arbeitsfähigkeit. Wenn ein Unternehmen von einem Veränderungsprozess betroffen ist, dann stellt sich für die Mitarbeiter die Frage, ob daraus ein besonderes *Risiko* entsteht oder ob sich neue *Chancen* entwickeln (ausführlich bei Bruch/Vogel 2005). Die positiven und negativen Erfahrungen, die ich dabei mache, prägen bewusst oder unbewusst meine Werte, Einstellungen und Motivationen, die ich in das Betriebsklima einbringe (Rosenstil/Bögel 1992). Sie beeinflussen so die Beziehung zu meiner Arbeit: Wenn dieses Stockwerk positiv »geladen« wird, dann ist meine Chance, arbeitsfähig zu bleiben, deutlich besser als im Falle einer negativen »Ladung«. Mein aktuelles Wohlbefinden bei der Arbeit wird im 3. Stockwerk realisiert: Hier wohnt die Seele der Arbeitsfähigkeit. Auch meine Entscheidung, ob ich länger arbeiten kann und will, wird im 3. Stockwerk getroffen. Das 3. und 4. Stockwerk sind sehr stark miteinander verbunden: Meine Erfahrungen z.B. von Anerkennung, Vertrauen, Gleichberechtigung und Gerechtigkeit im Umgang mit den Mitarbeitern spiegeln sich in dem Führungsverhalten im 4. Stockwerk wider. Was ich am Arbeitsplatz physisch, mental und sozial leisten muss, fühle und verlagere ich in den 3. Stock. Deshalb bilden das 3. und 4. Stockwerk zusammen die zwei Seiten der Arbeit: die Leistung, die ich erbringe, und die Emotionen, die dabei geweckt werden. Arbeit, die Freude macht, Sinn gibt und ausführbar ist, »hält länger«.

6. Die Bedeutung von Arbeitsfähigkeit

Arbeitsfähigkeit hat eine große Bedeutung sowohl für die Mitarbeiter und die Betriebe als auch für die Gesellschaft, denn sie bildet zugleich die Grundlage für eine bessere Beschäftigungsfähigkeit in der sich verändernden Arbeitswelt: Eigene Wettbewerbsfähigkeit stärkt das Vertrauen in die eigenen Fähigkeiten (eigenen Ressourcen) und das Verhalten im Team oder der Abteilung. Auch die persönliche Wahrnehmung von Wohlbefinden (aktuelles Befinden in einer bestimmten Situation) und Lebensqualität (wie geht es mir in einem bestimmten Lebensabschnitt) sind mit Arbeitsfähigkeit verbunden. Für den Arbeitgeber bedeutet es bessere Qualität und Produktivität der Arbeit, niedrigeren Krankenstand und Arbeitsunfähigkeitsrisiken und damit auch niedrigere Personalkosten. Zudem bedeutet Arbeitsfähigkeit höhere Beschäftigungsraten und mehr Steuereinnahmen aus Arbeit und Beschäftigung in älter werdenden Gesellschaften. Auf der Grundlage dieser gemeinsamen Gewinnsituation hat die Erhaltung der Arbeitsfähigkeit einen hohen Stellenwert und ein wichtiges Ansehen bekommen. Die Richtung, in die sich der gesamte Prozess entwickeln wird, ist noch nicht endgültig entschieden.

Wir sollten deshalb verstehen, dass wir für die Förderungsmaßnahmen alle Akteure brauchen. Eine bessere Zusammenarbeit für die Förderungsmaßnahmen zwischen den Vorgesetzen und Mitarbeitern ist am Arbeitsplatz nötig. Nur zusammen können wir ein besseres Gleichgewicht zwischen Arbeit und menschlichen Ressourcen erzeugen und erhalten. Die Gesellschaft und die Politik sind verantwortlich für strukturelle Reformen und die Unterstützung der Betriebe und Mitarbeiter. Die Finanzierung von Dienstleistungen für ein längeres Arbeitsleben sowie Grundlagen für eine weitere Diversifizierung der Tätigkeiten (Beschäftigung) und Sicherheit der Arbeitsplätze sind erforderlich. Die Heraufsetzung des Renteneintrittsalters sollte mit einer positiven Strategie aufgebaut werden:

- ■ Das Arbeitsleben ist zuerst altersgerecht zu entwickeln, sodass die Mitarbeiter *arbeiten können, wollen und dürfen.*
- ■ Erst dann sollte die Regierung das Renteneintrittsalter erhöhen.
- ■ Die politisch durchsetzbare Erkenntnis lautet: positive Änderungen zuerst, negative später! Das machen die Menschen mit.

Das Haus der Arbeitsfähigkeit bietet eine solide Basis, um ein besseres und längeres Arbeitsleben zu realisieren. Das Ziel der Förderungsmaßnahmen sind eine gute Gesundheit, gute Kompetenz, gute Einstellungen gegenüber der Arbeit und eine gute, altersfreundliche Arbeitsgestaltung. Viele Praxisbeispiele zeigen, dass es möglich und realistisch ist, arbeitsfähig in die Zukunft zu gehen.

Literatur

Bruch, H./B. Vogel (2005): Organisationale Energie – Wie Sie das Potenzial Ihres Unternehmens ausschöpfen. Wiesbaden: Gabler.

Gould, R./J. Ilmarinen et al. (2008): Dimensions of Work Ability. Results of the Health 2000 Survey. Finnish Centre of Pensions (ETK), The Social Insurance Institution (KELA), National Public Health Institute (KTL), Finnish Institute of Occupational Health (FIOH), Helsinki.

Hasselhorn, H.M./G. Freude (2007): Der Work Ability Index – ein Leitfaden. Bremerhaven, Wirtschaftsverlag NW.

Ilmarinen, J. (2006): Towards a longer worklife! Ageing and the quality of worklife in the European Union. Jyväskylä: Gummerus Kirjapaino Oy.

Ilmarinen, J./J. Tempel (2002): Arbeitsfähigkeit 2010 – Was können wir tun, damit Sie gesund bleiben?, Hamburg: VSA.

Ilmarinen, J./K. Tuomi et al. (1997): Changes in the work ability of active employees over an 11-years period. In: Scandinavian Journal of Work, Environment & Health, 23 (Suppl 1): 49-57.

Klessmann, E./H. Eichbach (1998): Wo die Seele wohnt. Das imaginäre Haus als Spiegel menschlicher Erfahrungen und Entwicklung. Bern et al.: Verlag Hans Huber.

Markl, H. (1996): Eine evolutionäre Perspektive der Medizin. In: G. Kaiser/ J. Siegrist/E. Rosenfeld/K. W.-. Vandai (Hrsg.), Die Zukunft der Medizin – Neue Wege zur Gesundheit. Frankfurt a.M./New York: Campus.

Oldenbourg, R./J. Ilmarinen (2010): Für eine lebenslaufbezogene Arbeitsfähigkeitspolitik. In: G. Naegele (Hrsg.), Soziale Lebenslaufpolitik, Wiesbaden: VS Verlag für Sozialwissenschaften.

Rosenstiel, L. v./R. Bögel (1992): Betriebsklima geht jeden an! München: Bayerisches Staatsministerium für Arbeit und Sozialordnung, Familie, Frauen und Gesundheit.

Tempel, J./H. Geißler/J. Ilmarinen (2010): Stärken fördern, Schwächen anerkennen: der Beitrag der Betrieblichen Gesundheitsförderung für die Erhaltung der Arbeitsfähigkeit von älteren und älter werdenden Mitarbeitern. In: G. Faller (Hrsg.), Lehrbuch Betriebliche Gesundheitsförderung. Bern: Verlag Hans Huber: 188-189.

Tuomi, K./J. Ilmarinen et al. (1998): Work Ability Index. Helsinki: K-Print Oy Vantaa.

Gottfried Richenhagen
Arbeitsfähigkeit –
Arbeitsunfähigkeit –
Arbeitsschutz

1. Einführung

In der Öffentlichkeit, in Politik, Verwaltungen und Unternehmen wird mehr über Arbeits*un*fähigkeit als über Arbeitsfähigkeit gesprochen. So sind z.b. die jährlichen Fehlzeitenstatistiken (vgl. Abbildung 1) Gegenstand umfangreicher Meldungen in Presse, Funk und Fernsehen. Meist geht es darum, ein weiteres Absinken, zuletzt auch ein leichtes Ansteigen der Krankenstandsentwicklung zu kommentieren oder zu analysieren. Hauptzielrichtung der Diskussion ist dabei die Vermeidung von Fehltagen. Seltener ist dagegen davon zu lesen oder zu hören, dass in einem Unternehmen, in einer Verwaltung oder in einer Volkswirtschaft die Arbeitsfähigkeit und ihre Entwicklung im Zeitablauf betrachtet wurden (vgl. z.B. Abbildung 2, die die Arbeitsfähigkeit von Pflegekräften im europäischen Vergleich zeigt). Zuweilen wird zwar aus der Krankenstandsquote durch einfache Subtraktion (100% minus Krankenstand in %) die so genannte Gesundheitsquote errechnet. Ob dieser rein arithmetischen Operation aber ein wirklicher Perspektivwechsel zugrunde liegt, bleibt meist offen. Ein solcher läge vor, wenn nicht mehr vornehmlich oder alleine gefragt wird, wie Arbeits*un*fähigkeit und insbesondere arbeitsbedingte Erkrankungen vermieden, sondern auch wie Arbeitsfähigkeit gefördert und gesteigert werden kann. Diese Perspektive soll hier eingenommen werden. Als ein Instrument hierzu wird die Beurteilung der Arbeitsbedingungen nach § 5 Arbeitsschutzgesetz (ArbSchG) empfohlen.

Abbildung 1: Krankenstände im Jahresdurchschnitt in der Gesetzlichen Krankenversicherung (GKV) seit 1991 (Angaben in %)

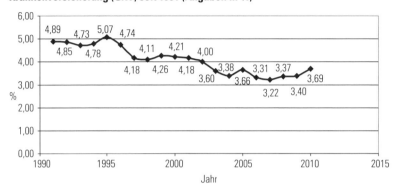

Quelle: Bundesministerium für Gesundheit, GKV-Statistik, in: www.bmg.bund.de/fileadmin/dateien/ Downloads/Statistiken/GKV/Geschaeftsergebnisse/Krankenstand_KM1_1970_bis_2010_Maerz2011. pdf, Stand: 7.4.2011 (Darstellung durch den Autor)

Abbildung 2: Internationaler Vergleich der Arbeitsfähigkeit im Altersverlauf bei examiniertem Pflegepersonal in vier Ländern*

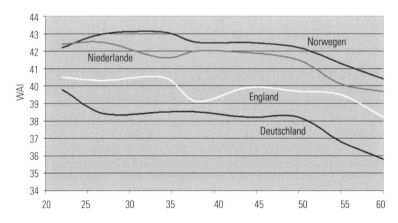

* gemessen mit dem WAI, siehe Abschnitt 3

Quelle: eigene Darstellung nach BAuA – Bundesanstalt für Arbeitsschutz und Arbeitsmedizin 2007: 28

2. Arbeitsfähigkeit und Arbeits*un*fähigkeit

Betriebspraktisch liegt eine *Arbeitsunfähigkeit* vor, wenn ein Beschäftigter sich ggf. mit einer Arbeitsunfähigkeitsbescheinigung »krank meldet«. Rechtlich betrachtet ist die Arbeits*un*fähigkeit komplizierter. Der Begriff wird zwar in verschiedenen gesetzlichen Bestimmungen verwendet (z.B. in § 47 Abs. 1 SGB IX oder in § 84 Abs. 2 SGB IX, dort im Zusammenhang mit dem Betrieblichen Eingliederungsmanagement), eine explizite Definition findet sich jedoch in keinem Gesetz. In § 2 der Arbeitsunfähigkeits-Richtlinien, die gemäß § 92 Abs. 1 Satz 2 Nr. 7 SGB V vom Gemeinsamen Bundesausschuss, dem obersten Beschlussgremium der gemeinsamen Selbstverwaltung der Ärzte, Zahnärzte, Psychotherapeuten, Krankenhäuser und Krankenkassen in Deutschland beschlossen wurden, werden zum Zwecke der Beurteilung von Arbeits*un*fähigkeit verschiedene Fälle derselben unterschieden.

Einfacher ist die Definition des Bundessozialgerichtes. Arbeitsunfähig zu sein bedeutet dem Wortsinne nach – so das Gericht –, »durch eine Erkrankung gehindert zu sein, seine Arbeit weiterhin zu verrichten« (B 1 KR 11/02 R vom 19.9.2002: 3). Etwas allgemeiner kann man Arbeits*un*fähigkeit als den Zustand beschreiben, in dem ein Beschäftigter gesundheitlich nicht in der Lage ist, die ihm an seinem Arbeitsplatz übertragenen Aufgaben zu erledigen. Das Arbeits*un*fähigkeitsgeschehen wird sowohl von betrieblichen Faktoren bestimmt als auch von solchen, die außerhalb der betrieblichen Sphäre anzusiedeln sind. Im ersten Fall spricht man von arbeitsbedingten Erkrankungen, wobei allgemein davon ausgegangen wird, dass grundsätzlich alle Erkrankungen einen arbeitsbedingten Anteil haben können, aber nicht haben müssen.

Der Begriff der *Arbeitsfähigkeit* (work ability) wurde beginnend in den 1980er Jahren in Finnland im Zusammenhang mit dem so genannten Arbeitsbewältigungsindex (Work Ability Index, kurz: WAI, vgl. Abschnitt 3) vor allem von Ilmarinen/Tuomi (2004) geprägt. Kurz gesagt bezeichnet Arbeitsfähigkeit die Leistungsfähigkeit im Hinblick auf konkret zu benennende Arbeitsanforderungen, insbesondere im Hinblick auf die vor Ort zu erledigenden Arbeitsaufgaben; sie wird nicht abstrakt und allgemein als Fähigkeit zur Arbeit verstanden, sondern als Fähigkeit zu bestimmten Aufgaben in bestimmten Situationen.

Der Begriff wird vor allem durch die Notwendigkeiten befeuert, die im Zusammenhang mit dem demografischen Wandel und alternden

Belegschaften entstehen und entstehen werden. Denn wenn es nicht mehr darum gehen kann, ältere Mitarbeiterinnen und Mitarbeiter mehrheitlich in den vorzeitigen Ruhestand »zu begleiten«, so rückt die Frage ihrer spezifischen Leistungsfähigkeit sowie die alters- und altersgerechte Arbeitsgestaltung immer mehr in den Mittelpunkt (vgl. z.b. Richenhagen 2007, Langhoff 2009).

Der Begriff der Arbeitsfähigkeit steht in einem engen Zusammenhang zum Begriff der *Beschäftigungsfähigkeit* (employability). Kurz gesagt ist Beschäftigungsfähigkeit andauernde Arbeitsfähigkeit, die sich in turbulenten Arbeitsmärkten, in also immer wieder verschiedenen Person-Situation-Konstellationen, beweist (vgl. im Einzelnen Richenhagen 2009a). Im internationalen Vergleich besteht in Deutschland im Hinblick auf die Förderung und den Erhalt der Arbeits- und Beschäftigungsfähigkeit Nachholbedarf (vgl. Richenhagen 2011). Zusammengefasst bezeichnet Arbeitsfähigkeit die Summe der Faktoren, die einen Menschen in einer bestimmten Arbeitssituation in die Lage versetzen, die ihm gestellten Arbeitsaufgaben erfolgreich zu bewältigen (vgl. Ilmarinen/Tempel 2002: 166). Arbeitsfähigkeit ist also immer ein Paar, das durch eine Person und eine Situation gekennzeichnet ist.

3. Die Messung der Arbeitsfähigkeit

Um Arbeitsfähigkeit messen zu können, wurde der *Work Ability Index (WAI)* entwickelt, in Deutschland auch Arbeitsfähigkeitsindex oder Arbeitsbewältigungsindex (ABI) genannt (vgl. im Einzelnen www.arbeitsfaehigkeit.net). Der Index basiert auf einem Fragebogen, der in einer Kurz- und in einer Langversion vorliegt und der frei, d.h. ohne Lizenzgebühren heruntergeladen und angewandt werden kann (www.arbeitsfaehigkeit.uni-wuppertal.de/index.php?Verfahren, Stand: 7.4.2011). Durch ihn lässt sich – kurz gesagt – feststellen, in welchem Maße der Beschäftigte mit seiner Arbeit »klarkommt«. Er wird entweder direkt vom Beschäftigten selbst ausgefüllt (Zeitbedarf 10 bis 15 Minuten) oder aber z.B. im Gespräch mit dem Betriebsarzt oder der Betriebsärztin beantwortet. Der Fragebogen und die darauf anzuwendende Berechnungsvorschrift sind leicht zu handhaben und liefern im Ergebnis einen WAI-Wert, der zwischen 7 (»keine Arbeitsfähigkeit«) und 49 (»maximale Arbeitsfähigkeit«) liegt. Im Einzelnen gelten die in Tabelle 1 genannten Zuordnungen.

Tabelle 1: Zuordnung der WAI-Werte zu den Kategorien der Arbeitsfähigkeit und zum Ziel von Maßnahmen, die bei den entsprechenden Werten eingeleitet werden sollten

WAI-Punkte	Arbeitsfähigkeit	Ziel von Maßnahmen
49-44	sehr gut	Arbeitsfähigkeit erhalten
43-37	gut	Arbeitsfähigkeit unterstützen
36-28	mäßig	Arbeitsfähigkeit verbessern
27-7	schlecht	Arbeitsfähigkeit wiederherstellen

Quelle: BAuA 2007: 9

Die durchschnittlichen WAI-Werte von Beschäftigten nehmen im Allgemeinen mit dem kalendarischen Alter ab. Bei einem 20-Jährigen mit einem WAI-Wert von 43 gibt es z.b. mindestens 25% Gleichaltrige, die einen höheren Wert aufweisen. Ein 50-Jähriger mit diesem Wert gehört schon zur Gruppe der 25% Besten (vgl. Hasselhorn/Freude 2007: 17f.). Auch entwickelt sich die Arbeitsfähigkeit innerhalb verschiedener Berufsgruppen mit dem Alter unterschiedlich. So sind bei Ärzten und Führungskräften in allen Altersgruppen deutlich höhere WAI-Werte zu erwarten als beispielsweise bei Lehrern (a.a.O.).

Insgesamt haben die wissenschaftlichen Erkenntnisse, die im Zusammenhang mit der WAI-Anwendung erzielt wurden, im Einklang mit der Altersforschung auch ergeben, dass die Variabilität der Arbeitsfähigkeit ab 45 Jahren stark zunimmt. Ältere unterscheiden sich demnach stärker in ihrer Arbeitsfähigkeit als Jüngere.

Wichtig ist: Ein niedriger WAI-Wert beschreibt ein Missverhältnis, einen »Mismatch« zwischen Person und Situation, nämlich zwischen den vorherrschenden Arbeitsanforderungen des Unternehmens und der Leistungsfähigkeit des Beschäftigten. Maßnahmen zur Verbesserung des WAI-Wertes liegen daher in der Regel nicht alleine im Verantwortungsbereich des Mitarbeiters oder der Mitarbeiterin, beide – Unternehmen und Beschäftigte – tragen eine gemeinsame Verantwortung für den Erhalt und die Verbesserung der Arbeitsfähigkeit. Gleiches gilt im Übrigen auch für die Beschäftigungsfähigkeit.

Von besonders hohem Einfluss ist in diesem Zusammenhang das Führungsverhalten. So konnten Ilmarinen u.a. nachweisen, dass gutes Führungsverhalten die Arbeitsfähigkeit fördert und schlechte Führung sie vermindert (vgl. Ilmarinen/Tempel 2002: 245ff.). Zu einem ähnlichen Ergebnis kommen auch andere Studien (z.B. Becker/Ehlbeck/Prümper

2009). Auch der Handlungsspielraum der Beschäftigten beeinflusst die Arbeitsfähigkeit (vgl. z.b. Prümper/Richenhagen 2011 mit Bezug auf eine Untersuchung von Prümper/Thewes/Becker 2011).

4. Das Haus der Arbeitsfähigkeit

Die *Haupteinflussfaktoren* oder »Stellschrauben«, die auf die Arbeitsfähigkeit wirken, werden im so genannten Haus der Arbeitsfähigkeit zusammengefasst (vgl. Abbildung 3). Es bringt zum Ausdruck, dass Arbeitsfähigkeit durch Humanressourcen einerseits und Arbeitsanforderungen andererseits sowie durch deren Zusammenwirken weiterentwickelt und gefördert, aber auch reduziert und vermindert wird. Auf Seiten des Beschäftigten sind Gesundheit (i.S. von körperlichem und psychischem Leistungsvermögen), Kompetenz (i.S. von Fertigkeiten und Wissen) und Werte (i.S. von Einstellungen und Motivation) die entscheidenden Faktoren, auf Seiten der Arbeitsanforderungen geht es um

Abbildung 3: Das Haus der Arbeitsfähigkeit nach Ilmarinen

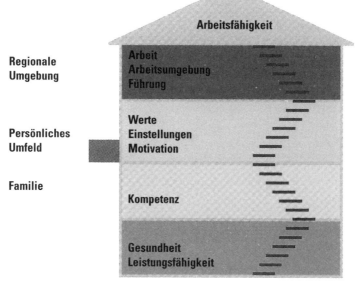

Quelle: Prognos 2011: 10

die Arbeit selbst, d.h. um Aufgabeninhalt, Arbeitsorganisation, Arbeitszeit sowie um die Arbeitsumgebung und um Führung.
    Über einen Balkon ist das Haus der Arbeitsfähigkeit mit der Außen-
welt verbunden. Dies soll signalisieren, dass auch die Faktoren Familie, persönliches Umfeld und regionale Umgebung die Arbeitsfähigkeit
wesentlich mit beeinflussen.
    Im Hinblick auf den Verlauf der Arbeitsfähigkeit während des Erwerbs-
lebens ist der in Abbildung 4 dargestellte prinzipielle Zusammenhang
von entscheidender Bedeutung. Mit zunehmendem Alter nimmt die
Arbeitsfähigkeit im Durchschnitt aller Beschäftigten ab, wenn keine
gezielten Maßnahmen zur Förderung und zum Erhalt der Arbeitsfähigkeit durchgeführt werden (schwarze Kurve). Die durchschnittliche
Abnahme beträgt – grob gesagt – im Mittel 0,4 WAI-Punkte pro Jahr
(vgl. z.b. BAuA 2007: 109). Arbeit alleine erhält also im Normalfall die
Arbeitsfähigkeit nicht.
    Bei Einzelmaßnahmen aus dem Haus der Arbeitsfähigkeit, z.b. bei
ausschließlich individueller Gesundheitsförderung, treten zwar positive
Effekte im Hinblick auf die Arbeitsfähigkeit auf, diese sind jedoch nicht
nachhaltig (graue Kurve). Nachhaltige Zuwächse entstehen im Allgemeinen erst dann, wenn Defizite im Bereich aller Einflussfaktoren des
Hauses der Arbeitsfähigkeit situationsbezogen ermittelt und entspre-

Abbildung 4: Idealtypische Darstellung der Entwicklung der Arbeitsfähigkeit

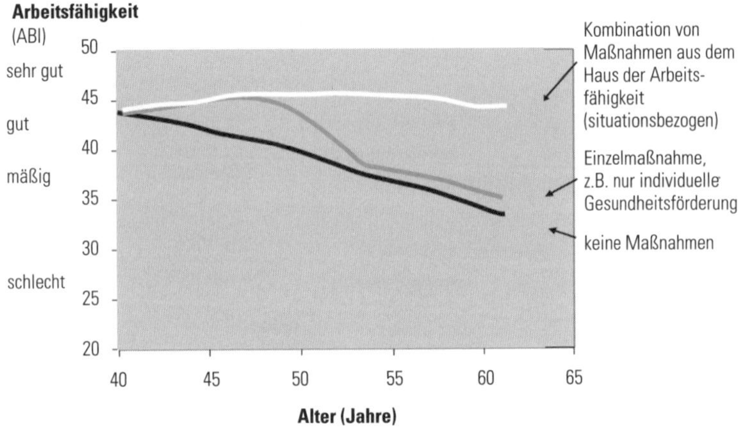

Quelle: eigene Darstellung nach Ilmarinen

chende Maßnahmen zur Verbesserung umgesetzt werden (weiße Kurve). Wichtig ist dabei gerade die ganzheitliche Sicht, also die Einbeziehung aller Faktoren aus dem Hause der Arbeitsfähigkeit.

Hierzu ein *Beispiel:* In acht Kindertagesstätten konnte die Arbeitsfähigkeit von Erzieherinnen mit mäßiger oder schlechter Arbeitsfähigkeit (im Mittel 31,6 WAI-Punkte) innerhalb von knapp zwei Jahren auf ein im Mittel gutes Niveau (37,8 WAI-Punkte) angehoben werden (vgl. BAuA 2007: 49ff.). Die Maßnahmen wurden dabei in einem Gesundheitszirkel ermittelt und betrafen alle Faktoren aus dem Haus der Arbeitsfähigkeit. Im Einzelfall kann die Arbeitsfähigkeit bei einem niedrigen Niveau (schlecht oder mäßig) innerhalb eines Jahres also durchaus um mehrere WAI-Punkte gesteigert werden.

Das Konzept der Arbeitsfähigkeit findet mittlerweile immer mehr Verbreitung in der betrieblichen Praxis. So hat z.b. der Europäische Sozialfonds zusammen mit dem Arbeitsministerium NRW ein Projekt gefördert, in dem ein KMU-orientierter Beratungsansatz entwickelt und erfolgreich erprobt wurde, der auf diesem Konzept basiert (vgl. Prognos 2011). Unternehmen werden so dabei unterstützt, die Arbeitsfähigkeit der Mitarbeiterinnen und Mitarbeiter zu fördern.

5. Arbeits*un*fähigkeit und die Beurteilung der Arbeitsbedingungen

Ziel der Beurteilung der Arbeitsbedingungen gemäß *§ 5 Arbeitsschutzgesetz (ArbSchG)* sowie der auf das ArbSchG gestützten Verordnungen ist es, zu ermitteln, welche Maßnahmen des Arbeitsschutzes erforderlich sind, um den für die Beschäftigten mit ihrer Arbeit verbundenen Gefährdungen zu begegnen. Dabei geht es wesentlich um eine konsequente und kontinuierliche Verbesserung des Arbeitsschutzes, der umfassend verstanden wird, also auch Arbeitsgestaltung, Arbeitszeit, Qualifikationsaspekte und soziale Beziehungen mit einschließt.

Die Ergebnisse der Beurteilung sind nach § 6 ArbSchG zu dokumentieren. Auch muss die Wirksamkeit der getroffenen Maßnahmen überprüft werden. Durch Maßnahmen des Arbeitsschutzes, die aus einer Beurteilung der Arbeitsbedingungen abgeleitet werden, kann das Entstehen von solchen Erkrankungen reduziert oder zumindest deren Ausprägung graduell vermindert werden, die erheblich zum Arbeitsunfähigkeitsgeschehen beitragen. So sind z.b. Muskel-Skelett-, Herz-Kreislauf- und psychische Erkrankungen Ursache für rund 40% aller

Arbeitsunfähigkeitstage (vgl. z.B. Heyde/Maco/Vetter u.a. 2009: 232). Dabei leisten arbeitsbedingte Faktoren einen nicht unerheblichen Beitrag (Siegrist/Dragano 2008: 17). So lässt sich bei Männern etwa ein Drittel des Arbeitsunfähigkeitsgeschehens auf Belastungen in der Arbeitswelt zurückführen, bei Frauen sind es 12% (BKK 2008: 10).

Beispiel Muskel-Skelett-Erkrankungen: Arbeitsbedingt treten sie oft bei Tätigkeiten auf, die das Heben und Tragen von Lasten in zeitlich größerem Umfang erforderlich machen. Hier kann die Beurteilung nach § 5 ArbSchG z.B. mit der Leitmerkmalmethode (vgl. www.baua.de/de/Themen-von-A-Z/PhysischeBelastung/Gefaehrdungsbeurteilung.html, Stand: 7.4.2011) die Grundlage dafür schaffen, dass Belastungen vermieden oder reduziert werden, was wiederum der Entstehung negativer Beanspruchungsfolgen, wie z.b. Muskel-Skelett-Erkrankungen vorbeugt.

Beispiel Herz-Kreislauf-Erkrankungen: Aus der Stressforschung ist bekannt, dass hohe zeitliche und qualitative Anforderungen, die an die Arbeit gestellt werden, bei gleichzeitigem geringem Handlungsspielraum der Beschäftigten zu Stress und zu einem erhöhten Herzinfarktrisiko führen (Karasek/Theorell 1990). Im Rahmen der Beurteilung der Arbeitsbedingungen können solche»Stressarbeitsplätze« ermittelt und entsprechende Maßnahmen zur Verbesserung der Situation umgesetzt werden.

Beispiel psychische Erkrankungen: Die Arbeitsunfähigkeitstage, die auf psychische Erkrankungen zurückzuführen sind, haben in den letzten zehn Jahren erheblich zugenommen. Ein Grund hierfür sind Veränderungen im Bereich der psychischen Belastungsfaktoren, z.b. höherer Zeitdruck, mehr Stress, stärkere Arbeitsverdichtung, höhere Verantwortung etc., aber auch eine stärkere Wahrnehmung solcher Faktoren durch die Gesellschaft. Psychische Fehlbelastungen sind aber ebenfalls Gegenstand der Beurteilung der Arbeitsbedingungen, sodass von daraus abgeleiteten Maßnahmen des Arbeitsschutzes ein Beitrag zur Prävention psychischer Erkrankungen erwartet werden kann.

Die *Kosten,* die arbeitsbedingte Erkrankungen verursachen, sind erheblich. In einem ambitionierten Forschungsvorhaben wurden sie für das Jahr 1998 auf Basis so genannter attributiver Risiken detailliert erhoben und für das Jahr 2004 aktualisiert (vgl. BKK 2008). Demnach entstehen auf Grund von arbeitsbedingten, vorübergehenden Krankheiten pro Jahr ca. 17,7 Mrd. Euro direkte Kosten (Kosten der Krankheitsbehandlung) und ca. 15,7 Mrd. Euro indirekte Kosten (Produktivitätsausfall durch Arbeitsunfähigkeit). Die nicht vorübergehenden Krankheiten schlagen sich in den Kosten der Frühberentung nieder: ca. 0,9 Mrd. Euro direkte und ca. 9,6 Mrd. Euro indirekte Kosten pro Jahr.

Dabei erlaubt es die Methode der attributiven Risiken, zu ermitteln, welcher Anteil des Erkrankungsgeschehens vermieden werden könnte, wenn bestimmte Arbeitsanforderungen (»Belastungsfaktoren«) ausgeschaltet oder vermindert werden. Das größte Präventionspotenzial entfällt dabei auf die Faktoren »Arbeitsschwere und Lasten heben« sowie »geringer Handlungsspielraum«. Würden in diesen beiden Bereichen ausschließlich die sehr hohen Belastungen reduziert und auf ein verträglicheres Maß zurückgeführt, so ließen sich jeweils bis zu 15% der Arbeitsunfähigkeitsfälle vermeiden (ebd.: 11).

6. Arbeitsfähigkeit und die Beurteilung der Arbeitsbedingungen

Die wirksame Umsetzung von Maßnahmen, die im Rahmen der *Beurteilung nach § 5 ArbSchG* ermittelt werden, leistet aber nicht nur einen Beitrag zur Vermeidung von Krankheit, sondern auch zum Erhalt und zur Förderung der Arbeitsfähigkeit. Denn die Maßnahmen des Arbeitsschutzes, um die es dabei geht, sorgen für eine Stärkung des Faktors Gesundheit, der ein wichtiges Element im Hause der Arbeitsfähigkeit ist. Auch werden dadurch die Arbeitsbedingungen menschengerechter gestaltet, und daraus resultiert eine bessere Passung zwischen Humanressourcen und Arbeitsanforderungen. Die personalen Komponenten von Arbeitsfähigkeit, also Gesundheit, Kompetenz sowie Einstellungen und Motivation, werden nicht nur vom Beschäftigten selbst beeinflusst, sondern auch von den Arbeitsanforderungen, also von Aufgabeninhalt, Arbeitsorganisation, Arbeitszeit, Arbeitsumfeld und der Art, wie der Beschäftigte geführt wird. Hierzu ein paar Beispiele:

■ Abwechslungsreiche Aufgaben erweitern die Qualifikation und sind darüber hinaus motivationssteigernd und gesundheitsförderlich.
■ Durch die Arbeitsorganisation geschaffene Handlungsspielräume (z.b. flache Hierarchien) sind stressreduzierend, fördern das Lernen bei der Arbeit und wirken so positiv auf die Motivation.

■ Den arbeitswissenschaftlichen Erkenntnissen entsprechende Schicht-
   pläne erhalten die Arbeitsfähigkeit während der Erwerbsbiografie länger als solche, bei denen diese Erkenntnisse nicht angewandt werden.

■ Mit gebrauchstauglicher (»benutzerfreundlicher«) Software lässt sich
   gesünder und lernförderlicher arbeiten, und sie reduziert Ängste vor
   neuen IT-Systemen.

■ Die Zufriedenheit mit der Führung durch den Vorgesetzten wirkt sehr
   stark auf den Erhalt der Arbeitsfähigkeit.

Die Arbeitsanforderungen müssen aber gemäß Arbeitsschutzgesetz –
insbesondere sind hier § 5 Abs. 3 ArbSchG sowie § 4 Nr. 4 und 5 Arb-
SchG zu nennen – in die Beurteilung der Arbeitsbedingungen einbezogen werden. Wenn sie also unter dem Blickwinkel des Arbeitsschutzes
und damit auch von Gesundheit ohnehin Gegenstand der Beurteilung
sind, so liegt es nahe, den Blickwinkel zu erweitern und sie auch unter
den anderen Aspekten des Hauses der Arbeitsfähigkeit zu betrachten.
Auf diese Weise wird der Erhalt und die Förderung der Arbeitsfähigkeit
explizit und nicht nur durch »Seiteneffekte« thematisiert. Im Hinblick auf
den demografischen Wandel und daraus resultierende alternde Belegschaften rückt die Arbeitsfähigkeit ohnehin in den Mittelpunkt des Interesses. Darüber hinaus kann eine solche Erweiterung auch zu einer
nach § 6 ArbSchG notwendigen Wirksamkeitsüberprüfung der Beurteilung der Arbeitsbedingungen beitragen.

Der einfachste Weg, die Beurteilung der Arbeitsbedingungen nach
§ 5 ArbSchG mit dem Arbeitsfähigkeitskonzept praktisch in Verbindung
zu bringen, besteht darin, den oben dargestellten Beitrag der Beurteilung zur Stabilisierung oder Verbesserung der Arbeitsfähigkeit zu ermitteln und so sichtbar zu machen. Denn bei einer nach § 5 ArbSchG ord-
nungsgemäß durchgeführten Beurteilung und bei einer wirkungsvollen
Umsetzung der daraus abgeleiteten Maßnahmen kann von einem positiven Beitrag zum Erhalt der Arbeitsfähigkeit ausgegangen werden. Es
bietet sich also an, dies durch eine *Vorher-Nachher-Anwendung des
WAI* zu ermitteln und zu dokumentieren (vgl. im Einzelnen Richenhagen 2009b). So werden die durch die Beurteilung der Arbeitsbedingungen erzielten Arbeitsfähigkeitsgewinne sichtbar. Dabei sollte nach
der Umsetzung der Maßnahmen mindestens ein Zeitraum von ein bis
zwei Jahren vergangen sein.

Bei der Anwendung des WAI sind unbedingt die »Grundsätze der
WAI-Anwendung« des WAI-Netzwerkes (www.arbeitsfaehigkeit.uni-

wuppertal.de/index.php?Anwendung, Stand: 7.4.2011) zu beachten. Insbesondere müssen die erhobenen Befragungsdaten entsprechend den Regeln des Datenschutzes und der ärztlichen Schweigepflicht geschützt werden, Betriebs- bzw. Personalrat sind im Rahmen der Mitbestimmungsregelungen einzubeziehen. Bei der Anwendung des WAI hilft auch ein Leitfaden der Bundesanstalt für Arbeitsschutz und Arbeitsmedizin (Hasselhorn/Freude 2007).

Im Rahmen des Projektes *HAWAI4U* (www.hawai4u.de, Stand: 7.4.2011), gefördert vom Europäischen Sozialfonds und dem Arbeitsministerium des Landes Nordrhein-Westfalen, wurde zudem ein Verfahren entwickelt, mit dessen Hilfe sich das Konzept der Arbeitsfähigkeit und die Beurteilung der Arbeitsbedingungen noch enger praktisch verbinden lassen. Eine checklistengestützte Beurteilung durch die betrieblichen Arbeitsschutzexperten (Fachkraft für Arbeitssicherheit, Betriebsarzt) wird dabei direkt mit einer WAI-Anwendung kombiniert (vgl. im Einzelnen auch Richenhagen 2009b).

Kernpunkt ist die parallele Durchführung einer anonymen Beschäftigtenbefragung und der Beurteilung der Arbeitsplätze nach § 5 ArbSchG durch betriebliche Experten. Die Beschäftigtenbefragung enthält dabei zwei Elemente:

- den WAI-Fragebogen und
- den Kurzfragebogen zur Arbeitsanalyse (KFZA).

Dabei erfasst der WAI die Beanspruchung der Beschäftigten vor dem Hintergrund der Arbeitsanforderungen, während durch den KFZA Belastungen und Ressourcen und damit die Arbeitsanforderungen selbst analysiert werden können. Tabelle 2 gibt einen Überblick über die mit diesem Fragebogen analysierten Dimensionen und nennt jeweils ein Beispielitem.

Der KFZA (vgl. Prümper u.a. 1995) steht wie der WAI auch im Netz zur Verfügung (www.f3.htw-berlin.de/Professoren/Pruemper/instrumente/KFZA-Kurzfragebogen_zur_Arbeitsanalyse.pdf, Stand: 7.4.2011) und benötigt zum Ausfüllen eine Bearbeitungszeit von zehn Minuten. Zur Unterstützung bei der Expertenanalyse kann ein Ratgeber der Bundesanstalt für Arbeitsschutz und Arbeitsmedizin (BAuA 2010) genutzt werden. Weitere Checklisten finden sich in einschlägigen Datenbanken (z.B. dem WEKA Business Portal Arbeitsschutz, www.weka.de/Arbeitsschutz/, Stand: 7.4.2011).

Als Ergebnis dieses Verfahrens resultieren WAI-Werte aus den einzelnen Organisationseinheiten des Unternehmens, die dann im Hin-

Tabelle 2: Die vier Hauptdimensionen des KFZA mit ihren jeweiligen Teilaspekten

Arbeitsinhalte	
Vielseitigkeit	»Bei meiner Arbeit habe ich insgesamt gesehen häufig wechselnde, unterschiedliche Arbeitsaufgaben.«
Ganzheitlichkeit	»Bei meiner Arbeit sehe ich selber am Ergebnis, ob meine Arbeit gut war oder nicht.«
Stressoren	
Qualitative Arbeitsbelastung	»Bei dieser Arbeit gibt es Sachen, die zu kompliziert sind.«
Quantitative Arbeitsbelastung	»Ich stehe häufig unter Zeitdruck.«
Arbeitsunterbrechung	»Oft stehen mir die benötigten Informationen, Materialien und Arbeitsmittel nicht zur Verfügung.«
Umgebungsbelastungen	»An meinem Arbeitsplatz gibt es ungünstige Umgebungsbedingungen wie Lärm, Klima, Staub.«
Ressourcen	
Handlungsspielraum	»Wie viel Einfluss haben Sie darauf, welche Arbeit Ihnen zugeteilt wird?«
Soziale Rückendeckung	»Ich kann mich auf meine Kolleginnen und Kollegen verlassen, wenn es bei der Arbeit schwierig wird.«
Zusammenarbeit	»Diese Arbeit erfordert enge Zusammenarbeit mit anderen Kolleginnen und Kollegen im Betrieb.«
Organisationsklima	
Information und Mitsprache	»Über wichtige Dinge und Vorgänge in unserem Unternehmen sind wir ausreichend informiert.«
Betriebliche Leistungen	»Unser Unternehmen bietet gute Weiterbildungsmöglichkeiten.«

Quelle: http://hawai4u.de/index.php?option=com_content&task=view&id=101&Itemid=148, heruntergeladen am 7.4.2011

blick auf besondere Auffälligkeiten und Abweichungen beurteilt werden. Gleichzeitig ergeben sich aber auch Stellschrauben zur Verbesserung der Arbeitsfähigkeit, die durch den KFZA sowie durch Soll-Ist-Abweichungen aus der checklistengestützten Beurteilung ermittelt werden. Auf Basis dieser Ergebnisse können dann in abteilungsbezogenen Workshops mit den Beschäftigten und den betrieblichen Arbeitsschutzexperten spezifische Maßnahmen abgeleitet werden.

8. Fazit

Das Haus der Arbeitsfähigkeit bietet eine gute konzeptionelle Grundlage, wenn es einem Unternehmen darauf ankommt, nicht nur Arbeits*un*fähigkeit zu vermeiden, sondern auch Arbeitsfähigkeit zu fördern. Durch eine Kombination mit der gesetzlich vorgegebenen Arbeitsschutzaufgabe, eine Beurteilung der Arbeitsbedingungen durchzuführen, kann dies praktikabel umgesetzt werden.

Literatur

Becker, M./I. Ehlbeck/J. Prümper (2009): Freundlichkeit und Respekt als Motor der Gesundheit. Eine empirische Studie. In: M. Giesert (Hrsg.), Führung und Gesundheit – Gesundheitsgipfel an der Zugspitze. Hamburg: VSA, S. 62-74.

BKK Bundesverband (Hrsg.) (2008): Kosten arbeitsbedingter Erkrankungen und Frühberentung in Deutschland. Essen: Eigendruck.

Bundesanstalt für Arbeitsschutz und Arbeitsmedizin (BAuA) (Hrsg.) (2007): Why WAI? – Der Work Ability Index im Einsatz für Arbeitsfähigkeit und Prävention – Erfahrungsberichte aus der Praxis. Dortmund: BAuA.

Bundesanstalt für Arbeitsschutz und Arbeitsmedizin (BAuA) (Hrsg.) (2010): Ratgeber zur Gefährdungsbeurteilung – Handbuch für Arbeitsschutzfachleute. Bremerhaven: Wirtschaftsverlag NW Verlag für neue Wissenschaft GmbH.

Ehlbeck, I./A. Lohmann/J. Prümper (2006): Erfassung und Bewertung psychischer Belastungen mit dem Kurzfragebogen zu Arbeitsanalyse (KFZA) – Praxisbeispiel Krankenhaus. In: S. Leittretter (Hrsg.), Arbeit in Krankenhäusern human gestalten. Düsseldorf (Hans-Böckler-Stiftung): 32-58.

Hasselhorn, H.M./G. Freude (2007): Der Work Ability Index – ein Leitfaden. Dortmund: BAuA.

Heyde, K./K. Maco/C. Vetter (2008): Krankheitsbedingte Fehlzeiten in der deutschen Wirtschaft im Jahr 2007. In: B. Badura/H. Schröder/C. Vetter (Hrsg.), Fehlzeitenreport 2008. Heidelberg: Springer: 205-435.

Ilmarinen, J./J. Tempel (2002): Arbeitsfähigkeit 2010 – Was können wir tun, damit Sie gesund bleiben? Hamburg: VSA.

Ilmarinen, J./K. Tuomi (2004): Past, Present and Future of Work Ability. In: J. Ilmarinen/S. Lehtinen, S., Past, Present and Future of Work Ability. People and Work – Research Reports 65, Finnish Institute of Occupational Health: 1-25.

Karasek, R./T. Theorell (1990): Healthy work: stress, productivity, and the reconstruction of working life. New York: Basic Books.

Langhoff, T. (2009): Den demographischen Wandel im Unternehmen erfolgreich gestalten – Eine Zwischenbilanz aus arbeitswissenschaftlicher Sicht. Heidelberg: Springer.

Prognos AG (Hrsg.) (2011): intakt! – Fit, qualifiziert und leistungsfähig in die Zukunft – Arbeitsfähigkeit in KMU erhalten und fördern. Ein Handbuch für die Praxis. Berlin: Eigenverlag.

Prümper, J./K. Hartmannsgruber/M. Frese (1995): KFZA – Kurzfragebogen zur Arbeitsanalyse. In: Zeitschrift für Arbeits- und Organisationspsychologie, 39: 125-132.

Prümper, J./G. Richenhagen (2011): Von der Arbeitsunfähigkeit zum Haus der Arbeitsfähigkeit: Der Work Ability Index und seine Anwendung. In: B. Seyfried (Hrsg.), Ältere Beschäftigte: Zu jung, um zu alt zu sein: Konzepte – Forschungsergebnisse – Instrumente. Bielefeld: Bertelsmann: 135-146.

Prümper, J./K. Thewes/M. Becker (2011, i. Druck): The Effect of Job Control and Quantitative Workload on the different Dimensions of the Work Ability Index. In: C.-H. Nygard/M. Savinainen/K. Lumme-Sand/T. Kirsi (Hrsg.), Age Management during the Life Course – 4th Symposium on Work Ability. Tampere: University Press.

Richenhagen, G. (2007): Beschäftigungsfähigkeit, altersflexibles Führen und gesundheitliche Potenziale. In: Personalführung 8: 44-51.

Richenhagen, G. (2009a): Leistungsfähigkeit, Arbeitsfähigkeit, Beschäftigungsfähigkeit und ihre Bedeutung für das Age Management. In: G. Freude/M. Falkenstein/J. Zülch (Hrsg.): Förderung und Erhalt intellektueller Fähigkeiten für ältere Arbeitnehmer. Dortmund: INQA-Bericht 39: 73-86.

Richenhagen, G. (2009b): Die Gefährdungsbeurteilung als Grundlage zur Förderung von Arbeitsfähigkeit. In: WEKA Business Portal Arbeitsschutz, www.weka.de/Arbeitsschutz/ Kissing.

Richenhagen, G. (2011): Demografischer Wandel in der Arbeitswelt: Ein internationaler Vergleich im Hinblick auf Arbeits- und Beschäftigungsfähigkeit. In: Th. Schott/C. Hornberg (Hrsg.), Die Gesellschaft und ihre Gesundheit. 20 Jahre Public Health in Deutschland: Bilanz und Ausblick einer Wissenschaft. Wiesbaden: VS Verlag: 367-383.

Siegrist, J./N. Dragano (2007): Rente mit 67 – Probleme und Herausforderungen aus gesundheitswissenschaftlicher Sicht. Düsseldorf: Hans-Böckler-Stiftung.

Irene Kloimüller
»Fit für die Zukunft – Arbeitsfähigkeit erhalten« Ein Programm von Allgemeiner Unfallversicherungsanstalt (AUVA) und Pensionsversicherungsanstalt (PVA) in Österreich

1. Ausgangslage

Auch die österreichischen Betriebe werden in Zukunft Strukturwandel und Innovationsfähigkeit mit zunehmend älteren Belegschaften meistern müssen. Viele Betriebe sind auf diese Veränderung in der Altersstruktur nicht vorbereitet, weil sie in den letzten Jahrzehnten durch den vorzeitigen Abgang Älterer aus dem Erwerbsleben wenig Erfahrung mit der Förderung von Arbeitsfähigkeit bis ins höhere Erwerbsalter gesammelt haben.

Die steigende Lebenserwartung bei gleichzeitiger Abnahme der Geburtenrate hat die altersspezifische Zusammensetzung der österreichischen Bevölkerung bereits deutlich verändert. Die 40-44-Jährigen stellen die größte Altersgruppe dar, und von »unten« rücken weniger Junge nach. Nicht nur die Betriebe, sondern auch das österreichische Pensionssystem ist durch die steigende Lebenserwartung und sinkende Geburtenrate deutlich unter Druck geraten. Aufgabe der Zukunft ist daher die Heranführung des faktischen an das gesetzliche Pensionsantrittsalter, die Senkung invaliditätsbedingter Pensionen durch Erhalt von Arbeitsfähigkeit durch eine altersgerechte Gestaltung der Arbeitswelt.

Zurzeit liegt in Österreich das faktische Pensionsantrittsalter bei Frauen bei durchschnittlich 57 Jahren und bei Männern bei 59 Jahren. 59% der Österreicherinnen und Österreicher gehen vor dem regulären Rentenalter (derzeit 60 Jahre für Frauen und 65 Jahre für Männer) in die vorzeitige Alterspension. Die Beschäftigungsquote der über 55-Jährigen in Österreich lag 2010 bei etwa 41,1%, damit war Österreich ziemlich am Schlusslicht in Europa. In Österreich wurde der vorzeitige Berufsausstieg durch Modelle wie »Hackleregelung« oder »Block-Altersteilzeit« relativ begünstigt. Weder Betriebe noch Betroffene haben daher gelernt, mit den besonderen Stärken wie Bedürfnissen der Ältesten im Arbeitsprozess umzugehen.

Es sind also wirtschaftliche und menschliche Gründe, die eine Förderung von Arbeitsfähigkeit über eine längere Berufsdauer sinnvoll und notwendig machen.

Ein Ergebnis von interministeriellen Arbeitsgruppen zu »Invalidität im Wandel« ist die Umsetzung eines »Präventions-Programms in Betrieben« zur Senkung von Invalidität durch Förderung und Erhalt von Arbeitsfähigkeit durch die AUVA und die PVA. Es handelt sich bei »Fit für die Zukunft – Arbeitsfähigkeit erhalten« um ein Programm der Förderung von Arbeitsfähigkeit bzw. Primärprävention.

2. Zielsetzung des Programms »Fit für die Zukunft – Arbeitsfähigkeit erhalten«

Das Programm wird von PVA und AUVA finanziert und unterstützt bis 2012 insgesamt 20 Pilotbetriebe mit rund 13.000 Arbeitnehmerinnen und Arbeitnehmern aus acht Branchen darin, die Arbeitsfähigkeit ihrer Mitarbeiterinnen und Mitarbeiter nachhaltig zu fördern. Das Programm greift dafür finnische Forschungs- und Beratungsergebnisse (vgl. Ilmarinen/Tempel 2002) auf und setzt in den Betrieben über vier Jahre lang auf Basis einer Analyse mit dem Arbeitsbewältigungsindex Plus™ (siehe dazu Abschnitt 4) gezielte Aktivitäten zur Unterstützung von Arbeitsbewältigung um.

Im Zuge des Programms werden auch eine nationale Datenbank mit dem Arbeitsbewältigungs-Index Plus™ und ein »Instrumentenkoffer« mit bewährten Maßnahmen und Förderinstrumenten zum Erhalt von Arbeitsfähigkeit aufgebaut.

Diese Erkenntnisse und Produkte werden über die 20 Pilotbetriebe hinaus ab 2012 auf weitere Betriebe ausgedehnt werden.

2.1. Zielgruppen
Innerhalb besonders von Arbeitsunfähigkeit betroffener Branchen konnten 20 Modell-Betriebe für das Programm gewonnen werden:

- Baubranche: Strabag, Habau inkl. Held und Francke, Hentschläger, Staudinger (die beiden letzteren sind Mitglieder der Austria Bau, eines Zusammenschlusses von mittelständischen Bauunternehmen)
- Handel: H&M
- Eisen- und Metall: Schinnerl, Liebherr, ABO, Julius Blum GmbH
- Beherbergungs- und Gaststättenwesen: Sana GmbH
- Reinigung/Entsorgung: Saubermacher
- Verkehr: Blaguss Reise GmbH
- Gesundheit: Premiamed Gruppe, Haus der Barmherzigkeit Gruppe, Krankenhaus der Barmherzigen Schwestern (Vinzenz Gruppe), UKH Salzburg, Rehabilitationszentrum Großmain, Caritas Socialis, KAGES (Steiermärkische Krankenanstaltengesellschaft m.b.H) (LKH Hartberg
- Österreichische Post AG/Paketlogistik Österreich (PLÖ) Region Ost

3. Methodischer Hintergrund

Für die Arbeit im Programm werden zwei wichtige Grundmodelle herangezogen:
- das Konzept der Arbeitsfähigkeit nach dem »Haus der Arbeitsfähigkeit«
- das Umbaumodell der Leistungsfähigkeit mit dem Älterwerden

3.1 Das Haus der Arbeitsfähigkeit (nach Juhani Ilmarinen)
Das Modell verdeutlicht, welche Faktoren am Konzept der Arbeitsfähigkeit beteiligt sind und wie sie aufeinander wirken.[1]

3.2 Das Umbaumodell von Arbeitsfähigkeit mit dem Älterwerden
Arbeitsfähigkeit kann bei entsprechender Gestaltung der Arbeit bis ins hohe Berufsalter erhalten bleiben. Älterwerden bedeutet nur in einem geringen Ausmaß Abbau von Leistungsfähigkeit wie etwa im körperlichen Bereich. Wir wachsen mit den Jahren an Erfahrung, bei Weiterlernen nehmen wir an Kompetenz zu, unsere sozialen Fähigkeiten

---

[1] Siehe zur Beschreibung der einzelnen Stockwerke den Beitrag von Juhani Ilmarinen in diesem Band.

Abbildung 1: Das Haus der Arbeitsfähigkeit

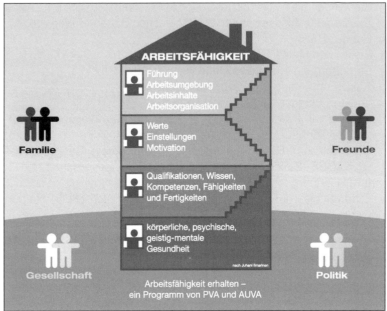

Das Modell zeigt die Vielfalt der verschiedenen Ansatzpunkte für Arbeitsfähigkeit auf. Arbeitsfähigkeit kann sich verbessern, wenn aufeinander abgestimmte Maßnahmen umgesetzt werden. Arbeitsfähigkeit ist also umso höher, je besser die Abstimmung der einzelnen Stockwerke ist, wenn die Arbeitsanforderungen mit den individuellen Ressourcen (Gesundheit, Qualifikation und Werte) zusammenpassen. Das ist kein statischer Zustand, sondern ein ständiger Adaptierungsprozess und dauert ein Arbeitsleben lang an.

Quelle: nach Juhani Ilmarinen

werden ausgeprägter. Wir sprechen daher von einem Umbaumodell im Zusammenhang mit dem Älterwerden.

Altern im Arbeitsprozess muss überhaupt nicht mit Verlusten von Produktivität verbunden sein. Bei alternsgerechten Bedingungen kann man bis ins hohe Berufsalter arbeitsfähig und produktiv bleiben.

4. Der Arbeitsbewältigungsindex Plus™ als Messinstrument für Arbeitsbewältigung

Der Arbeitsbewältigungsindex Plus™ (ABI Plus™), wird im Rahmen des Programms »Fit für die Zukunft – Arbeitsfähigkeit erhalten« von nationalen Expertinnen und Experten in Kooperation und unter Supervision mit Prof. Juhani Ilmarinen (Finnland) für die AUVA und PVA entwickelt.

Er baut auf dem finnischen Work Ability Index auf, erweitert um die Aspekte von Werten, Kompetenz und Arbeitsbedingungen – nach dem Modell des »Hauses der Arbeitsfähigkeit«. Es werden Teilindizes für Gesundheit, Kompetenz, Werte, Führung, Zusammenarbeit, Gestaltungsraum und Arbeitsbedingungen berechnet.

Der Arbeitsbewältigungsindex Plus™ ermöglicht einen Status, eine Prognose und Evaluierung von Arbeitsbewältigungsfähigkeit. Niedrige Ausbildungen im ABI Plus™ gehen mit einem vorzeitigen Ausstieg, schlechterer Lebensqualität und klassischen Produktivitätsverlusten (z.b. gemessen nach der QQ Methode[2]) einher. Mithilfe dieses Analyseinstrumentes können gezielte Interventionen zur Verbesserung oder zum Erhalt von Arbeitsfähigkeit gesetzt werden und die Maßnahmen evaluiert werden.

5. Das Vorgehen in den Betrieben

In den Pilotbetrieben wurde im Rahmen eines standardisierten Analyseprozesses unter Einsatz des Arbeitsbewältigungsindex Plus™, Ergonomie-Analysen, von Altersstrukturauswertungen, Fokusgruppen und des Arbeitsbewältigungscoachings der Status von Arbeitsfähigkeit erhoben.

Interventionen
Ein 15-köpfiges Team von Arbeitsfähigkeits-Expertinnen und -Experten hat auf Basis der Erkenntnisse der Analyse Maßnahmen zur Wiederherstellung, zum Erhalt oder zur Förderung von Arbeitsfähigkeit auf

---

[2] Quantity and Quality Method nach Brouwer et al. (1999): How much work did you perform during regular hours on your last regular workday as compared with normal?; Skala von 0-10.

der organisationalen wie individuellen Ebene gemeinsam mit den jeweiligen Unternehmens-Projektsteuergruppen entwickelt.

Als Standard-Interventionen für alle Betriebe werden folgende Schritte gesetzt:
a) Sensibilisierung zu Arbeitsfähigkeit und Stärken und Ressourcen mit dem Älterwerden
b) Schulung von Führungskräften zu Arbeitsfähigkeit, die operativ Personal führen, zur Unterstützung von Arbeitsbewältigung unter Berücksichtigung des Ansatzes von gesunder, wertschätzender Führung
c) Schulung der Präventivdienste, v.a. des betriebsärztlichen und arbeitspsychologischen Bereichs, in Arbeitsbewältigung (z.b. Arbeitsbewältigungs-Coaching)
d) Workshops für Personalvertretung

Maßgeschneiderte Interventionen
Die Ergebnisse der Analyse des ABI Plus™ wurden den Stockwerken des Hauses der Arbeitsfähigkeit zugeordnet. Es wurde je nach Ergebnissen, Arbeitssituation und wissenschaftlichen Erkenntnissen unterschieden, ob verhältnisorientierte und/oder verhaltensorientierte Maßnahmen zur Verbesserung der Arbeitssituation hilfreicher sind. Der Schwerpunkt wird auf verhältnisorientierte Maßnahmen gelegt. Die Betriebe zahlen vor allem die klassischen verhaltensorientierten Maßnahmen selber.

Die betriebsspezifischen Interventionen bzw. Unterstützungsmaßnahmen auf betrieblicher Seite setzen an Unternehmenskultur, Strukturen, Abläufen und am individuellen Verhalten an. Insgesamt haben bis dato insgesamt rund 250 Interventionen in den Betrieben stattgefunden. Rund 70% davon sind im obersten Stockwerk, also auf der Verhältnisebene, angesiedelt.

Beispiele für Interventionen
■ Baufit – körpergerechtes Arbeiten in Bauunternehmen
■ Ergonomietrainings – quer durch alle Branchen
■ Arbeitsbewältigungs-Coachings
■ Einführung alternsgerechter Mitarbeitergespräche unter Integration des Themas Arbeitsfähigkeit
■ Schulung von Multiplikatorinnen und Multiplikatoren zum alternsgerechten Arbeiten bei Montage und im Baubereich (bspw. Poliercoaching)

- Trainings zum Umgang mit schwierigen emotionalen Situationen und belastenden Kontakten, v.a. in der Gesundheitsbranche
- Dienstplanumgestaltungen (nach ergonomischen Kriterien)
- Entwicklung von Modellen zu Mikro-/Regenerationspausen, Gestaltung von Pausen- und Sozialräumen
- Erhöhung der Sichtbarkeit von spezifischen Zielgruppen z.b. von Reinigungskräften oder Stubenmädchen zur Verbesserung des Images dieser Berufsgruppen innerhalb der Betriebe, Hebung des Selbstwertes durch Einbeziehung der Zielgruppen
- diverse klassische Gesundheitsangebote (Stress, gesunde Ernährung, Yoga, Thai Chi)

In allen beteiligten Betrieben läuft zurzeit die Umsetzung von Maßnahmen. Der Prozess der Begleitung und Beratung berücksichtigt dabei die Prinzipien wie Partizipation der Mitarbeiterinnen und Mitarbeiter als Experten ihrer Arbeitswelt, das Prinzip der lernenden Organisation, d.h. Verankerung von Know-how im Betrieb und dessen Verbreitung über interne Multiplikatorinnen und Multiplikatoren.

Die Wirksamkeit der Interventionen wird im Laufe des Projektes mit Hilfe des ABI Plus™ zweimal evaluiert, und gegebenenfalls werden Adaptionen auf der Maßnahmenebene vorgenommen. Parallel zur Evaluierung mit dem ABI Plus™ wird durch das Ludwig Boltzmann Institute Health Promotion Research eine Prozessevaluierung durchgeführt.

Melanie Ebener
Entwicklung des WAI (Work Ability Index)- Netzwerks in Deutschland
Ein Überblick

1. Hintergrund

Es ist längst bekannt, wie der demografische Wandel sich in Deutschland auswirkt und auch zukünftig auswirken wird: Der Altersdurchschnitt der deutschen Erwerbstätigen steigt, während ihre Gesamtzahl abnimmt. Dazu kommt ein Wandel der Arbeitsbedingungen, die stärker als zuvor Flexibilität, Unsicherheitstoleranz und Leistungsvermögen von Beschäftigten verlangen und teilweise zu neuartigen Belastungen führen. Angesichts dieser Situation wird es zunehmend wichtiger, die Arbeitsfähigkeit von Beschäftigten (und damit die Produktivität und Wettbewerbsfähigkeit der Unternehmen) gezielt und systematisch zu erfassen und – im zweiten Schritt – zu fördern. Der Work Ability Index (WAI) hat sich als geeignetes Instrument erwiesen, um Arbeitsfähigkeit auf subjektive Weise zu erheben. Er ist ein Frühindikator z.b. für längere Arbeitsunfähigkeit (Kujala et al. 2005) und Erwerbsunfähigkeit (Tuomi et al. 1991) und ermöglicht deswegen auch präventive Maßnahmen. Auch psychologische Variablen hängen mit Arbeitsfähigkeit zusammen: Mit stärkerer Bindung an den Beruf und höherer Arbeitszufriedenheit steigt auch die Arbeitsfähigkeit (Hasselhorn et al. 2010).

Aus der Forschung mit dem Work Ability Index wurde im Lauf der Zeit das Work Ability-Konzept entwickelt, das im »Haus der Arbeitsfähigkeit« veranschaulicht wird (siehe Ilmarinen in diesem Band). Index und Konzept bilden die Grundlage für eine Reihe von Tools, die inzwischen in Betrieben angewendet werden: der WAI als Beschäftigtenbefragung, das WAI-basierte betriebsärztliche Gespräch, das Arbeitsbewältigungs-Coaching (siehe Geißler/Frevel/Gruber in diesem Band) und als neueste Form das Arbeitsfähigkeitscoaching zum Einsatz im Betrieblichen Eingliederungsmanagement (siehe Liebrich/Giesert/Reuter in diesem Band). Die vielfältigen Möglichkeiten des Einsatzes einerseits und die Risiken eines ungeeigneten oder gar missbräuchlichen Einsatzes andererseits machen für die Mehrzahl der Akteure in Unternehmen eine kompetente Beratung erforderlich, bevor der WAI sinnvoll eingesetzt werden kann.

Schon im Jahr 2003 hat die Bundesanstalt für Arbeitsschutz und Arbeitsmedizin (BAuA) die Notwendigkeit erkannt, in Deutschland den Einsatz des WAI in der betrieblichen Praxis zu fördern und zu unterstützen. Ende 2003 wurde daher das WAI-Netzwerk unter Leitung von Hans Martin Hasselhorn gegründet, das von einem Projektteam am Institut für Sicherheitstechnik (IST) der Bergischen Universität Wuppertal gesteuert wird. Von Beginn an bis Ende März 2011 wurde das WAI-Netzwerk in zwei Phasen im Rahmen der Initiative Neue Qualität in der Arbeit (INQA.de) gefördert. Als Kernaufgaben des Projektteams am IST wurden definiert:
1. Etablierung eines WAI-Anwender-Netzwerks,
2. Bereitstellung einer WAI-Software und
3. Einrichtung einer nationalen Referenzdatenbank.

2. Aufgaben und wichtige Ergebnisse

2.1 Etablierung eines WAI-Anwender-Netzwerks
Das Projektteam führt WAI-Interessierte in einem Netzwerk zusammen, um so schneller und gezielter Anwendungserfahrungen austauschen zu können und gemeinsam an Wegen guter Praxis zu arbeiten. War es Ende 2004 noch ein kleiner Kreis von 40 Mitgliedern (Hasselhorn et al. 2005), so hat sich diese Zahl bis Ende März 2011 auf 948 Mitglieder erhöht. Die größten Anteile bilden heute Personen aus Unternehmen sowie Berater und Gesundheitsdienstleistende (ohne Betriebsärzte). Mit 19% bleibt bei einem relativ großen Anteil von Mitgliedern unbekannt, in welcher Funktion sie sich für den WAI interessieren.

Das Netzwerk wurde weiterentwickelt durch telefonische Beratung und Kontaktvermittlung, Veröffentlichungen sowie insbesondere durch die WAI-Konferenzen, die in den Jahren 2007, 2008 und 2010 stattfanden. Hier wurden jeweils neue Ergebnisse aus Forschung und Praxis dargestellt und über die verschiedenen Interessensgruppen (Arbeitnehmervertretung, Personalleitung, Arbeitsmediziner, Sicherheitsingenieure u.a.) und Fachdisziplinen hinweg lebhaft diskutiert. Parallel dazu

Abbildung 1: WAI-Netzwerk-Mitglieder nach Gruppen (n = 948; Angaben in %)
Stand: 31.3.2011

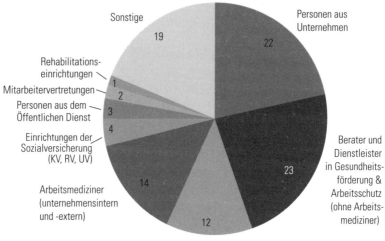

wurden im Netzwerk Projektbeschreibungen zusammengetragen, um den Erfahrungsaustausch zu institutionalisieren.

Bei manchen Mitgliedern konnte das WAI-Netzwerkteam Projekte über die gesamte Laufzeit hinweg unterstützen und die Erfahrungen für andere Anwender nutzbar machen. Fragestellungen der Mitglieder gaben darüber hinaus Anstöße für Recherchen und Untersuchungen des Projektteams, z.b. die Fragen, ob der WAI sich als Kennzahl für Zielvereinbarungen der Führungskräfte eigne. Vor allem die telefonische Beratung und in letzter Zeit auch ein- bis zweistündige Webkonferenzen werden von Interessenten gerne als wenig aufwändiges Angebot genutzt, um zu prüfen, ob der WAI für die jeweils eigenen Zwecke und die eigene Situation das geeignete Instrument ist. Außerdem wird das Netzwerk von einer steigenden Zahl von Studierenden genutzt, die den WAI in ihrer Abschlussarbeit einsetzen. Daran lässt sich ablesen, dass die Etablierung des Instruments WAI inzwischen auch in der deutschen Wissenschaftslandschaft voranschreitet.

2.2 Bereitstellung einer WAI-Software

Die zweite Kernaufgabe des WAI-Netzwerks ist die Bereitstellung einer WAI-Software-Lösung in Deutsch und Englisch für die Netzwerkmitglieder. Diese wurde über die gesamte Laufzeit hinweg weiterentwickelt und bietet heute die Funktionen Datenerhebung im Gespräch, Einzelauswertung, Gruppenauswertung, Längsschnittbetrachtung und neuerdings auch ein »Interventionsmodul«, mit dem in der Einzelberatung die Festlegung von Interventionen und deren Erfolg dokumentiert werden kann.

Neben der Entwicklung der eigenen Software war das WAI-Netzwerkteam auch beteiligt an der Entwicklung eines WAI-Moduls in einer kommerziellen Software für Betriebsärzte. Außerdem wurden ergänzend zur WAI-Software Berechnungsvorlagen in der Tabellenkalkulation MS-Excel und der Statistiksoftware SPSS erarbeitet.

2.3 Einrichtung einer nationalen Referenzdatenbank

Das WAI-Netzwerk hat im Laufe der Zeit anonyme Daten aus WAI-Erhebungen in Forschung und Praxis zu einer Referenzdatenbank zusammengefügt. Das Vorgehen wurde von der Ethikkommission der Universität Wuppertal geprüft und genehmigt. Die Datenbank ermöglicht schon heute, für Altersgruppen zwischen 16 und 65 altersbezogene Referenzwerte auszugeben, teilweise differenziert für bestimmte Berufe. Diese Daten ermöglichen vor allem kleineren Unternehmen mit geringen internen Vergleichsmöglichkeiten, ihre eigenen Ergebnisse besser einzuordnen und zu interpretieren. Es zeigt sich, dass die Unterschiede zwischen Berufs- bzw. Tätigkeitsgruppen dabei bedeutend sind. Die Referenzdatenbank wird kontinuierlich ausgebaut, um zukünftig Vergleiche für alle Berufsgruppen zu ermöglichen.

2.4 Weitere Aufgaben

Neben der Erfüllung der bereits genannten Aufgaben machte das WAI-Projektteam mithilfe von zahlreichen Vorträgen, Schulungen und Beschäftigteninformationen das Work Ability-Konzept in Deutschland weiter bekannt. Es ist auf anwendungsorientierten Veranstaltungen ebenso wie auf wissenschaftlichen Konferenzen im In- und Ausland regelmäßig vertreten (z.B. Ebener et al. 2011, Hasselhorn et al. 2010) und kooperiert mit anderen nationalen WAI-Netzwerken (WAI-Netzwerk Austria, Blikopwerk Niederlande) und internationalen Forschergruppen.

2.5 Wichtige Ergebnisse

Das WAI-Projektteam hat in Kooperation mit dem Finnish Institute of Occupational Health (FIOH) 2004 nachgewiesen, dass die WAI-Kurzversion mit 14 Fragen zu Erkrankungen gleichwertig mit der Langversion ist, die 51 Krankheitsfragen enthält. Dies hat zur Verbreitung des WAI stark beigetragen, da die praktische Einsetzbarkeit (Akzeptanz und Ökonomie des Fragebogens) deutlich gestiegen ist.

In der Broschüre »Der Work Ability Index – ein Leitfaden« (Hasselhorn/Freude 2007) sind Kurz- und Langversion des WAI sowie deren Entstehung, Anwendung und Auswertung in überschaubarer Form dokumentiert. Diese Publikation enthält die offizielle und verbindliche Fassung des WAI in Deutschland, die mit dem Urheber (FIOH) abgestimmt ist.

Die ebenfalls 2007 erschienene Broschüre »Why WAI?« (BAuA 2007) zeigt anwenderfreundlich, wie und zu welchen Zwecken der WAI bereits eingesetzt worden ist. Die vielfältigen Beispiele reichen vom Pflegeheim mit 59 Mitarbeitenden bis hin zu Großprojekten in Konzernen wie Daimler und Cognis. Weitere Praxisbeispiele sind auf der Projekt-Website (www.arbeitsfaehigkeit.net) zu finden. Der Materialienbereich dort umfasst außerdem Links zu einschlägigen wissenschaftlichen Artikeln und weiteren Wissensressourcen zur Arbeitsfähigkeit im Internet.

3. Ausblick

Die Aufgaben des Projektteams haben sich verändert: Zu Beginn der Arbeit stand eher die Verbreitung des Work Ability Index und des Konzeptes im Mittelpunkt. Heute sind Konzept und Index in Deutschland in vieler Munde: Lehrbücher zum Personalmanagement (Deller/Kern/Hausmann/Diederichs 2008: 199) und zum demografischen Wandel (Langhoff 2009: 188) verweisen auf den WAI, auf Personalmessen sind Vorträge zum Work Ability-Konzept zu hören, und nicht wenige Beratungsunternehmen haben das Instrument als gewinnbringend erkannt. In einzelnen Anfragen an das Projektteam wird dabei aber auch deutlich, dass teilweise unrealistische Erwartungen an das Instrument gestellt werden oder Kompetenz zum angemessenen Einsatz fehlt. Daher wird das Projektteam zukünftig verstärkt an der Qualitätssicherung der WAI-Anwendung arbeiten und dazu weitere Schulungs- und Beratungsdienstleistungen anbieten.

Wichtige Aufgaben des Netzwerks für die betriebliche Praxis sind aus unserer Sicht:

■ Entwicklung von guten Prozessbeschreibungen der verschiedenen Einsatzformen des WAI,
■ Beschreibung von Methoden zur Ableitung von Maßnahmen, nachdem der Status der Arbeitsfähigkeit festgestellt wurde (es liegen etliche geeignete Methoden vor, die jedoch teils implizites Beraterwissen sind und noch selten im Zusammenhang mit dem Work Ability-Konzept beschrieben wurden),
■ Berücksichtigung der besonderen Bedürfnisse kleiner und mittelständischer Unternehmen,
■ Verzahnung des WAI mit anderen Instrumenten des Betrieblichen Gesundheitsmanagements und der Arbeitsgestaltung (sowohl zur Messung als auch zur Intervention),
■ Definition der Rolle, die der WAI in Zertifizierungssystemen zum Betrieblichen Gesundheitsmanagement einnehmen kann,
■ Anbieten hochwertiger Schulungen für verschiedene Zielgruppen,
■ stärkerer Einbezug weiterer Disziplinen (Psychologie, Wirtschaftswissenschaften) und weiterer Unternehmensfunktionen über den Betriebsarzt hinaus (vor allem Personalfunktion),
■ stärkere internationale Vernetzung zum Austausch von Anwendungswissen.

Auch die Wissenschaft kann weitere Beiträge dazu leisten, die Anwendung des WAI in Deutschland noch wirksamer und nachhaltiger zu gestalten. Drei wichtige Aspekte in diesem Zusammenhang sind:

■ Die etablierten vier Auswertungskategorien des WAI sind vor rund 30 Jahren an einer Stichprobe älterer Erwerbstätiger entstanden. Auch wenn ihre Vorhersagekraft z.b. für längere Arbeitsunfähigkeitszeiten auch bei jüngeren Erwerbstätigen nachgewiesen ist (Kujala et al. 2006), liegen die WAI-Ergebnisse bei dieser Gruppe insgesamt erkennbar höher (Kujala et al. 2005), worin sich zumindest teilweise ein historischer Effekt veränderter Erwerbs- und Bildungsbiografien spiegeln dürfte (Gould et al. 2008: 155). Wie Auswertungskategorien für jüngere Erwerbstätige heute aussehen sollten, ist zu diskutieren und empirisch nachzuweisen.
■ Das »dritte Stockwerk« im Haus der Arbeitsfähigkeit (Werte, Einstellungen, Motivation) hat zweifellos große Bedeutung für die Arbeitsfähigkeit einer Person. Gleichzeitig sind die infrage kommenden Konstrukte (Arbeitsmotivation, Arbeitszufriedenheit, Bindung an den

Arbeitgeber, Bindung an den Beruf etc.) in der Arbeits- und Organisationspsychologie bereits bestens untersucht, allerdings noch wenig im Zusammenhang mit Arbeitsfähigkeit. Eine Zusammenführung der verschiedenen Forschungsstränge verspricht neue Erkenntnisse.

■ Anwender des Work Ability Index postulieren, dass die Anwendung des WAI mit der Rückmeldung des individuellen Ergebnisses bereits eine Sensibilisierung der Befragten für den Erhalt ihrer eigenen Arbeitsfähigkeit bewirkt. Ob dies empirisch nachweisbar ist, wie nachhaltig der Effekt ist und wie er gefördert werden kann, verdient ebenfalls genauere Betrachtung.

Juhani Ilmarinen, der das Work Ability Konzept maßgeblich entwickelt hat, bezeichnete auf der WAI-Konferenz 2010 die Arbeit des deutschen WAI-Netzwerks im internationalen Vergleich als »vorbildlich« (BAuA 2010). Das WAI-Netzwerk wird im Sinne der bisherigen engagierten Arbeit auch die neuen anstehenden Aufgaben angehen und weiterhin zur positiven Entwicklung des Arbeitsfähigkeitskonzeptes in Deutschland beitragen.

Hinweis

Die Website des WAI-Netzwerks www.arbeitsfaehigkeit.net bietet aktuelle Informationen und Downloads rund um das Thema Arbeitsfähigkeit. Hier ist auch die Online-Anmeldung am Netzwerk und die Kontaktaufnahme mit dem Projektteam möglich.

Literatur

Bundesanstalt für Arbeitsschutz und Arbeitsmedizin (BAuA) (2007): Why WAI? Der Work Ability Index im Einsatz für Arbeitsfähigkeit und Prävention – Erfahrungsberichte aus der Praxis. Dortmund: BAuA.
Bundesanstalt für Arbeitsschutz und Arbeitsmedizin (BAuA) (2010): Dritte Konferenz des WAI-Netzwerkes. Lob für deutsche Umsetzung. In: baua: Aktuell. Amtliche Mitteilungen der Bundesanstalt für Arbeitsschutz und Arbeitsmedizin, 3/2010: 4.
Deller, J./ S. Kern/E. Hausmann/Y. Diederichs (2008): Personalmanagement im demografischen Wandel. Ein Handbuch für den Veränderungsprozess. Berlin: Springer.
Ebener, M./J. Hardt/M. Galatsch/H.M. Hasselhorn (2011): Prädiktive Validi-

tät der Dimensionen des Work Ability Index (WAI) in verschiedenen Berufsgruppen im Quer- und Längsschnitt. In: Arbeitsmedizin Sozialmedizin Umweltmedizin, 46 (3): 185.

Gould, R./J. Ilmarinen/J. Järvisalo/S. Koskinen (Hrsg.) (2008): Dimensions of Work Ability. Results of the Health 2000 Survey. Helsinki: Finnish Institute of Occupational Health. Online verfügbar unter: www.etk.fi/Binary.as px?Section=42845&Item=62531 [15.4.2011].

Hasselhorn, H.M./B.H. Müller/G. Freude/J.Tempel/S. Kaluza (2005): The Work Ability Index (WAI) – establishment of a German WAI-Network. International Congress Series 1280, 292-295.

Hasselhorn, H.M./G. Freude (2007): Der Work Ability Index – ein Leitfaden. Schriftenreihe der Bundesanstalt für Arbeitsschutz und Arbeitsmedizin: Snderschrift, S. 87. Bremerhaven: Wirtschaftsverlag NW Verlag für neue Wissenschaft.

Hasselhorn, H. M./M. Ebener/M. Galatsch/B.H. Mueller (2010). Predictive value of single items of the work ability index. Presentation on the 4th Symposium on Work Ability, Age Management during the Life Course. 6.-9.6. 2010, University of Tampere, Finland.

Kujala, V./J. Remes/E. Ek/T. Tammelin/J. Laitinen (2005): Classification of Work Ability Index among young employees. Occupational Medicine 55(5): 399-401.

Kujala, V./T. Tammelin/J. Remes/E. Vammavaara/E. Ek/J. Laitinen (2006): Work ability index of young employees and their sickness absence during the following year. In: Scandinavian Journal of Work, Environment and Health, 32 (1): 75-84.

Langhoff, T. (2009): Den demographischen Wandel im Unternehmen erfolgreich gestalten: Eine Zwischenbilanz aus arbeitswissenschaftlicher Sicht. Berlin: Springer.

Tuomi, K./J. Toikkanen/L. Eskelinen/A.-L. Backman/J. Ilmarinen/E. Jarvinen/ M. Klockars et al. (1991): Mortality, disability and changes in occupation among aging municipal employees. In: Scandinavian Journal of Work, Environment and Health,17 suppl. 1: 58-66.

2. Beratungsinstrumente auf der Grundlage des Arbeitsfähigkeitskonzeptes

Heinrich Geißler/Alexander Frevel/Brigitta Gruber Arbeitsbewältigungs-Coaching®: Das Individuum stärken, die betriebliche Zukunft sichern![1]

Zukunftsfähige Arbeit heißt alternsgerechte Arbeit. Eine solche Arbeit berücksichtigt den Wandel von persönlichen Kapazitäten (z.b. Zunahme beruflicher Routine und Zuverlässigkeit; Verringerung körperlicher Leistungsfähigkeit) und Bedürfnissen (z.b. Möglichkeit von Erziehungs- und Pflegezeiten) genauso wie Veränderungen der Arbeitsanforderungen (z.b. durch Einsatz neuer Techniken). Diese Faktoren, die die Arbeitsfähigkeit beeinflussen, verändern sich im Verlauf des Berufslebens. Die Aufgabe von Betrieben und Beschäftigten ist, sie – möglichst regelmäßig – anzupassen, damit die Gesundheit erhalten bleibt, die Produktivität gesichert ist und es beispielsweise bei Älteren nicht zu körperlichen Über- oder geistigen Unterforderungen kommt. In der Praxis sind und werden die Menschen und Betriebe das ganze Arbeitsleben lang mit der Gestaltung optimaler Balancen beschäftigt sein.

Der Grad der Passung von Arbeit und Person kann gemessen werden. Mit dem Beratungswerkzeug »Arbeitsbewältigungs-Coaching®«[2] (ab-c) werden mit jeder/m Beschäftigten im Betrieb individuelle und betriebliche Förderziele und Fördermaßnahmen zur Bewältigung der

[1] Das ist der Titel der INQA-Broschüre 38 zum Arbeitsbewältigungs-Coaching, die von Alexander Frevel und Brigitta Gruber verfasst wurde. Bestellung: www.inqa.de/Inqa/Navigation/publikationen,did=252060.html. Kostenloses Download als pdf: www.inqa.de/Inqa/Redaktion/Zentralredaktion/PDF/Publikationen/das-individuum-staerken,property=pdf,bereich=inqa,sprache=de,rwb=true.pdf

[2] Die Grundlagen für das Beratungswerkzeug wurden im Rahmen eines BMBF-Projekts zur zukunftsfähigen Arbeitsforschung entwickelt. Siehe: Arbeit und Zukunft e.V. 2006.

Arbeitsanforderungen entwickelt. Die Betriebe werden darin unterstützt, förderliche Bedingungen zu entwickeln.

1. Das Förderkonzept der Arbeitsbewältigungsfähigkeit

Die Begriffe »Arbeitsfähigkeit« und »Arbeitswille« werden häufig relativ eng und statisch verstanden: Entweder man schafft die Arbeit (noch) – oder eben nicht (mehr) und dann hat man an diesem Arbeitsplatz nichts mehr verloren! Entweder die Person bringt die richtige Einstellung und die entsprechenden Kapazitäten mit, oder sie ist am falschen Platz. Die gestellte Arbeitsanforderung wird dabei kaum jemals infrage gestellt.

Demgegenüber legen internationale Forschungsergebnisse zur Arbeitsbewältigungsfähigkeit (Work Ability) nahe, diese als veränderliche und gestaltbare Größe zu verstehen. Arbeitsfähigkeit wird demnach definiert als »*das Potenzial eines Menschen, eine gegebene Aufgabe zu einem gegebenen Zeitpunkt zu bewältigen*« (Ilmarinen/Tempel 2002: 88). *Dabei stehen die individuellen Voraussetzungen in Wechselwirkung mit den Arbeitsanforderungen. Beide Größen können sich verändern und müssen gegebenenfalls angepasst werden.*

Das Konzept der Arbeitsfähigkeit stellt den Wandel von Erwerbspersonen und Betrieben in den Mittelpunkt und versetzt die Beteiligten in die Lage, ihre Zukunft vorsorglich zu gestalten. Grundsätzlicher Ausgangspunkt sind die Bedürfnisse und Möglichkeiten der Individuen in Bezug auf ihre Arbeit und die kontinuierliche Abstimmung der Passung von Arbeit und persönlichen Kapazitäten zur Erhaltung und Förderung der Arbeitsfähigkeit. In dieser Sichtweise geht es also um den Ausgleich (die Balance) zwischen den individuellen Kapazitäten und den Arbeitsanforderungen und nicht um ein individuelles Erfüllen oder Nicht-Erfüllen einer Vorgabe.

Sinngemäß lässt sich Arbeitsfähigkeit als Waage darstellen: Befinden sich Arbeit und Person in einem Gleichgewicht, so liegt eine hohe Arbeitsbewältigungsfähigkeit vor. Geraten Arbeit und Person aufgrund von Veränderungen einer oder beider Größe(n) in ein Ungleichgewicht bzw. in eine Nicht-Passung, entsteht eine kritischere Arbeitsfähigkeit mit einem erhöhten Risiko von Erwerbsunfähigkeit. Sinnbildlich ist jede stattfindende Veränderung ohne Justierung des Ensembles ein Risiko für die Funktionstüchtigkeit.

Zur Verdeutlichung, dass es sich hierbei um ein dynamisches Potenzial zur Bewältigung einer gestellten Aufgabe handelt und nicht um eine generelle Fähigkeit, zu arbeiten oder nicht zu arbeiten, wird in diesem Zusammenhang auch der Begriff der Arbeitsbewältigungsfähigkeit verwendet. Arbeitsbewältigungsfähigkeit ist kein Glücksfall, sondern wird geschaffen. Arbeitsunfähigkeit ist kein Schicksal, sondern wird verursacht.

Das »Haus der Arbeitsfähigkeit« (Ilmarinen 2009 sowie sein Beitrag im vorliegenden Band) veranschaulicht die gegenseitige Abhängigkeit individueller, betrieblicher und gesellschaftlicher Aspekte. Das »Haus der Arbeitsfähigkeit« ist dann solide, wenn sich die verschiedenen Etagen sowie die Umfeldbedingungen zueinander in stabiler Ausgewogenheit befinden.

Ein bewährtes Instrument zur Messung der Arbeitsfähigkeit ist der Arbeitsbewältigungs-Index (Work Ability Index – WAI) (Tuomi et al. 2001 sowie Ebener im vorliegenden Band). Der aktuelle Leitfaden zur Anwendung des WAI wurde von der Bundesanstalt für Arbeitsschutz und Arbeitsmedizin im Jahr 2007 vorgelegt (Hasselhorn/Freude 2007). Bei diesem Messinstrument handelt es sich um ein international anerkanntes Analysewerkzeug (im Fachjargon: subjektive Beanspruchungsanalyse), das den Grad der Passung von Arbeitsanforderungen und Belastungen einerseits und den individuellen funktionellen Kapazitäten (körperliche, geistige und psychische Fähigkeiten) andererseits identifiziert. Damit kann das schwer greifbare Phänomen »Arbeitsbewältigungsfähigkeit« für die Beteiligten sichtbar gemacht werden. Das persönliche Ergebnis des »Work Ability Index« drückt sich in einer Kennzahl zwischen 7 und 49 Indexpunkten aus. Je höher der Indexwert ist, desto besser ist die Arbeitsbewältigungsfähigkeit, die sich aufgrund der Passung zwischen Person und Arbeit ergibt.

Befinden sich die Person (mit ihren Kompetenzen und ihrem Gesundheitszustand) und ihre Arbeit in einem ausgewogenen Passungsverhältnis, liegt eine sehr gute bis gute Arbeitsfähigkeit vor.

Die Arbeitsbewältigungsfähigkeit ist hingegen gefährdet, wenn ein Wandel der individuellen körperlichen, geistigen und psychischen Kapazitäten – wie beim Alterungsprozess – keine entsprechende Anpassung der Arbeitsanforderungen nach sich zieht. Genauso erhöhen auch Kompetenzlücken, Probleme im sozialen Miteinander, Mängel bei den Arbeitsbedingungen oder im Arbeits- und Gesundheitsschutz die Wahrscheinlichkeit von Arbeits- und Erwerbsunfähigkeit.

Abbildung 1: Die Balance der Arbeitsfähigkeit

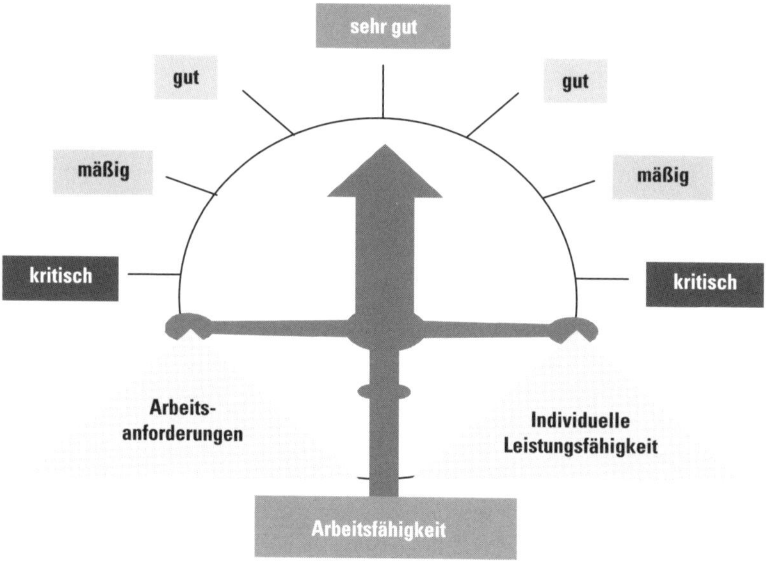

sehr gut

gut

gut

mäßig

mäßig

kritisch

kritisch

Arbeits-
anforderungen

Individuelle
Leistungsfähigkeit

Arbeitsfähigkeit

Quelle: nach Tempel 2010

2. Arbeitsbewältigungs-Coaching als betrieblicher Beratungsprozess

Nun sagt die Maßzahl des Work Ability Index zwar aus, in welchem Grad die Balance zwischen Arbeit und Person ausgeprägt ist. Sie liefert aber ohne zusätzliche Analysen keine Aussagen darüber, in welchen Bereichen es gut läuft und in welchen es gegebenenfalls Probleme gibt. Prinzipiell gibt es verschiedene Möglichkeiten, weitere Untersuchungen durchzuführen. Die Arbeitsbedingungen und die Belastungen können untersucht werden, Gefährdungen können identifiziert werden, Einstellungen zur Arbeit können mithilfe einer Mitarbeiterbefragung erhoben werden, der Gesundheitszustand kann analysiert werden usw. Solche Untersuchungen sind sinnvoll und teilweise auch gesetzlich gefordert, wie die Gefährdungsbeurteilung nach dem Arbeitsschutzgesetz.

Aber vielen dieser Analysen ist gemeinsam, dass sie interpretationsbedürftig sind, also von (externen) Experten im Hinblick auf erforderliche oder mögliche Veränderungsmaßnahmen gedeutet werden müssen. Das bedeutet zeitlichen und finanziellen Aufwand und gewährleistet nicht notwendigerweise, dass die vorgeschlagenen Maßnahmen im Betrieb auch akzeptiert werden.

Aus unserer Sicht ist es deshalb viel naheliegender, die Beschäftigten direkt einzubinden. Sie sind Expertinnen/Experten in eigener Sache und für ihre Arbeit. Sie können ihre eigene Kompetenz und Gesundheit ebenso gut einschätzen wie die Arbeitsbedingungen. Sie haben in aller Regel gute Vorschläge, wie die Arbeit gut gestaltet werden kann. Und sie sind selbst verantwortlich für ihr Handeln. Deshalb wurde ein Instrument entwickelt, mit dem dieses Wissen erfasst und damit im Betrieb wirksam werden kann.

2.1 Das Beratungswerkzeug »Arbeitsbewältigungs-Coaching®«

Dieses Instrument zur bedarfsgerechten Analyse und Planung von Gestaltungsmaßnahmen zur Förderung der Arbeitsbewältigungsfähigkeit ist das »Arbeitsbewältigungs-Coaching®« (ab-c). Es basiert auf den wissenschaftlichen Erkenntnissen und überprüften Praxiserfahrungen zum Arbeitsbewältigungs-Konzept und zum Messverfahren des Arbeitsbewältigungs-Index.

Im Rahmen eines geförderten Projektes[3] wurde das Beratungswerkzeug entwickelt und in verschiedenen weiteren Projekten in Deutschland und Österreich seit 2006 eingesetzt und weiterentwickelt (s. u.a. Geißler-Gruber et al. 2007; Arbeitsleben 2008). Die Prozessberatung mit dem Arbeitsbewältigungs-Coaching wird nur von ausgebildeten Beraterinnen und Beratern durchgeführt, die zur Verschwiegenheit verpflichtet sind.[4] Eine ausführliche Beschreibung des Beratungswerkzeugs ist als Bericht der Initiative Neue Qualität der Arbeit (2009) veröffentlicht.

Das Arbeitsbewältigungs-Coaching® ist gut geeignet auch für Klein- und Mittelbetriebe; es ist zudem in allen Branchen einsetzbar. Ziel des

---

[3] Die Grundlagen für das Beratungswerkzeug wurden im Rahmen eines BMBF-Projekts zur zukunftsfähigen Arbeitsforschung entwickelt. Siehe: Arbeit und Zukunft e.V. 2006.

[4] Mittlerweile gibt es im deutschsprachigen Raum mehr als 350 Beraterinnen und Berater aus den Bereichen Gesundheitsförderung, Organisations- und Personalentwicklung, Demografieberatung u. ä., die für die Anwendung des Instruments qualifiziert sind. Voraussetzungen für die Teilnahme am zweitägigen Ausbildungsseminar sind gesundheits- und arbeitswissenschaftliche Grundkenntnisse und Erfahrungen in der betrieblichen Beratung.

Abbildung 2: Fördermodell zur Erhaltung und Verbesserung der Arbeitsbewältigungsfähigkeit

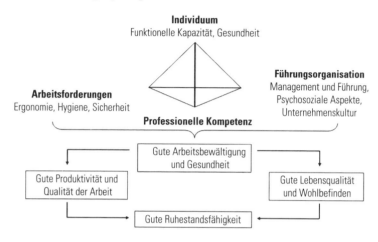

Quelle: nach Ilmarinen/Tempel 2002b: 237

Tabelle 1: Gestaltungsbereiche für Erhaltung und Förderung der Arbeitsbewältigungsfähigkeit für Personen und im Betrieb

Für die Person	Für den Betrieb
Gesundheit	Gesundheitsförderung
Betriebsklima und Arbeitsorganisation	Führung und Unternehmenskultur
Kompetenz	Personalentwicklung
Arbeitsbedingungen, Belastungen	(ergonomische, zeitliche ...) Arbeitsgestaltung

Einsatzes ist es, Beschäftigte und Unternehmen in ihrer Selbstbeobachtungs- und Selbstmanagement-Kompetenz zu unterstützen und sowohl auf individueller als auch auf betrieblicher Ebene zu Gestaltungs-/Veränderungsmaßnahmen zu gelangen. Mittelpunkt des ab-c ist das Modell zur Förderung der Arbeitsbewältigungsfähigkeit und damit zur Entwicklung von bedarfsgerechten individuellen und betrieblichen Maßnahmen (Abbildung 2).

Die wichtigsten Gestaltungsbereiche sind in Tabelle 1 aufgeführt.

2.2 Der Beratungsprozess mit dem Arbeitsbewältigungs-Coaching

Das Arbeitsbewältigungs-Coaching ist im Kern ein zweistufiger Entwicklungsprozess. Dabei stellt die Analysephase zugleich schon einen Eingriff (eine Intervention) in das betriebliche Gefüge dar, insofern als externe Beraterinnen und Berater Gespräche über Bedingungen der Arbeit führen und alle Beschäftigten sich beteiligen können. Die Kernbausteine des Beratungsprozesses sind:

- Das persönlich-vertrauliche Arbeitsbewältigungs-Gespräch zur Entwicklung von individuellen Fördermaßnahmen.
- Der Arbeitsbewältigungs-Workshop zur Entwicklung von betrieblichen Fördermaßnahmen.

Für den Einsatz im Betrieb erfolgen notwendigerweise zunächst Absprachen mit Geschäftsführung, Belegschaftsvertretung und – soweit vorhanden – Fachleuten aus den Bereichen Arbeitssicherheit und Arbeitsmedizin. Dafür bietet sich die Einrichtung eines Projektsteuerkreises an. Vereinbart werden u.a. die Zielausrichtung der Maßnahmenumsetzung, Art und Reichweite der Beschäftigteninformation, zeitlicher Ablauf und Regelungen zum Datenschutz. Ein Muster einer solchen Leistungsvereinbarung ist im Anhang beigefügt.

Abbildung 3: Der Beratungsprozess zum Arbeitsbewältigungs-Coaching im Betrieb

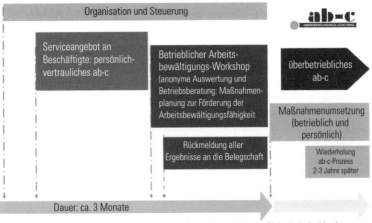

Durchführung: Arbeitsmediziner/-in, Arbeitspsychologe/-psychologin, Sicherheitsfachkraft, Gesundheits-/Präventionsberater/-in (Verschwiegenheitsverpflichtung!)

2.3 Das persönlich-vertrauliche Arbeitsbewältigungs-Gespräch

Das persönlich-vertrauliche Arbeitsbewältigungs-Gespräch ist ein Serviceangebot im Betrieb für alle Beschäftigten – von Arbeitern und Angestellten bis zu den Leitungspersonen, vom Auszubildenden bis zum Beschäftigten, der unmittelbar vor dem Renteneintritt steht. Die Teilnahme an dem Gespräch ist freiwillig. Im Mittelpunkt eines ca. 60-minütigen Gesprächs steht die/der Beschäftigte.

Im ersten Teil wird die aktuelle Arbeitsbewältigungssituation mit Hilfe des »Work Ability Index« erhoben, für die Gesprächspartner sichtbar gemacht und erläutert. Tabelle 2 zeigt beispielhaft einen solchen Erhebungsbogen. Das Ausfüllen des Fragebogens dauert ca. zehn

Tabelle 2: Ergebnisbogen – Arbeitsbewältigungs-Index und Arbeitsbewältigungs-Konstellation zur Ableitung von Förder- und Schutzzielen für die Person (Beispiel)

ab-c Arbeitsbewältigungs-Coaching	Code: C 08 I		
	Erreichte Punkte im Jahr		
	2010		
1. Derzeitige Arbeitsfähigkeit (AF)	8		
2. Derzeitige Bewältigung der Anforderungen	9		
3. Aktuelle, vom Arzt diagnostizierte Krankheiten	5		
4. Geschätzte Beeinträchtigung durch die Krankheit(en)	5		
5. Krankenstandstage	4		
6. Eigene AF in den nächsten zwei Jahren	7		
7. Psychische Leistungsreserven	3		
Punkte insgesamt = Arbeitsbewältigungs-Index	**41**		

Einstufung und Empfehlung:				
Arbeitsbewältigungs-Konstellation	Schutz- und Förderziel			
44-49	1. Sehr gut	Arbeitsbewältigung erhalten		
37-43	2. Gut	Arbeitsbewältigung unterstützen	X	
28-36	3. Mäßig	Arbeitsbewältigung verbessern		
7-27	4. Kritisch	Arbeitsbewältigung wiederherstellen		

Bemerkungen zum IST-Stand:
Die Arbeit macht mir noch Spaß. Die körperlichen Anforderungen sind hoch. Mehr Weiterbildung wäre gut, um auf dem Stand zu bleiben.

Minuten. Der Arbeitsbewältigungs-Index dient hier sowohl der Untersuchung als auch der Visualisierung der aktuellen Arbeitsbewältigungssituation. Die Ergebnisdarstellung soll sensibilisieren und Selbstbeobachtung ermöglichen.

Auf diesen Ergebnissen aufbauend wird der/die Gesprächspartner/in mit Fragen angeleitet, geeignete persönliche sowie betriebliche Maßnahmen zur Förderung (Erhaltung, Unterstützung, Verbesserung oder Wiederherstellung) der Arbeitsbewältigung zu suchen und die Umsetzungsschritte zu überlegen. Die wesentlichen Fragen lauten:

■ Was kann ich tun, um meine Arbeitsbewältigungsfähigkeit zu fördern?

■ Was brauche ich vom Betrieb?

Abbildung 4: Ergebnisbogen – Hinweise auf individuelle und betriebliche Aspekte zum Erhalt und zur Förderung der Arbeitsbewältigungsfähigkeit (Beispiele)

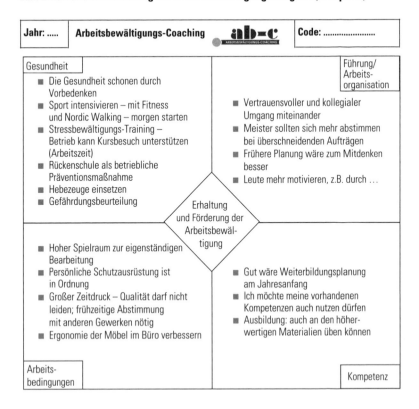

Diese beiden Fragen werden entsprechend dem individuellen Schutz- und Förderziel (Arbeitsbewältigungs-Konstellation) in den vier wesentlichen Gestaltungsbereichen Gesundheit, Kompetenz, Arbeitsbedingungen, Führung/Arbeitsorganisation gestellt. Die Befragten werden durch die beratende Person darin unterstützt, möglichst konkrete Maßnahmen zu entwickeln und erste Schritte zur Realisierung zu beschreiben. Jede/r schließt für die persönlichen Fördervorsätze mit sich selbst eine Vereinbarung:»Das will ich tun. So will ich beginnen.« Es entsteht ein individueller, bedarfsgerechter und von der Person verfasster Förderplan zur Erreichung des eigenen Förder- und Schutzzieles.

Das persönlich-vertrauliche Arbeitsbewältigungs-Gespräch dient einerseits der Selbstbeobachtung (wo stehe ich?), andererseits der Selbstregulation (was kann/will ich selber tun?) und drittens der Entwicklung von Vorschlägen für betriebliche Maßnahmen zur Erhaltung oder Förderung der Arbeitsbewältigungsfähigkeit.

Alle Förderziele und -maßnahmen werden handschriftlich protokolliert. Die Beschäftigten erhalten einen Durchschlag des Protokolls ausgehändigt.

Die Haltung der beratenden Person in diesem Gespräch ist geprägt von einer zurückhaltenden und fragenden Verhaltensweise. Die zu beratende Person ist für ihre Anliegen kundig und sie soll ermutigt werden, ihre Vorstellungen und Ideen zu entwickeln. Absolute Vertraulichkeit im Umgang mit den personenbezogenen Daten und Inhalten des Gesprächs sind wesentliche Grundvoraussetzung für das Gelingen des Gesprächs und für eine positive Wirkung bei den Beteiligten.

2.4 Auswertung und Arbeitsbewältigungs-Bericht

Die Resultate aller Work Ability Indexwerte werden als Mittelwert ausgewertet und bilden somit den durchschnittlichen Indexwert der Belegschaft bzw. der beteiligten Mitarbeiterinnen und Mitarbeiter. Bei mehr als zehn Beteiligten kann eine Verteilung auf die Arbeitsbewältigungs-Konstellationen erstellt werden. Die protokollierten individuellen und auf den Betrieb bezogenen Förderziele und -maßnahmen aus den persönlich-vertraulichen Arbeitsbewältigungs-Gesprächen werden anonym erfasst und so aufbereitet, dass keine Person identifizierbar ist. Mithilfe eines Schlagwortregisters ist eine einfache Auszählung der Häufigkeit von Themen möglich. Einschließlich einiger allgemeiner Daten wird ein Arbeitsbewältigungs-Bericht erstellt. Die folgenden Übersichten (Tabelle 3-5) zeigen beispielhaft einige Auszüge aus einem solchen Bericht.

Tabelle 3: Auszug (Beispiel) aus einem Arbeitsbewältigungs-Bericht für Fa. XY – Strukturdaten und Arbeitsbewältigungs-Konstellation

Arbeitsbewältigungs-Bericht 2010	
Teilnehmer/-innen	15
Altersdurchschnitt (in Jahren)	35
Altersgruppe bis 29 Jahre	5
Altersgruppe 30 bis 39 Jahre	5
Altersgruppe 40 bis 49 Jahre	3
Altersgruppe 50 Jahre plus	2
ABI-Wert (Mittelwert)	40,9
Sehr gute Arbeitsbewältigungs-Konstellation (AB)	26,7%
Gute AB	60,0%
Mäßige AB	13,3%
Kritische AB	0,0%

Tabelle 4: Auszug (Beispiel) aus einem Arbeitsbewältigungs-Bericht für Fa. XY

Was muss erfüllt sein, damit Sie bis zum regulären Rentenalter gerne und gesund arbeiten können? (Mehrfachnennungen; Angaben in %)	2010 (n = 15)
Unternehmens- und Arbeitsbedingungen sollen so bleiben wie bisher	33
Verminderung körperlicher Arbeitsbelastungen	67
Verminderung seelischer Arbeitsbelastungen	33
Mehr inhaltliche Herausforderungen bei der Arbeit	27
Bessere Arbeitsmöglichkeiten nach Erkrankung/ bei körperlicher Beeinträchtigung	14
Bessere Führung	67
Höhere Entlohnung	40
Mehr betriebliche Weiterbildungsmöglichkeiten	60

Von den 15 beteiligten Personen wurden insgesamt 119 Hinweise auf individuelle und betriebliche Förderthemen genannt, das sind im Schnitt 7,9 Hinweise pro Person.

2.5 Betrieblicher Planungsworkshop

Die im Arbeitsbewältigungs-Bericht zusammengestellten Ergebnisse werden in einem cirka zwei- bis dreistündigen Workshop dem betrieblichen Steuerungskreis (Entscheidungsträger einschließlich Mitarbei-

Tabelle 5: Auszug (Beispiel) aus einem Arbeitsbewältigungs-Bericht für Fa. XY

Förderthemen/-wünsche und -vorsätze zur Erhaltung bzw. Verbesserung der
Arbeitsfähigkeit (nach Häufigkeit der Förderbereiche; keine vollständige Aufzählung)

	Absolut	Prozent
Führung/Arbeitsorganisation	36	30,3
Arbeitsabläufe	12	10,1
Vorgesetzten-Mitarbeiter-Beziehung	8	6,7
Kollegialität	5	4,2
Betriebsklima	4	3,4
Arbeitsaufgabe	3	2,5
Mitsprache	2	1,7
Persönliche Gesundheit	31	26,1
Bewegung	10	8,4
Ernährung	4	3,4
Entspannung	4	3,4
Lebensbalance	4	3,4
Untersuchung + Behandlung	4	3,4
Gesundheitsgerechtes Arbeiten	3	2,5
Arbeitsbedingungen	26	21,8
Sonstiges (Gehalt)	8	6,7
Arbeitszeit	6	5,0
Arbeitsaufgabe	4	3,4
Arbeitsmittel	3	2,5
Arbeitsplatz	2	1,7
....	1	0,8
Kompetenz	26	21,8
Betriebliche Weiterbildung	11	9,2
Fachausbildung	8	6,7
Persönlichkeitsentwicklung	3	2,5
Einsatz des Erfahrungswissens	2	1,7
Karrieremöglichkeit	1	0,8

tervertretung) zur Kenntnis gebracht. Ziel des Workshops ist es, auf der Basis der Erkenntnisse über den aktuellen Status der Arbeitsfähigkeit der Belegschaft(sgruppen) und den entsprechenden Förderbedarfen nun ebenfalls konkrete betriebliche Fördermaßnahmen zu formulieren. Die Leitfragen lauten:

- Was kann der Betrieb tun, um die Arbeitsbewältigungsfähigkeit der Belegschaft zu fördern?
- Was braucht der Betrieb von außerhalb?

Angestrebtes Ergebnis des Workshops ist die Vereinbarung von mindestens einer Fördermaßnahme – idealerweise auf allen vier Handlungsebenen:

- Gesundheitsvorsorge und -förderung
- Arbeitsbedingungen
- Personalentwicklung und Berufsplanung
- Führungs- und Unternehmenskultur

In den betrieblichen Workshops und Belegschaftsversammlungen werden aus den Hinweisen, die in den persönlichen Gesprächen entwickelt wurden, Maßnahmen zur Arbeitsgestaltung und zur Förderung der Arbeitsbewältigungsfähigkeit abgeleitet. Sie werden dann in ihrer Bedeutung (wichtig/dringlich) beurteilt und in betriebliche Entwicklungsprojekte überführt. Von Vorteil ist es, wenn jeweils die erforderlichen Aufwendungen (Zeit, Investitionen) kalkuliert und Ressourcen (Personal, Verantwortlichkeit etc.) abgeschätzt bzw. benannt werden. Die Maßnahmen können von schnellen und einfach zu realisierenden Aufgaben bis zu längerfristigen Projekten reichen.

Einige Beispiele verdeutlichen die Bandbreite der betrieblichen Gestaltungsvorhaben (siehe Tabelle 6).

Die im Workshop beschlossenen Maßnahmen, also der betriebliche Aktionsplan zur Erhaltung und Förderung der Arbeitsbewältigungsfähigkeit, werden schriftlich wie mündlich den Beschäftigten zurückgemeldet, nach Bedarf mit ihnen konkretisiert und in der Folge umgesetzt.

3. Einsatzmöglichkeiten und Nutzen des Arbeitsbewältigungs-Coachings

Das Arbeitsbewältigungs-Coaching verschränkt die drei Ebenen Person, Betrieb und überbetrieblicher Rahmen. Immer steht die aktive Einbeziehung der Zielgruppen bei der zukunftsichernden Gestaltung der Bedingungen im Betrieb im Vordergrund. Die dafür erforderliche Prozessberatung verfolgt die Strategie, Menschen – ob Beschäftigte, betriebliche Entscheidungspersonen oder politische Akteure – vor allem darin zu unterstützen, die Initiative bei der Analyse wie bei den Interventionen zu behalten. Denn die identifizierten Ressourcen und Probleme sind und

Tabelle 6: Betriebliche Fördermaßnahmen als Ergebnis von Planungsworkshops (Beispiele)

Führung/Arbeitsorganisation

- Arbeitsvorbereitung optimieren (klarere Aufgabenstellung, genauere/eindeutige Angaben einschl. Zeitkalkulation)
- mehr Kommunikation über Auftrags-/Kundenbedingungen
- Verringerung von Störungen durch feste Ansprechzeiten (»beidseitig«)
- Erweiterung des Leistungsspektrums prüfen (Wärmedämmung …)
- mehr Transparenz (Aufträge, Termine)
- mehr Anerkennung
- regelmäßige (monatliche) Besprechung mit Vorarbeitern und Mitarbeitern
- geregelte Sprechzeiten der Geschäftsführung
- monatliches Mitarbeiter-Meeting (andere Kommunikationsmethoden)

Arbeitsbedingungen

- vermehrter Einsatz von Miet-Kran und Tragehilfen
- Maschinenwartung mit Mitarbeitern und Vorarbeitern (Aufgabenerweiterung)
- Aufmaß durch Vorarbeiter (Aufgabenerweiterung; Entlastung des Chefs)
- Höhenverstellbarkeit von Stuhl, Tisch und PC prüfen und anpassen

Gesundheit

- Rückenschulung
- richtige Pausenernährung/Ernährungsberatung
- Stressbewältigung/-prävention
- Gefährdungsanalyse und Gesundheitsuntersuchung BauBG
- Ergonomie-Analyse
- Arbeitskreis Rückengesundheit im Bauhandwerk in der Region

Kompetenz

- Weiterbildungsangebote offenlegen (Schwarzes Brett)
- Befragung der Belegschaft bzgl. Weiterbildungsinteresse/-themen
- Maschinenfunktionen beherrschen, Instandhaltung durch Mitarbeiter
- Aufmaß durch Vorarbeiter
- Information der Belegschaft über betriebswirtschaftliche Themen (einschl. ERFA [Erfahrungsaustausch]-Vergleiche)

bleiben die der jeweiligen Beteiligten, und nur sie wissen, wie komplex die Situation wirklich ist und welche Maßnahmen Erfolg versprechen.

Damit ist das Arbeitsbewältigungs-Coaching keine klassische Fachberatung, durch die Personen und Organisationen Ratschläge erhalten. Sie sollen vielmehr mit dem ab-c ermutigt werden, für sich aktiv zu werden und gestaltend einzugreifen. Im Gegensatz zu einer Fachberatung, die den Klienten vorgibt, was zu tun ist (und ggf. den Personen oder Organisationen die dazugehörigen Aufgaben sogar abnimmt), liefert die Prozessberatung keine vorgefertigten Lösungsvorschläge. In ihr wird jede Person vielmehr als Experte/Expertin in eigener Sache gesehen, der/die mithilfe der Prozessberatung in die Lage versetzt wird, ihre/seine Anliegen eigenständig zu bewältigen. Die Prozessberatung fragt mehr, als dass sie Antworten gibt; sie regt an, eigene Lösungen zu entwickeln und begleitet die Menschen, ohne ihnen die Entscheidung und die Verantwortung abzunehmen.

Gleichwohl sind die Nutzenerwartungen an diesbezügliche Prozesse und Programme ausschlaggebend dafür, ob der Beratungsansatz aufgegriffen und durchgeführt wird. Das ab-c verfolgt einen partizipativen, beteiligungsorientierten Förderansatz, mit dem betriebliche Entscheidungspersonen folgenden Nutzen erwarten können:

- Die Orientierung auf Arbeitsfähigkeit wird eine praktikable Steuerungsgrundlage für eine vorausschauende und nachhaltige Personalwirtschaft.
- Die Arbeitsfähigkeit der Belegschaft wird planbar und gestaltbar. Der Betrieb kann die Erhaltung bis hin zur Steigerung der Arbeitsfähigkeit in jeder Lebensphase der Beschäftigten initiieren. Es ist eine Strategie, die Arbeitsproduktivität und die Gesundheitsquote positiv zu beeinflussen.
- Das auf ab-c beruhende Personalpflegeprogramm stärkt die Mitarbeiterbindung und schafft attraktive, mitarbeiterorientierte Arbeitsbedingungen.

Beschäftigte erhalten in dem Beratungsprozess die Möglichkeit

- zur Planung und Gestaltung ihrer Lebensqualität während der Erwerbslebensphase,
- zur bedürfnisgerechten Anpassung der Arbeitsbedingungen als Basis für Gesundheitserhaltung und Steigerung des Wohlbefindens im Beruf,
- für ein Erwerbsleben, das den Genuss des dritten Lebensabschnitts so wenig wie möglich gefährdet.

Das Arbeitsbewältigungs-Coaching® kann

- wichtige Impulse im Betrieb setzen,
- relativ rasch einen guten Überblick zum Stand und zu Entwicklungspotenzialen der Arbeitsgestaltung aufzeigen,
- einen Beitrag zum betriebsweiten Dialog zu den Aspekten guter Arbeit wie Gesundheit, Arbeitsbedingungen, Führung usw. leisten,

- die Beschäftigten aktiv an der Planung und Durchführung von Optimierungsmaßnahmen beteiligen und somit
- kurativ und präventiv wirksam werden.

Für einen Betrieb mit sechs Beschäftigten beträgt der Aufwand etwa fünf Beratungstage, für einen Betrieb mit 100 Beschäftigten etwa 17 Tagewerke.

Für die Anwendung des ab-c gilt als grundlegende Bedingung, dass Betrieb und Beschäftigte die Lust und den Mut haben, sich einem solchen ergebnisoffenen Prozess zu stellen. Alle Erfahrung zeigt, dass in einem hohen Ausmaß die Stärken und die Schwächen identifiziert werden und praktikable Hinweise für die individuelle und betriebliche Gestaltung guter und förderlicher Arbeitsbedingungen entwickelt werden.

Fazit aus Unternehmenssicht

»Im Fazit ergab die ab-c-Analyse viele Denkanstöße. Der zusammengetragene Ideenpool wird die Firma das ganze Geschäftsjahr beschäftigen, in regelmäßigen Mitarbeitermeetings sollen die Themen aufgegriffen, analysiert und verbessert werden. Jeder Mitarbeiter und auch die Geschäftsleitung fanden die Analyse sehr sinnvoll. Sie hat die Arbeitsqualität gesteigert und das Verhältnis untereinander gestärkt.

Die ab-c-Analyse ist ein gutes Instrument und eine Herausforderung für Mitarbeiter und Geschäftsleitung. Durch neue Denkanstöße, die jedoch aus den ›eigenen Reihen‹ kommen, setzt sich unsere Firma nun wieder neue Ziele, die sie durch neue strategische Ausrichtungen sowie Optimierung der Prozessabläufe und einen Maßnahmenkatalog mit integriertem Controlling umsetzen wird.« (Aussage aus dem NOAH[5]-Projekt)

Literatur

Arbeitsleben KG (2008): Zwischenbericht »Arbeitsbewältigung in der ambulanten Pflege«. PIZA II – Ergebnisse 2007; MASGFF (Hrsg.): Berichte aus der Pflege, Heft Nr. 8, Mainz, Oktober.
Arbeit und Zukunft e.V. (Hrsg.) (2006): Dialoge verändern. Partizipative Arbeitsgestaltung – Voraussetzungen, Methoden und Erfahrungen für eine zukunftsfähige Arbeitsforschung, Köln: Wissenschaftsverlag.

---

[5] Nutzenoptimierter und kostenreduzierter Arbeits- und Gesundheitsschutz im Handwerk (www.noah-projekt.de).

Geißler-Gruber, B./H. Geißler/A. Frevel (2007): Die Dinge in die eigene Hand nehmen! Arbeitsbewältigungs-Coaching als Antwort auf veränderte Bedürfnisse und Arbeitswelten. In: Bundesanstalt für Arbeitsschutz und Arbeitsmedizin (Hrsg.), Why WAI? Der Work Ability Index im Einsatz für Arbeitsfähigkeit und Prävention. Erfahrungsberichte aus der Praxis, Berlin: 101-107.

Hasselhorn, H.M./G. Freude (2007): Der Work Ability Index – ein Leitfaden. Schriftenreihe der Bundesanstalt für Arbeitsschutz und Arbeitsmedizin, Sonderschrift S. 87, Dortmund/Berlin/Dresden.

Ilmarinen, J. (2009): Current and future challenges related to ageing workforce management. The first case-study workshop on demographic changes, ageing workers and working life patterns. Finse, Norway 26-28 May.

Ilmarinen, J./J. Tempel (2002a): Erhaltung, Förderung und Entwicklung der Arbeitsfähigkeit – Konzepte und Forschungsergebnisse aus Finnland. In: B. Badura/H. Schellschmidt/C. Vetter (Hrsg.), Fehlzeiten-Report 2002: Demographischer Wandel. Herausforderung für die betriebliche Personal- und Gesundheitspolitik. Berlin/Heidelberg/New York/Tokio: Springer.

Ilmarinen, J./J. Tempel (2002b): Arbeitsfähigkeit 2010. Was können wir tun, damit Sie gesund bleiben? Hamburg: VSA.

Initiative Neue Qualität der Arbeit (INQA) (Hrsg.) [Text von B. Gruber und A. Frevel] (2009): Arbeitsbewältigungs-Coaching®: Das Individuum stärken, die betriebliche Zukunft sichern! Bericht Nr. 38, Dortmund/Berlin.

Tempel, J. (2010): Unternehmen im Wandel und Entwicklung der Arbeitsfähigkeit der Belegschaft: Beobachtungen im Quer- und Längsschnitt über 4 Jahre, Vortrag auf der Konferenz »Der Work Ability Index. Erfahrungen und Perspektiven in der WAI-Anwendung«, Berlin, 29. bis 30. April.

Tuomi, K./J. Ilmarinen/A.i Jahkola/L. Katajarinne/A. Tulkki (2001): Arbeitsbewältigungsindex. Work Ability Index. Schriftreihe der Bundesanstalt für Arbeitsschutz und Arbeitsmedizin, Übersetzung Ü14, Dortmund/Berlin.

Bezugsquelle

Arbeitsleben KG, www.arbeitsleben.com

Anlage
Muster einer Leistungsvereinbarung zum Arbeitsbewältigungs-Coaching

Diese Vereinbarung wird geschlossen zwischen
… [Betrieb], vertreten durch und
… [Organisation/Berater/in], vertreten durch

Vereinbarungsgegenstand
… führt bei Fa. … im Zeitraum … folgende Beratungsleistungen des Arbeitsbewältigungs-Coachings durch:

1. Beratungsvorbereitung und Abstimmung im Betrieb – Unterstützung der internen Projektstruktur; Mitwirkung in der Steuerungsgruppe, schriftliche und/oder mündliche Information der Belegschaft.
2. Persönlich-vertrauliche Arbeitsbewältigungsgespräche mit (möglichst allen) Beschäftigten auf freiwilliger Basis (à ca. 60 Minuten); Anzahl der Beschäftigten hier: ca. … Personen.
3. Anonyme Zusammenfassung der Arbeitsbewältigungs-Werte sowie der Fördervorsätze und Wünsche an den Betrieb zur Erhaltung bzw. Förderung der Arbeitsbewältigungsfähigkeit.
4. Moderation des Maßnahmenplanungs-Workshops im Betrieb/mit dem Steuerkreis mit dem Ziel, mindestens eine betriebliche Maßnahme zur Förderung der Arbeitsbewältigungsfähigkeit zu vereinbaren, möglichst in allen relevanten Gestaltungsbereichen.
5. Schriftliche und/oder mündliche Rückmeldung der anonymisierten Ergebnisse der persönlich-vertraulichen Gespräche und der Vereinbarungen vom Steuerkreis bzgl. geplanter betrieblicher Maßnahmen an die Beschäftigten.
6. Gewährleistung des Datenschutzes und der Datensicherheit.
7. Projekt-Ergebnisbeurteilung nach etwa drei bis sechs Monaten, auf jeden Fall bis spätestens … durch Telefonat/Termin vor Ort.

Die Beratung startet nach beiderseitiger Unterzeichnung der Vereinbarung gemäß dem abgestimmten Zeitplan.
Die Beratung wird auf die Betriebsabläufe abgestimmt; sie erfolgt zeitlich kompakt und zielorientiert.

Aufgaben von Fa. …
1. Schaffen einer internen Projektstruktur mit innerbetrieblicher Koordination und kontinuierliches Mitwirken bis zum Projekt-/Beratungsschluss.
2. Sicherstellen der internen Projektkommunikation.
3. Zur-Verfügung-Stellen der nötigen Personal- und Zeitressourcen für die beteiligten Mitarbeiter/innen für die Durchführung der Projektschritte (Teilnahme an Steuerungsbesprechungen, Arbeitsbewälti-

gungs-Gesprächen, Workshops, Maßnahmenumsetzung, Wirkungsüberprüfung) in der/als Arbeitszeit.
4. Einhaltung der Datenschutzvorschriften.
5. Bereitstellen von Räumlichkeiten, in denen Berater/innen von ... bei Vor-Ort-Gesprächen vertraulich und ungestört arbeiten können.
6. Bereitschaft zur Umsetzung von Ergebnissen und Fördermaßnahmen nach wirtschaftlichen Möglichkeiten.

Entgelt
Für den Betrieb entstehen im Rahmen des Arbeitsbewältigungs-Coachings folgende Kosten: ...
[Die Beratung wird im Rahmen des geförderten Projektes ... abgewickelt].
Umsetzungsmaßnahmen oder andere Investitionen sind von dieser Regelung ausgeschlossen.

Dauer der Vereinbarung
Die Vereinbarung beginnt mit dem ... (Steuerkreissitzung, Belegschaftsversammlung) und endet nach Beratungsabschluss; gemäß des Projektrahmens jedoch spätestens am ...
Die Vertragspartner sind berechtigt, diese Vereinbarung in gegenseitigem Einvernehmen vorzeitig zu beenden; die Gründe des Ausstiegs sind schriftlich an die jeweils andere Partei zu richten. Das Einvernehmen sollte binnen drei Kalenderwochen erzielt werden, andernfalls sind zur Unterstützung geeignete Personen der ... hinzuzuziehen.

Geheimhaltung
... erhebt Daten ausschließlich in anonymer Form.
Betriebsinterne Daten und Ergebnisse des Betriebes werden nur in zusammengefasster Form dargestellt und diesem sowie ggf. der Öffentlichkeit nur in einer Form zur Verfügung gestellt, die keine Rückschlüsse auf Personen bzw. auf den Betrieb zulässt, sofern diese nicht ausdrücklich zugestimmt haben.
Die Kooperationspartner und die mit ihrem Willen in das Projekt eingebundenen Personen einschließlich Erfüllungsgehilfen sind zur Geheimhaltung aller ihnen aus ihrer Beratungstätigkeit zukommenden Informationen, insbesondere auch von Wahrnehmungen über das Betriebsgeschehen, auch über das Ende vertraglicher Beziehungen hinaus verpflichtet.
Sollte eine der Bestimmungen dieses Vertrages unwirksam sein, so gelten die anderen dennoch fort (Salvatorische Klausel). Die unwirksame Bestimmung sollte umgehend einvernehmlich in eine wirksame Bestimmung überführt werden.

[Ort, Datum] ....

Anja Liebrich/Marianne Giesert/ Tobias Reuter
Das Arbeitsfähigkeitscoaching im Betrieblichen Eingliederungsmanagement

1. Einleitung

Im Jahr 2004 wurde in Deutschland das Betriebliche Eingliederungsmanagement (BEM) im IX. Sozialgesetzbuch §84, Abs. 2 gesetzlich verankert. Es hat zum Ziel, die Arbeits- und Beschäftigungsfähigkeit von Arbeitnehmerinnen und Arbeitnehmern wiederherzustellen, zu erhalten und zu fördern. Das Gesetz besagt, dass der Arbeitgeber einem Arbeitnehmer, der länger als sechs Wochen innerhalb eines Jahres arbeitsunfähig war, ein BEM anbieten muss.

Allerdings ist die Ausgestaltung des Prozesses der Geschäftsführung und der betrieblichen Interessenvertretung überlassen. Die Festlegung eines systematischen Prozesses, der sich an den Strukturen und Bedarfe der einzelnen Betriebe orientiert, sollte somit in einer Dienst- bzw. Betriebsvereinbarung abschließend geregelt werden (Giesert/ Wendt-Danigel 2011: 7).

Gleich wie das BEM in den einzelnen Unternehmen ausgestaltet wird – im Mittelpunkt steht immer der bzw. die Beschäftigte, die auf eine längere Arbeitsunfähigkeit zurückblickt. Er/sie hat das Recht auf einen Prozess, der die Verbesserung der eigenen Arbeits- und Beschäftigungsfähigkeit zum Ziel hat. Dass den Arbeitnehmerinnen und Arbeitnehmern hierbei eine aktive Rolle angetragen werden sollte, wird auch vom Gesetzgeber betont: »Sind Beschäftigte innerhalb eines Jahres länger als sechs Wochen ununterbrochen oder wiederholt arbeitsunfähig, klärt der Arbeitgeber mit der zuständigen Interessenvertretung […] mit *Zustimmung* und *Beteiligung* der betroffenen Person die Möglichkeiten, wie die Arbeitsunfähigkeit möglichst überwunden werden und mit welchen Leistungen oder Hilfen erneuter Arbeitsunfähigkeit vorgebeugt und der Arbeitsplatz erhalten werden kann (betriebliches Eingliederungsmanagement).«[1] Der/die Arbeitnehmer/in soll nicht nur zustimmen, sondern aktiv beteiligt werden. Im Hinblick auf diese aktive Rolle erscheint der im allgemeinen Sprachgebrauch verwendete Begriff des »BEM-Betroffenen« eher unpassend, da mit diesem passive, erduldende und erleidende Assoziationen verknüpft sind. Um die aktive und selbstbestimmte Rolle der/des Erkrankten zu verdeutlichen, wird im Folgenden der Begriff des »BEM-Berechtigten« verwendet: eine Person, die das Recht auf ein Betriebliches Eingliederungsmanagement besitzt, um die eigene Arbeits- und Beschäftigungsfähigkeit in Zusammenarbeit mit inner- und außerbetrieblichen Akteuren wiederherzustellen, zu fördern und zu erhalten.

Dieses Verständnis setzt voraus, dass Arbeitnehmerinnen und Arbeitnehmer diese aktive Rolle erkennen und folglich auch annehmen wollen und können. Ein solcher Umdenk- und Lernprozess kann nicht von heute auf morgen vollzogen werden. Um die BEM-Berechtigten in Ihrer aktiven Rolle zu begleiten, zu bestärken und zu unterstützen, bietet sich ein strukturierter Coachingprozess an.

2. Grundlagen

Das grundlegende Konzept des AFCoachings mit dem Ziel, die aktive Rolle des BEM-Berechtigten zu fördern, wurde innerhalb des Projektes »Neue Wege im Betrieblichen Eingliederungsmanagement« entwickelt.[2] In der momentanen Pilotphase, die bis etwa Ende 2011 läuft, nutzen die ersten BEM-Berechtigten die Möglichkeit, sich durch einen AFCoach begleiten zu lassen. Um die Vorgehensweise innerhalb des Coachings zu verdeutlichen, werden zunächst wichtige Aspekte zum grundlegenden Verständnis des AFCoachings skizziert.

---

[1] SGB IX § 84, Absatz 2. Hervorhebungen durch die Verfasser/innen dieses Artikels.

[2] Gefördert wird das Vorhaben durch das Bundesministerium für Arbeit und Soziales und den Ausgleichsfonds nach §78 Sozialgesetzbuch IX in Verbindung mit §41 Schwerbehinderten-Ausgleichsabgabeverordnung. Weitere Informationen unter www.neue-wege-im-bem.de.

2.1 Das Betriebliche Eingliederungsmanagement

Für den Prozess des betrieblichen Eingliederungsmanagements lassen sich zehn prototypische Schritte identifizieren (Giesert/Wendt-Danigel 2011: 11):

1. Orientierungsphase
2. Durchführung einer Gefährdungsbeurteilung (Evaluierung) von körperlichen und psychischen Belastungen
3. Unterweisung im Dialog
4. Feststellung der Arbeitsunfähigkeit von mehr als 6 Wochen zusammenhängend oder über ein Jahr verteilt
5. Kontaktaufnahme zu den Betroffenen
6. Erstgespräch führen
7. Analyse des Arbeitsplatzes: Einbeziehung der Gefährdungsbeurteilung (Evaluierung), Analysen und Begehungen
8. Fähigkeiten und Anforderungen des Beschäftigten erfassen und abgleichen
9. Entwicklung und Durchführung von Maßnahmen zur Eingliederung an den Arbeitsplatz, Begleitung der/des Betroffenen
10. Wirksamkeitsüberprüfung Evaluation und Dokumentation

Die Schritte 1-3 dieser Auflistung verdeutlichen den präventiven Charakter des Betrieblichen Eingliederungsmanagements. Bevor der BEM-Prozess im eigentlichen Sinn (Schritte 4-10) beginnt, sind im Vorfeld wesentliche Voraussetzungen zu erfüllen. Ab Schritt 4 verläuft das BEM im engeren Sinne und endet mit einer Wirksamkeitsprüfung, Evaluation und abschließenden Dokumentation des Prozesses (ebd.).

2.2 Das modifizierte Arbeitsfähigkeitskonzept

Das Arbeitsfähigkeitskonzept wurde in Finnland entwickelt und ist mittlerweile seit ca. 20 Jahren in der Praxis erprobt worden. Es beschreibt das Potenzial eines Menschen, eine gegebene Arbeitsanforderung zu bewältigen. Unter dem Begriff Arbeitsfähigkeit wird »die Summe von Faktoren, die eine Frau oder einen Mann in einer bestimmten Situation in die Lage versetzen, eine gestellte Aufgabe erfolgreich zu bewältigen, verstanden« (Ilmarinen/Tempel 2002: 166).

Bei genauerer Betrachtung des Modells zeigen sich Parallelen mit dem in der deutschen Arbeitswissenschaft etablierten MTO (Mensch-Technik-Organisation)-Konzept. Dieses basiert auf dem soziotechnischen Systemansatz, der besagt, dass menschliche Arbeitstätigkeit in Systemen stattfindet, die aus einem technischen und einem sozi-

Abbildung 1: Das modifizierte Haus der Arbeitsfähigkeit*

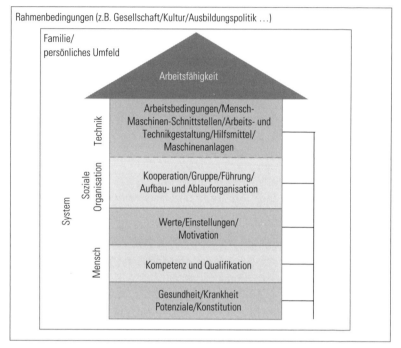

* Dieses Modell wurde im Rahmen des Projektes »Neue Wege im Betrieblichen Eingliederungsmanagement« entwickelt.

alen Subsystem bestehen (vgl. u.a. Emery 1959; Ulich/Wülser 2010: 238). Beide Teile sind untrennbar miteinander verknüpft. Dies bedeutet, dass Änderungen in einem System immer Auswirkungen auf das andere haben. So kann es nur zielführend sein, immer beide Subsysteme zu betrachten und diese gemeinsam zu optimieren.

Die Abbildung 1 mit ihrer Variante des Hauses der Arbeitsfähigkeit integriert das MTO-Konzept in die ursprüngliche Konzeption des Finnish Institute of Occupational Health (FIOH).

Die organisationalen Faktoren, die die Arbeitsfähigkeit beeinflussen, werden unter die Systeme »Mensch«, »Soziale Organisation« und »Technik« subsummiert. Faktoren, die sich auf die individuelle Person (System Mensch) beziehen, sind: (1) Gesundheit, Krankheit, Potenziale, Konstitution, (2) Kompetenz und Qualifikation sowie (3) Werte, Einstellungen und Motivation.

Diese drei Stockwerke nehmen im Haus denselben Raum ein wie die Faktoren, die die organisationalen Faktoren aufgreifen. Dieses sind im System der sozialen Organisation (4) Kooperation, Gruppe, Führung, Aufbau- und Ablauforganisation. Aspekte der (5) Arbeitsbedingungen, Mensch-Maschinen-Schnittstellen, Arbeits- und Technikgestaltung, Hilfsmittel, Maschinenanlagen finden sich im System »Technik«. Durch diese Darstellung wird verdeutlicht, dass die Aspekte des Verhaltens sowie die der Verhältnisse das gleiche Gewicht besitzen.

Umgeben ist dieses Haus von der Familie und dem persönlichen Umfeld. Den äußeren Rahmen dieser Darstellung bilden allgemeine Rahmenbedingungen, wie beispielsweise Gesellschaft und kulturelle Aspekte, die sich auf die Arbeitsfähigkeit einer einzelnen Person auswirken können.

2.3 Coaching als Methode

Zum Thema Coaching gibt es unzählige Diskussionen und Veröffentlichungen in Wissenschaft und Praxis (vgl. Böning/Fritschle 2005: 37). Der Begriff meint meist eine »maßgeschneiderte« individuelle Beratung für berufliche oder private Anliegen. Die Verbesserung der Arbeitsleistung und -qualität ist das Ziel einer solchen Maßnahme. Die Ausgestaltung des Prozesses ist hierbei nicht festgelegt – vieles ist möglich und denkbar. Auch wenn es keine einheitliche Definition dieses Begriffes gibt, ist ein gemeinsames Kennzeichen die zentrale Rolle der zwischenmenschlichen Kommunikation (vgl. ebd.: 44).

Im Rahmen des im Projekt »Neue Wege im BEM« entwickelten AFCoachings wird unter Coaching eine Prozessberatung verstanden, bei dem »der Coach als Berater den Problemlösungsprozess begleitet und die Beteiligten bei der Identifikation und Lösung der zum Problem führenden Prozesse unterstützt« (Weber/Rülicke/Packebusch 2007: 8).

3. Das Arbeitsfähigkeitscoaching (AFCoaching)

Das AFCoaching ist ein neu entwickeltes Instrument, in dem das finnische Arbeitsfähigkeitskonzept zur systematischen Maßnahmenentwicklung innerhalb des BEMs herangezogen wird.

3.1 Rahmenkonzept und Vorgehensweise

Das Arbeitsfähigkeitscoaching, so wie es im Folgenden beschrieben wird, ist als Rahmenkonzept zu verstehen. Es ermöglicht, die spezifische Situation der Arbeitehmerinnen und Arbeitnehmer des Betriebes zu berücksichtigen, in dem es zur Wiederherstellung, Förderung und Erhaltung ihrer Arbeits- und Beschäftigungsfähigkeit angewendet werden soll. Insgesamt beinhaltet es acht Bausteine (vgl. Abbildung 2).

Das AFCoaching ist ein Prozess, der BEM-Berechtigte in eine verbesserte Arbeits- und Beschäftigungsfähigkeit begleitet. Dieser Prozess wird von zwei Akteuren inhaltlich ausgestaltet. Zum einen ist dies der BEM-Berechtigte selbst, der sich aktiv für das Betriebliche Eingliederungsmanagement, in dessen Rahmen das AFCoaching stattfindet, entschieden hat. Zum anderen ist dies der AFCoach. In der Pilotphase dieses neuen Instrumentes übernehmen Externe, die neben einem sozialwissenschaftlichen Hintergrund eine hohe Expertise im Bereich BEM besitzen, die Rolle des AFCoachs.[3] Diese ersten AFCoaches entwickeln aufgrund ihres Fachwissens und der gemachten Erfahrungen einen Schulungsansatz, um geeignete Personen[4] in den Betrieben zu ermächtigen, BEM-Berechtigte als AFCoaches begleiten zu können.

Abbildung 2: Schematischer Ablauf des Arbeitsfähigkeitscoachings

Monat

Monat	
	1) Erstgespräch im Coaching
1.	2) Analyse mit Berechtigtem und eventuell mit weiteren Experten
	3) Diskussion der Analyseergebnisse mit Berechtigtem
2.	4) Entwicklung von Maßnahmen mit dem/der Berechtigten
	5) Maßnahmenworkshop mit allen erforderlichen inner- und überbetrieblichen Beteiligten
3.	6) Maßnahmenumsetzung
4.-8.	7) Gespräche/Monitoring der Maßnahmenumsetzung
Ende 8.	8) Coaching-Abschlussgespräch

Coachingprozess

Quelle: eigene Erstellung

---

[3] Alle derzeitig aktiven AFCoaches sind Mitarbeiterinnen und Mitarbeiter beim DGB Bildungswerk im Projekt »Neue Wege im Betrieblichen Eingliederungsmanagement«.

[4] Zur Zeit ist vorgesehen, dass diese Personen vom innerbetrieblichen BEM-Team vorgeschlagen werden.

Das AFCoaching beginnt mit einem »*(1) Erstgespräch*«. In diesem lernt der BEM-Berechtigte seinen potenziellen Coach kennen. Dieses Gespräch verfolgt zwei Ziele: Einerseits wird der BEM-Berechtigte ausführlich über den zeitlichen und inhaltlichen Ablauf informiert. Andererseits ist es wichtig, in diesem Erstkontakt den Grundstein für eine Vertrauensbasis zu legen. Zwei Dokumente sind deshalb von besonderer Relevanz und werden aus diesem Grund hier explizit erwähnt: die Datenschutzerklärung und der Coachingvertrag, die beide nach der Entscheidung des BEM-Berechtigten, das Coachingangebot anzunehmen, von beiden (BEM-Berechtigtem und AFCoach) unterschrieben werden.

Die Datenschutzerklärung beruft sich auf § 5 des Bundesdatenschutzgesetztes und verpflichtet den Coach, das Datengeheimnis zu wahren. Eine unbefugte Nutzung und Weiterverarbeitung personenverbundener Daten ist ihm untersagt – und zwar über das Ende des Coachings hinaus. Nur mit expliziter Einwilligung des BEM-Berechtigten darf der Coach Dritte informieren bzw. in den Coachingprozess integrieren.[5]

Im Coachingvertrag sind wichtige Aspekte der Beziehung zwischen dem BEM-Berechtigten und dem AFCoach verschriftlicht. Beispielsweise werden Aufgaben und Grenzen der beiden Rollen definiert: »Der AFCoach kann die Arbeitsfähigkeit des BEM-Berechtigten nicht selbst wiederherstellen bzw. erhalten und fördern. Seine/Ihre Aufgabe besteht aus der Begleitung und Beratung der BEM-Berechtigten, die eigentliche Veränderungsarbeit wird vom Berechtigten selbst geleistet.«[6] Ebenfalls sind hier formale Regelungen der Zusammenarbeit (z.B. Terminabsprachen, Kommunikationswege) sowie der Zeitpunkt der Beendigung des Coachingprozesses festgehalten: »Das AFCoaching endet mit dem Abschlussgespräch mit dem BEM-Berechtigten. [...] Der BEM-Berechtigte sowie der AFCoach können bei nachvollziehbaren Gründen jederzeit den Coachingprozess beenden. Danach wird dem BEM-Berechtigten ein BEM ohne Coaching angeboten.«[7]

In Schritt »*(2) Analyse mit Berechtigten und eventuell weiteren Experten*« kommt das Arbeitsfähigkeitskonzept in seiner modifizierten Form zur Anwendung. Die Analyse beginnt mit zwei Fragen des Work Ability

---

[5] Siehe hierzu auch den Artikel von Reuter/Giesert/Liebrich in diesem Band.
[6] Auszug aus dem Coachingvertrag des AFCoachings, entwickelt im Projekt »Neue Wege im BEM«. Unveröffentlichtes Manuskript.
[7] Vgl. ebd.

Indexes (WAI), in denen die globale Einschätzung der eigenen Arbeitsfähigkeit erhoben wird.[8] Danach wird die Situation des BEM-Berechtigten im Hinblick auf alle sieben Aspekte des Modells (vgl. Abbildung
1) erfasst.[9] Wichtig ist hierbei, nicht nur die subjektive Wahrnehmung
des BEM-Berechtigten zu erfassen, sondern auch erste mögliche persönliche und betriebliche Ansatzpunkte zur Verbesserung der Arbeits-
und Beschäftigungsfähigkeit festzuhalten. Diese werden im Wesentlichen durch folgende zwei Fragen erfasst: (1)»Was können Sie tun?«
(2)»Was kann der Betrieb tun?«. Falls der BEM-Berechtigte dies
wünscht, können auch Dritte (z.b. Betriebsärzte, betriebliche Interes-
senvertreter) bei der Analyse hinzugezogen werden. Alle Ergebnisse
werden schriftlich dokumentiert und dem BEM-Berechtigten ausgehändigt,[10] der AFCoach erhält alle Dokumente als Kopie.

Ist die Analyse abgeschlossen, folgt in »*(3) Diskussion der Analyse-
ergebnisse*« die Bewertung der Situation und eine erste Priorisierung
der persönlichen und betrieblichen Ansatzpunkte zur Verbesserung der
Arbeits- und Beschäftigungsfähigkeit.

Auf Grundlage dieser Priorisierung werden in Schritt »*(4) Partizipative Entwicklung von Maßnahmen in allen Bereichen*« Handlungsmöglichkeiten diskutiert und festgehalten. Wenn beispielsweise im
Bereich »Kooperation und Führung« die erste Priorität bei der »Verbesserung des Informations- und Kommunikationsflusses« liegt, wird
gemeinsam an Lösungsstrategien gearbeitet. Eine Verbesserung der
Situation könnte sich durch wöchentliche Informationsrunden mit Mitarbeiterinnen, Mitarbeitern und Führungskräften einstellen, durch die
regelmäßige Pflege der schwarzen Bretter etc. Wichtig ist es, Maßnahmen – wenn möglich – für alle Aspekte der Arbeits- und Beschäftigungsfähigkeit zu generieren. Nur so kann gewährleistet werden, dass die

---

[8] Vgl. Work Ability Index – Fragebogen Kurzversion. Verfügbar unter www.
arbeitsfaehigkeit.uni-wuppertal.de/picture/upload/file/WAI-Kurzversion.pdf, abgerufen am 4.5.2011, sowie Bundesanstalt für Arbeitsschutz und Arbeitsmedizin
(Hrsg.) (2009): 8.

[9] Die sieben Aspekte des modifizierten Modelles sind: 1) Gesundheit/Krank-
heit/Potenziale/Konstitution; 2) Kompetenz und Qualifikation; 3) Werte/Einstellun-
gen/Motivation; 4) Kooperation/Gruppe/Führung/Aufbau und Ablauforganisation;
5) Arbeitsbedingungen/Mensch-Maschinen-Schnittstellen/Arbeits- und Technikgestaltung etc.; 6) Familie und persönliches Umfeld; 7) Rahmenbedingungen.

[10] Zur Sammlung der Daten erhält der BEM-Berechtigte ein so genanntes
Arbeitsfähigkeitsbuch. Dies ist eine Art strukturierter Aktenordner, in dem alle
Dokumente des Coachingprozesses gesammelt werden können.

angestrebten Veränderungen nicht nur am Verhalten des BEM-Berechtigten ansetzen, sondern dass auch eine Änderung der Verhältnisse angestrebt wird – dies gilt auch, wenn das AFCoaching im Sinne der Prävention eingesetzt wird.

Dem »*(5) Maßnahmenworkshop mit allen erforderlichen Beteiligten des Prozesses*« entspricht ein runder Tisch aller Akteure, die für die Umsetzung der in Schritt 4 entwickelten Maßnahmen von Bedeutung sind. Ziel dieses Treffens ist es, die Maßnahmen zu diskutieren und eventuell auch neue Vorschläge zu generieren. Essenziell ist es, die zur Umsetzung nötigen Schritte festzulegen, zu terminieren und klare Verantwortungen für die operative Umsetzung zu schaffen und diese zu dokumentieren.[11] So wäre es, um beim obigen Beispiel zu bleiben, wichtig, dass die Führungskraft an der Diskussion über die Machbarkeit der entwickelten Maßnahmen zur Verbesserung des Informations- und Kommunikationsflusses beteiligt ist. Gemeinsam mit allen Beteiligten würde dann festgelegt werden, was wann wie zu tun ist.

In »*(6) Maßnahmenumsetzung*« werden die im vorherigen Schritt festgehaltenen Maßnahmen, die zur Wiederherstellung der Arbeits- und Beschäftigungsfähigkeit des BEM-Berechtigten führen sollen, umgesetzt. Begleitet wird dieser Schritt durch »*(7) Gespräche/Monitoring der Maßnahmenumsetzung*«. Hierbei handelt es sich um Gespräche zwischen BEM-Berechtigten und Coach, in denen die entwickelten Maßnahmen und deren Umsetzungsprozess reflektiert werden, um, falls nötig, korrigierend eingreifen zu können.

Ist die Maßnahmenumsetzung beendet, endet das AFCoaching mit einem »*(8) Coaching-Abschlussgespräch*«. In diesem wird der Coachingprozess aus Sicht des BEM-Berechtigten und aus Sicht des Coaches evaluiert. Neben der Bewertung des individuellen Coachingprozesses werden auch übergeordnete Aspekte des BEM innerhalb des Betriebes diskutiert und bewertet. Das Abschlussgespräch dient somit nicht nur der Reflexion des AFCoachings, sondern kann als Quelle für Verbesserungsvorschläge des gesamten BEMs und somit des betrieblichen Gesundheitsmanagements verstanden werden.

---

[11] Das genaue Vorgehen sollte in einer Betriebs- bzw. Dienstvereinbarung geregelt sein.

3.2 Einbindung in den BEM-Prozess

Das AFCoaching beteiligt den BEM-Berechtigten aktiv am Betrieblichen Eingliederungsmanagement und somit an der Wiederherstellung seiner Arbeits- und Beschäftigungsfähigkeit, wie es vom Gesetzgeber im Sozialgesetzbuch gefordert ist. Es ist somit eine sinnvolle Ergänzung der Aktivitäten innerhalb des BEMs, die bereits in Betrieben vorhanden sind.

Betrachtet man den in Kapitel 2.1 beschriebenen prototypischen Verlauf des BEM, ist das Coaching nach dem sechsten Schritt im BEM-Prozess (Erstgespräch) einzuordnen. Im Erstgespräch mit dem BEM-Berechtigten sollte die Möglichkeit eines Coachings unterbreitet werden. Da die Teilnahme am Coaching – wie die generelle Teilnahme an jeglichen BEM-Aktivitäten – freiwillig ist, sollte das AFCoaching als ein sinnvoller und möglicher, aber nicht als alleiniger Weg zur Wiederherstellung der Arbeits- und Beschäftigungsfähigkeit gesehen werden. Das Coaching umfasst inhaltlich die Schritte:

- Analyse des Arbeitsplatzes, die Erfassung der Fähigkeiten und Anforderung des Beschäftigten,
- Abgleich dieser beiden Aspekte sowie
- Entwicklung und Durchführung von Maßnahmen zur Eingliederung an den Arbeitsplatz.

Wird die Möglichkeit des AFCoachings nicht wahrgenommen, sollten andere Wege der Maßnahmenentwicklung und -umsetzung angeboten werden. Egal, welchen Weg der BEM-Berechtigte wählt – BEM mit oder ohne AFCoaching –, am Abschluss des Eingliederungsprozesses sollte die Wirksamkeitsprüfung, Evaluation und Dokumentation stehen (Schritt 10 des BEM). Nur so ist es möglich, im Sinne eines kontinuierlichen Verbesserungsprozesses die Vorgehensweise des BEMs zu überprüfen, Stärken auszubauen und Ansatzpunkte zur Optimierung zu identifizieren.

3.3 Gemeinsamkeiten und Unterschiede zum Arbeitsbewältigungs-Coaching (ab-c)[12]

Das Arbeitsfähigkeitscoaching (AFC) und das Arbeitsbewältigungs-Coaching (ab-c) sind zwei verschiedene Instrumente. Die Ähnlichkeit der Namensgebung ist insofern nicht verwunderlich, da sie auf derselben

---

[12] Alle Ausführungen zum ab-c in diesem Beitrag beruhen auf dem Artikel von Geißler/Frevel/Gruber in diesem Band.

Grundlage entwickelt wurden: Beide basieren auf dem bereits besprochenen finnischen Arbeitsfähigkeitskonzept. Dies zeigt sich vor allem darin, dass beide Instrumente zur Analyse der Situation der Arbeitnehmerinnen und Arbeitnehmer das »Haus der Arbeitsfähigkeit« (beim AFCoaching in modifizierter Form) heranziehen. Bei beiden Analysen wird jeweils erhoben, welche individuellen und betrieblichen Maßnahmen die Arbeits- und Beschäftigungsfähigkeit fördern würden. Deutliche Unterschiede liegen in der Zielsetzung sowie in der Vorgehensweise bei der Anwendung der Instrumente. Während das AFCoaching die Begleitung der BEM-Berechtigten bei der Wiederherstellung bzw. Förderung ihrer Arbeits- und Beschäftigungsfähigkeit unterstützt, zielt das ab-c als Beratungswerkzeug auf die Förderung der Selbstbeobachtungs- und Selbstmanagementkompetenz des Unternehmens und aller darin Beschäftigten ab. Dieser Unterschied spiegelt sich auch in der Vorgehensweise bei der Anwendung der Instrumente wider: Innerhalb des AFCoaching wird der BEM-Berechtigte während eines längeren Zeitraumes individuell durch den Coach begleitet. Er wird in der Wahrnehmung seiner aktiven Rolle innerhalb des BEMs gestärkt. Das finnische Arbeitsfähigkeitskonzept bildet die Grundlage eines Prozesses, in dem die Arbeits- und Beschäftigungsfähigkeit eines Individuums im Mittelpunkt steht und der darüber hinaus betriebliche Maßnahmen zu deren Unterstützung und Förderung kontinuierlich mit berücksichtigt.

Das ab-c besteht aus zwei Kernbausteinen:

1) dem individuellen persönlich-vertraulichen Arbeitsbewältigungs-Gespräch, in dem die Entwicklung von individuellen Fördermaßnahmen herausgearbeitet wird. Dieses Gespräch ist ein Angebot an alle Beschäftigten und dauert ca. 60 Minuten.

2) Dem Arbeitsbewältigungs-Workshop, der die Entwicklung von betrieblichen Fördermaßnahmen zum Ziel hat. An diesem nehmen betriebliche Entscheidungsträger einschließlich Interessenvertretung teil.

Es handelt sich somit um ein Instrument, das den Beschäftigten einerseits durch ein Gespräch Impulse zur Gestaltung Ihrer Arbeits- und Beschäftigungsfähigkeit gibt, andererseits dem Betrieb Möglichkeiten zur Unterstützung der Belegschaft aufzeigt. Eine Begleitung der einzelnen Beschäftigten auf dem Weg hin zur Verbesserung ist nicht vorgesehen und würde der Zielsetzung des Instrumentes nicht gerecht werden.

4. Fazit

Das Arbeitsfähigkeitscoaching ist ein Instrument, das BEM-Berechtigte auf ihrem Weg zur Verbesserung bzw. Wiederherstellung ihrer Arbeits- und Beschäftigungsfähigkeit begleitet. Es unterstützt die Beschäftigten, ihre aktive Rolle innerhalb des betrieblichen Eingliederungsmanagements wahrzunehmen. Es werden nicht über ihn hinweg, sondern mit ihm gemeinsam die betrieblichen Arbeitsbedingungen gestaltet, in denen die eigenen Fähigkeiten, Fertigkeiten und Bedarfe in gesunder Relation zu den Anforderungen der Arbeitsaufgabe stehen. Die BEM-Berechtigten, die zurzeit die Möglichkeit haben, durch ein AFCoaching unterstützt zu werden, äußern sich positiv über diesen Prozess.

Die Gestaltung des AFCoachings als Rahmenkonzept bietet ausreichende Möglichkeiten, der individuellen Situation des BEM-Berechtigten und der des Betriebes gerecht zu werden. Durch die partizipative Vorgehensweise können maßgeschneiderte Lösungen gefunden werden, die so gestaltet sind, dass sie auf eine langfristige Erhaltung der Arbeits- und Beschäftigungsfähigkeit hinwirken. Um dies zu gewährleisten, sind beide in der Pflicht: der BEM-Berechtigte, der durch das Coaching in seiner aktiven Rolle gestärkt wird, ebenso wie die betrieblichen Entscheidungsträger. Jedoch ist zu bedenken, dass das AFCoaching den Prozess lediglich moderiert. Alle Maßnahmen und Schritte zur Verbesserung liegen im Verantwortungsbereich der/des BEM-Berechtigten und der betrieblichen Akteure selbst.

Literatur

Böning, U./B. Fritschle (2005): Coaching fürs Business. Bonn: managerSeminareVerlag.
Bundesanstalt für Arbeitsschutz und Arbeitsmedizin (BAuA) (Hrsg.) (2009): Why WAI? – Der Work Ability Index im Einsatz für Arbeitsfähigkeit und Prävention – Erfahrungsberichte aus der Praxis. Dortmund: BAuA.
Emery, F.E. (1959): Characteristics of socio-technical systems. Tavistock Institute of Human Relations, Document No. 527.
Geißler, H./A. Frevel/B. Gruber (2011):»Arbeitsbewältigungs-Coaching®: Das Individuum stärken, die betriebliche Zukunft sichern!«, in: M. Giesert (Hrsg.), Arbeitsfähig in die Zukunft. Willkommen im Haus der Arbeitsfähigkeit!, Hamburg: VSA: 62-80.
Giesert, M./C. Wendt-Danigel (2011): Handlungsleitfaden für ein Betriebliches

Eingliederungsmanagement, 2. Aufl. Düsseldorf: Hans-Böckler-Stiftung.

Ilmarinen, J./J. Tempel (2002): Arbeitsfähigkeit 2010 – Was können wir tun, damit Sie gesund bleiben? Hrsg. von M. Giesert im Auftrag des DGB Bildungswerk e.V. Hamburg: VSA.

Oppolzer, A. (2005): Betriebliche Gesundheitspolitik und betriebliche Gesundheitsmanagement. In: ZSR, 51. Jahrgang, Sonderheft 2005: 57-71.

Reuter, T./M. Giesert/A. Liebrich (2011): Der Datenschutz im Betrieblichen Eingliederungsmanagement – ein Beispiel aus dem Projekt »Neue Wege im BEM«, in: M. Giesert (Hrsg.), Arbeitsfähig in die Zukunft. Willkommen im Haus der Arbeitsfähigkeit!, Hamburg: VSA: 173-184.

Ulich, E./M. Wülser (2010): Gesundheitsmanagement im Unternehmen, 4. Aufl., Wiesbaden: Gabler.

Work Ability Index (2011): Fragebogen Kurzversion. Verfügbar unter www.arbeitsfaehigkeit.uni-wuppertal.de/picture/upload/file/WAI-Kurzversion.pdf, abgerufen am 4.5.2011.

Weber, B./S. Rülicke/L. Packebusch (2007): Gesunde Menschen – gesundes Handwerk – Handlungshilfe und Coaching Leitfaden. Lengerich, Berlin: Papst Science Publisher.

3. Betriebliche Beispiele: aus der Praxis für die Praxis

Christoph Schindler
Konzept und Messung der Arbeitsfähigkeit: Wertvolle Tools im Gesundheitsmanagement
Ein Beispiel aus der Landeshauptstadt München

Den Ansatz des Betrieblichen Gesundheitsmanagements (BGM) allgemeinverständlich und einprägsam zu erklären und Handlungsbereitschaft für gesundheitsfördernde Maßnahmen in Organisationsbereichen zu erzeugen, sind fordernde Aufgaben für die Akteure in diesem Bereich. Das »Haus der Arbeitsfähigkeit« und der Arbeitsfähigkeitsindex (WAI) sind wertvolle Instrumente hierfür.

Mit Gesundheitsmanagement verbinden Führungskräfte, Personalvertretungen, Beschäftigte oder auch Personen aus dem »klassischen« Arbeits- und Gesundheitsschutz nicht selten Maßnahmen der freiwilligen, verhaltensbezogenen Gesundheitsförderung oder Prävention. Wie vermittelt man dann, dass es sowohl um betriebliche Arbeitsverhältnisse (Prozesse und Strukturen) als auch um Befähigung zum gesundheitsfördernden Verhalten der Beschäftigten geht, um so die Gesundheit der Beschäftigten zu erhalten bzw. zu fördern und eine optimale Arbeitsfähigkeit zu erreichen?[1] Mit dem »Haus der Arbeitsfähigkeit« von Ilmarinen und Tuomi (2004: 20) steht dafür ein hervorragendes, wissenschaftlich fundiertes Modell zur Verfügung. Durch die Visualisierung der verschiedenen Stellhebel als Stockwerke eines Hauses oder als Hausumgebung erweist sich das Modell als ein gutes didaktisches Konzept, welches sich für alle Zielgruppen eignet. Zudem beinhaltet es sowohl die verpflichtenden Bestandteile aus dem Arbeitsschutzgesetz als auch freiwillige Leistungen der Gesundheitsförderung.

Die Abteilung Betriebliches Gesundheitsmanagement der Stadt München führte das »Haus der Arbeitsfähigkeit« 2008 im Rahmen der Neu-

---

[1] Siehe BGM-Definition der Dienstvereinbarung BGM der Stadt München, S. 8, unter muenchen.de/bgm.

Abbildung 1: Ablauf eines BGM-Projekts bei der Landeshauptstadt München

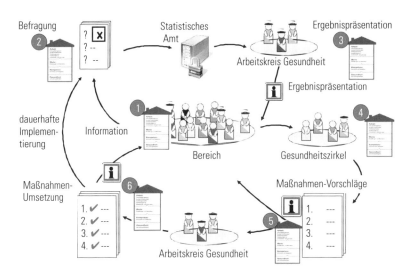

konzeption der Mitarbeiterbefragung bei BGM-Projekten ein. Zunächst stand hierbei nicht das Modell des Hauses an sich im Vordergrund, sondern die eingesetzten Befragungsinstrumente: der Arbeitsfähigkeitsindex/Work Ability Index (WAI) und der Kurzfragebogen zur Arbeitsanalyse (KFZA)/IMPULS-Test.[2] Die Gründe für den Einsatz dieser Instrumente waren die wissenschaftliche Fundierung, die breite berufsgruppenübergreifende Einsatzmöglichkeit, die Messung des Konstrukts Arbeitsfähigkeit und der erprobte Einsatz der Instrumenten-Kombination (Giesert/Ehlbeck 2008; Korczak u.a. 2002). Das Haus bzw. das Konzept der Arbeitsfähigkeit wurde zunächst eingesetzt, um den Grundsätzen der Anwendung des WAI gerecht zu werden (Hasselhorn/Freude 2007: 35). Im Rahmen der weiteren Arbeit wurden jedoch die vielseitigen Einsatzmöglichkeiten deutlich.

Heute wird das »Haus der Arbeitsfähigkeit« in Informationsveranstaltungen zum Gesundheitsmanagement, bei Schulungen der Führungskräfte und vor allem bei den verschiedenen Schritten eines BGM-Projektes verwendet. Mit der dauerhaften Verwendung des Hauses bei den verschiedenen Projektschritten gelingt es insbesondere, den ganz-

---

[2] Siehe baua.de: Toolbox: KFZA bzw. IMPULS-Test.

heitlichen Ansatz von Gesundheitsmanagement bzw. des Arbeitsfähigkeitskonzepts bei den Projektbeteiligten zu verankern. Dass dies wichtig ist, betont auch Tempel (2010):»Das Arbeitsfähigkeitskonzept muss zunächst vorgestellt, erörtert und schrittweise in den Köpfen – und Herzen – der Führungskräfte, der Vertretungsorgane, der Fachvertreter wie Betriebsarzt und Sicherheitsfachkraft und der Mitarbeiter/-innen ›versenkt‹ werden.« Im Folgenden wird die Verwendung des Hauses bei den einzelnen Projektschritten näher beschrieben.

Schritt 1: Information

Ein BGM-Projekt in einem Bereich startet mit der Information der Führungskräfte, der Personalvertretung und der Beschäftigten, z.b. im Rahmen einer Personalversammlung. Die Mitarbeiterinnen und Mitarbeiter werden sowohl über den Projektablauf als auch für das Thema Gesundheit und Arbeitsfähigkeit sensibilisiert. Dabei wird eine optimale Arbeitsfähigkeit als ein zentrales Ziel des Betrieblichen Gesundheitsmanagements gemäß der Dienstvereinbarung BGM der Stadt München vorgestellt. Nun müssen zunächst der Begriff»Arbeitsfähigkeit« und die für»Arbeitsfähigkeit« relevanten Stellhebel erläutert werden.

Dass»Arbeitsfähigkeit« eine Frage der Balance ist, kann mit dem Modell der Waage schnell vermittelt werden (hierbei wird eine ähnliche Darstellung wie Abbildung 1 im Beitrag von Geißler/Frevel/Gruber verwendet): Arbeitsfähigkeit beschreibt die Fähigkeit eines Menschen, in einer bestimmten Situation die an ihn gestellte Arbeit zu bewältigen. Aus diesem Grund sind zwei Aspekte zu beachten: die persönlichen Ressourcen einerseits und die Arbeit bzw. Arbeitsanforderungen andererseits.

Die Qualität der Arbeitsfähigkeit (sehr gut bis schlecht) beschreibt damit, wie gut aus Sicht der Beschäftigten die Balance zwischen den persönlichen Ressourcen und Arbeitsanforderungen ausgeprägt ist (Ilmarinen 2009). Sie ändert sich immer wieder durch positive oder negative Veränderungen auf beiden Seiten: seitens der Beschäftigten beispielsweise durch weitere Qualifikation oder Gesundheitsbeschwerden und/oder durch veränderte Arbeitsanforderungen wie besseres soziales Umfeld oder erhöhten Zeitdruck. Es braucht daher immer wieder eine Anpassung an die neuen Gegebenheiten und die dafür nötige Kooperation beider Seiten.

Abbildung 2: Haus der Arbeitsfähigkeit der Landeshauptstadt München

Arbeit
Führung/Management
Soziales Arbeitsumfeld
Arbeitsorganisation
Arbeitsumgebung
Arbeitsinhalt/-anforderungen

Regionale Umgebung
Persönliches Umfeld
und Familie

Werte
Einstellungen und Motivation

Kompetenz
Kenntnisse und Fähigkeiten

Gesundheit
und Leistungsfähigkeit

Quelle: nach Ilmarinen/Tempel 2002

Wie 88% der Führungskräfte und Personalvertretungen in der Evaluation einer Informationsveranstaltung bestätigten, ist die Darstellung der Waage hilfreich, um dieses Verständnis von Arbeitsfähigkeit zu vermitteln.

Um Mitarbeiterinnen und Mitarbeitern die wichtigsten Stellhebel für die Arbeitsfähigkeit zu erklären, verwenden wir das »Haus der Arbeitsfähigkeit«. In den einzelnen Stockwerken werden diejenigen Aspekte dargestellt, die entscheidend sind für den Erhalt und den Ausbau der Arbeitsfähigkeit (Hasselhorn/Freude 2007: 11). Auf die Darstellung der vier Handlungsfelder[3] zur Förderung der Arbeitsfähigkeit mithilfe des Pyramidenmodells (ebd.: 12) wird verzichtet. Zum einen ist die Konzentration auf ein einziges Modell einfacher, zum anderen enthält das Haus mit dem Stockwerk »Werte« und dem »persönlichen Umfeld/ der Familie« Aspekte, die sich als sehr relevant für die Gesundheit der Beschäftigten und den Erfolg von Unternehmen erwiesen haben (s. Studien zur

---

[3] Individuelle Gesundheit, Arbeitsinhalt, Arbeitsumgebung, Führung, Arbeitsorganisation, professionelle Kompetenz.

Gerechtigkeit [Kivimäki u.a. 2003], zum Sozialkapitalansatz mit dem Element des Wertekapitals [Badura u.a. 2008] oder zur Work-Life-Balance [Brough/O'Driscoll 2010]).

Als kurz, aber sehr effektiv hat sich folgende Übung zur Erarbeitung dieser Stellhebel durch die Teilnehmerinnen und Teilnehmer erwiesen (Ilmarinen/Tempel 2002: 166f.). Hierbei werden diese gebeten, folgende Frage zu beantworten:»Was sind wichtige Faktoren für eine gute Arbeitsfähigkeit?« Der Begriff der Arbeitsfähigkeit wird dazu erklärt. Für ein kurzes Brainstorming reichen sieben Minuten aus. Jeder Faktor sollte auf eine eigene Karte notiert werden. Die Karten können entweder eingesammelt und selber den Stockwerken zugeordnet werden, oder es wird zunächst das »Haus der Arbeitsfähigkeit« erklärt und anschließend ordnen die Teilnehmerinnen und Teilnehmer ihre Karten selber gemäß der Einteilung des Hauses auf einer Pinnwand zu. Die Erfahrung bisher zeigt, dass die aufgeschriebenen Faktoren fast immer alle Stockwerke des Hauses der Arbeitsfähigkeit abbilden.

Damit sind die wichtigen Stellhebel für die Förderung von Arbeitsfähigkeit und Gesundheit erarbeitet worden. Im Folgenden werden die gesetzlich verpflichtenden und freiwilligen Bestandteile, die beide in dem Haus enthalten sind, differenziert. In § 4 Abs. 1 Nr. 4 Arbeitschutzgesetz (ArbSchG) wird vom Arbeitgeber eine Maßnahmenplanung verlangt, die Technik, Arbeitsorganisation, sonstige Arbeitsbedingungen, soziale Beziehungen und den Einfluss der Umwelt auf den Arbeitsplatz sachgerecht verknüpft. Es besteht die Verpflichtung, über geeignete und erforderliche Maßnahmen und eine entsprechende betriebliche Organisation, »Unfälle« und »arbeitsbedingte Gesundheitsgefahren« zu vermeiden, sowie die Arbeit »menschengerecht« zu gestalten (§ 2 Abs. 1). Zusammen mit § 5 Abs. 3 Nr. 5, der unzureichende Qualifikation der Beschäftigten als Gefährdung einstuft, können daher die Stockwerke Arbeit und Kompetenz stärker dem gesetzlich verpflichtenden Teil, die Stockwerke Gesundheit und Werte dem Bereich der freiwilligen Sozialleistungen zugeordnet werden.

Der letzte Teil der Erläuterung betrifft die Interventionsschwerpunkte. Diese sollten verstärkt im Bereich der Arbeitsverhältnisse liegen und zu einem geringeren Anteil am individuellen Verhalten der Beschäftigten ansetzen. Ilmarinen empfiehlt als Faustregel, die Maßnahmen zu 60% im Stockwerk Arbeit zu verorten und zu 40% in den weiteren Stockwerken. Die Maßnahmen dürfen nicht einmalig, sondern müssen als kontinuierlicher Verbesserungsprozess erfolgen und sollten »multidimensional« sein, d.h. gleichzeitig mehrere der vier Stockwerke zum Erhalt der Arbeitsfähigkeit berücksichtigen. Wenn nur in einem der vier Bereiche interveniert wird, ist nur eine vorübergehende Verbesserung der Arbeitsfähigkeit zu erwarten, die nach einigen Monaten wieder auf das Ursprungsniveau herabsinkt (Hasselhorn/Freude 2007: 35).

Insgesamt haben die Teilnehmerinnen und Teilnehmer damit einen hilfreichen Einstieg in das Thema Betriebliches Gesundheitsmanagement erhalten, kennen die Ansatzpunkte für die Förderung der Arbeitsfähigkeit sowie die verpflichtenden und freiwilligen Anteile davon. Dies bestätigen in der Evaluation einer Informationsveranstaltung auch 88 bis 94 % der Befragten.

Schritt 2: Befragung

Ein erster wichtiger Diagnoseschritt bei den Projekten ist die Befragung aller Beschäftigten der jeweiligen Organisationseinheit. Für die Akzeptanz der Befragung und der Teilnahme ist neben dem Datenschutz auch das Verständnis der Beschäftigten wichtig, warum so viele, teilweise auch sensible Fragen gestellt werden. Hierfür wird ebenfalls das »Haus der Arbeitsfähigkeit« verwendet. Alle Stockwerke werden mit der Befragung »abgeklopft«. Ziel ist es, zu sehen, wie das Haus insgesamt steht (der WAI) und wo in den einzelnen Stockwerken die stabilen Pfeiler sind bzw. wo die ersten Risse oder schon größeren Löcher sind. Für jeden Faktor werden konkrete Fragen verwendet, wie beispielsweise in Abbildung 3.

Schritt 3: Ergebnispräsentation

Die Daten werden vom Statistischen Amt der Stadtverwaltung ausgewertet und den Führungskräften, der Personalvertretung und den Beschäftigten präsentiert. Der Präsentationsaufbau soll darstellen, a) wie der WAI ausgeprägt ist, b) welche arbeitsbezogenen Ressourcen und Stressoren sich gezeigt haben, und c) wie diese mit dem WAI zusammenhängen.

Vor der Präsentation des WAI selber ist es sinnvoll, nochmals das Waagen-Modell zu verwenden, um erneut die korrekte Bedeutung des Begriffs Arbeitsfähigkeit bewusst zu machen. Die bisherigen Erfah-

Abbildung 3: Zuordnung eines Befragungsitems zum Haus der Arbeitsfähigkeit

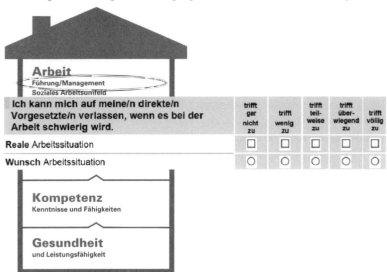

rungen mit der Darstellung des WAI zeigen, dass das Interesse und die Handlungsbereitschaft der Führungskräfte und der weiteren Beteiligten durch den WAI positiv beeinflusst werden. Wichtig ist hierbei, die wissenschaftlichen Erkenntnisse zur Prädiktionskraft des WAI zu vermitteln, wie z.B. bzgl. des frühzeitigen Berufsausstiegs (Alavinia et al. 2009; Ilmarinen et al. 1997) oder der Fehlzeiten (Kujala et al. 2006). Je nach Aufbereitung der Daten können verschiedene Aspekte, z.b. gefährdete Berufsgruppen, Organisationseinheiten, Altersgruppen, aufgezeigt und mit ergänzenden Analysen wie einer Altersstrukturanalyse vertieft werden.

Im zweiten Schritt werden mögliche arbeitsbezogene Ursachen mit dem »Haus der Arbeitsfähigkeit« als Strukturierung präsentiert. Ergebnisse zu gesundheitlichen Beschwerden werden im Stockwerk Gesundheit verortet, motivationale Aspekte wie Arbeitszufriedenheit im Stockwerk Werte. Mit der Netzdiagramm-Darstellung[4] des Kurzfragebogens zur Arbeitsanalyse (KFZA)/IMPULS-Test können arbeitsbe-

---

[4] Siehe Netzdiagramm-Darstellung unter impulstest.at.

zogene Ressourcen und Stressoren in den Stockwerken Kompetenz und Arbeit gezeigt werden.

In der Beschreibung des KFZA/IMPULS-Test wird dargelegt, ab welchen Werten welcher Handlungsbedarf besteht und wo tiefer gehende Analysen nötig sind. Durch Korrelationen einzelner Belastungsitems mit dem WAI-Index kann darüber hinaus die Bedeutung für die Arbeitsfähigkeit hervorgehoben werden. Wird beispielsweise die Frage nach der Unterstützung der Führungskraft, wenn es bei der Arbeit schwierig wird, kritisch bewertet und hat dies gleichzeitig einen hohen Zusammenhang mit dem WAI-Index, kann der Bedarf der vertieften Bearbeitung dieses Themas gut verdeutlicht werden. Hierbei ist jedoch zu beachten, dass Zusammenhänge keine Ursache-Wirkungs-Beziehungen sind. Folglich ist es wichtig, bei der Wahl der zu korrelierenden Items und deren Interpretation bewusst vorzugehen. Eine gute Quelle liefern Studien, in denen Ursache-Wirkungs-Beziehungen in Längsschnittstudien belegt wurden. So zeigen z.b. van den Berg et al. (2009) in einer Übersichtsarbeit, dass sich hohe mentale Anforderungen, niedrige Autonomie und hohe körperliche Anforderungen beständig als wichtige Prädiktoren für Arbeitsfähigkeit erweisen. Auch Sugimura/Theriault (2010) konnten die wichtige prädiktive Bedeutung der Unterstützung durch den Vorgesetzten für die Arbeitsfähigkeit nachweisen.

In Abbildung 4 sind auf der linken Seite die prozentuale Verteilung und rechts die Korrelation mit dem WAI dargestellt. Der WAI-Durchschnittswert von den 18%, die auf die Frage mit »trifft gar nicht bzw. wenig zu« antworteten, liegt zwischen 33 und 35 Punkten (und damit im Bereich der mäßigen Arbeitsfähigkeit). Im Gegensatz dazu liegt der WAI-Durchschnittswert von 59% der Befragten, die hier positiv geantwortet haben, zwischen 39 und 41 Punkten (gute Arbeitsfähigkeit). Auch statistisch ist dieser Zusammenhang hoch signifikant.

Schritt 4: Gesundheitszirkel

Die Erkenntnisse aus Mitarbeiterbefragungen werden nach der Ergebnispräsentation konkretisiert. In BGM-Projekten der Stadt München sind dazu moderierte, hierarchiefreie Gesundheitszirkel ein Standardvorgehen. Die Zusammensetzung der Zirkel soll die Organisationseinheit möglichst gut repräsentieren. Die Ergebnisse dieser Gruppen sind die konkrete Benennung der Stressoren und Ressourcen, die resultie-

Abbildung 4: Prozentuale Antwortverteilung und Korrelation mit dem WAI

Ich kann mich auf meine/n direkte/n Vorgesetzte/n verlassen,
wenn es bei der Arbeit schwierig wird.

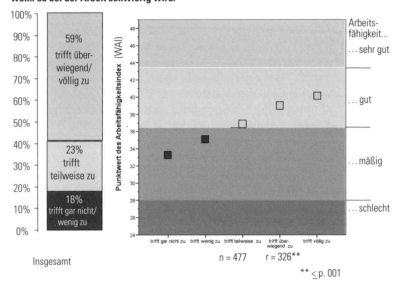

Insgesamt $n = 477$ $r = 326**$

                                          $** \leq p. 001$

renden sachlich-fachlichen bzw. persönlich-emotionalen Wirkungen
sowie konkrete Vorschläge zur Reduktion der Stressoren und wenn
möglich zur Stabilisierung/Verstärkung der Ressourcen.

Das »Haus der Arbeitsfähigkeit« wird zu Beginn verwendet, um den
Beschäftigten nochmals die wichtigen Stellhebel bewusst zu machen,
damit sie alle dort vorhandenen relevanten Ressourcen und Stressoren benennen. Beispielsweise können wertebezogene Ressourcen
und Stressoren so viel leichter von den Beschäftigten artikuliert werden als ohne die Illustration anhand des Hauses.

Schritt 5: Maßnahmen-Vorschläge

Die erfassten Ressourcen und Stressoren mit den Verbesserungsvorschlägen können nun mit den Beschäftigten den jeweiligen Stockwerken bzw. Begriffen des Hauses zugeordnet werden. Dadurch wird neben
der Zuordnung auch das Hauptthema sichtbar. Darüber hinaus kann
eine Übersicht der Stressoren und Ressourcen erstellt werden. Stres-

Abbildung 5: Übersicht der Ressourcen und Stressoren

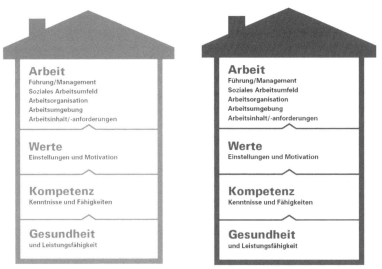

soren sind in einem roten (hier: dunkelgrauen), Ressourcen in einem grünen (hier hellgrauen) Haus abgebildet (Abbildung 5).

Schritt 6: Maßnahmen-Umsetzung

Die Kommunikation der Maßnahmenumsetzung ist ein eminent wichtiger Teil bei Projekten, denn erfolgreiche Veränderungen geraten schnell in Vergessenheit, Maßnahmen (z.b. Veränderung von Ablauforganisation) werden nicht mit dem Gesundheitsmanagement in Verbindung gebracht etc. Neben der Kommunikation der einzelnen Maßnahmen über die Regelkommunikation der Bereiche (Intranet, E-Mail, Jour-Fixe, Teamsitzungen, Personalversammlung etc.) können im »Haus der Arbeitsfähigkeit« alle Maßnahmen gesammelt, dem Projekt zugeordnet werden und so im Bewusstsein der Beschäftigten bleiben.

In den Stockwerken des Hauses werden die Maßnahmen als Übersicht verschlagwortet und auf den weiteren Seiten detaillierter beschrieben (Abbildung 6). Diese Übersicht kann in den vorhandenen Medien dargestellt werden wie z.b. im Intranet, in lokalen Dateien oder auf Infotafeln. Insgesamt wird mit dieser Sammlung ersichtlich, wie durch Maß-

Abbildung 6: Maßnahmensammlung mit dem Haus der Arbeitsfähigkeit

Stockwerk Arbeit
Ergonomieberatung im Rahmen der Arbeitsplatzbegehung
Die Gefährdungsbeurteilung wird mit Unterstützung des Fachdienstes für Arbeitssicherheit aktualisiert. Im Rahmen der damit verbundenen Arbeitsplatzbegehung im April 2010 werden u. a. die Ergonomie der Arbeitsplätze überprüft und Tipps gegeben. Beachten Sie auch die im Intranet verfügbaren Tipps zur Arbeitsplatzgestaltung. Anlass: Anfragen bzgl. der Büroausstattung (Lüfter der PCs, Bildschirmgröße etc.) und Nachfragen bzgl. Tipps für den Büroarbeitsplatz. [….]

Stockwerk Werte
Moderierte Workshops zur Verbesserung der Kommunikation
Es werden Ende Herbst 2010 moderierte Workshops mit Frau XXXX durchgeführt zur Erarbeitung einer verbesserten Zusammenarbeit und gegenseitigen Kommunikation. Anlass: Die Funktionsbereiche X und Y bezeichnen die Zusammenarbeit und gegenseitige Kommunikation als verbesserungswürdig und wünschen sich hierzu einen Workshop. [….]

Stockwerk Kompetenz
Infektionsschutz-Vortrag
Am 9.2.2011 fand ein Vortrag des Betriebsärztlichen Dienstes zum Thema Infektionsschutz statt. Die Unterlagen sind hier im Intranet hinterlegt.
Anlass: Zum Teil werden Kolleginnen und Kollegen durch unhygienisch wirkende Kunden aufgesucht. Es bestand der Wunsch nach Information über Infektionsrisiken und -schutzmöglichkeiten. [….]

Stockwerk Gesundheit
Mittagsgymnastik
Seit Herbst 2010 findet im Raum 501 eine Mittagsgymnastik statt. An den Übungen kann jede/r auch in normaler Straßenkleidung teilnehmen. Ziel der Mittagsgymnastik soll die Kräftigung, Dehnung und Mobilisation verspannter Muskelpartien sein. Die Mittagsgymnastik findet in der Freizeit statt, das Honorar des Trainers wird übernommen.
Anlass: Aus dem Gesundheitszirkel kam der Vorschlag der Mittagsgymnastik, um Rückenbeschwerden vorzubeugen und eine Möglichkeit zum Abteilungsübergreifenden Zusammentreffen zu schaffen.

nahmen des Gesundheitsmanagements die Gesundheit und Arbeitsfähigkeit unterstützt wird.

Nach Abschluss der Projektphase werden eine zweite Mitarbeiterbefragung zur Evaluation durchgeführt sowie Vereinbarungen getroffen und Strukturen geschaffen, die eine dauerhafte Implementierung von BGM gewährleisten. Hierdurch ist sowohl ein ganzheitliches Verständnis von BGM entstanden als auch ein Handeln in diesem Sinne besser gewährleistet. Bisherige Erfahrungen zeigen, dass das Haus der Arbeitsfähigkeit bei den Projektpartnern im Laufe der Zeit »versenkt« wird – auf jeden Fall im Kopf, möglicherweise auch im Herzen.

Literatur

Alavinia, S. M./A.G.E.M. de Boer/J.C. van Duivenbooden/M.H.W. Frings-Dresen/A. Burdorf (2009): Determinants of work ability and its predictive value for disability. In: Occupational Medicine, 59 (1): 32-37.

Badura, B./M. Behr/W. Greiner/P. Rixgens/M. Ueberle, M. (2008): Sozialkapital – Grundlagen von Gesundheit und Unternehmenserfolg. Berlin/Heidelberg: Springer.

Brough, P./M.P. O'Driscoll (2010): Organizational interventions for balancing work and home demands: An overview. In: Work & Stress, 24 (3): 280-297.

Giesert, M./I. Ehlbeck (2008): HAWAI4U – Ein Handlungsleitfaden für die Praxis. Düsseldorf/Berlin: IQ-Consult gGmbH, bao – Büro für Arbeits- und Organisationspsychologie GmbH.

Hasselhorn, H.M./G. Freude (2007): Der Work Ability Index – ein Leitfaden. Dortmund/Berlin/Dresden: Bundesanstalt für Arbeitsschutz und Arbeitsmedizin.

Ilmarinen, J. (2009): Work ability – a comprehensive concept for occupational health research and prevention. In: Scandinavian Journal Of Work, Environment & Health, 35 (1): 1-5.

Ilmarinen, J./J. Tempel (2002): Arbeitsfähigkeit 2010. Hrsg. von M. Giesert im Auftrag des DGB-Bildungswerk e.V., Hamburg: VSA.

Ilmarinen, J./K. Tuomi (2004): Past present and future of work ability. In: J. Ilmarinen/S. Lehtinen (Hrsg.), Past present and Future of Work Ability – People and Work Research Report 65. Helsinki: Finnish Institute of Occupational Health: 1-25.

Ilmarinen, J./K. Tuomi/M. Klockars (1997): Changes in the work ability of active employees over an 11-year period. In: Scandinavian Journal of Work, Environment & Health, 23, Suppl. 1: 49-57.

Kivimäki, M./M. Elovainio/J. Vahtera/J.E. Ferrie/T. Theorell (2003): Organisational justice and health of employees: prospective cohort study, Vol. 60: 27-34.

Korczak, D./S. Klotzhuber/J. Tempel/C. Eggerdinger/G. Schallenmüller (2002): Ernährungszustand von Nachtschichtarbeitern. (Vol. 1). Bremerhaven: Wirtschaftsverlag NW Verlag für neue Wissenschaft GmbH.

Kujala, V./T. Tammelin/J. Remes/E. Vammavaara/E. Ek/J. Laitinen (2006): Work ability index of young employees and their sickness absence during the following year. In: Scandinavian Journal Of Work, Environment & Health, 32 (1): 75-84.

Sugimura, H./G. Theriault (2010): Impact of supervisor support on work ability in an IT company. In Occupational Medicine (London), 60 (6): 451-457. Epub 2010 Jun 2022.

Tempel, J. (2010): Arbeitsbewältigungsindex. In: B. Badura/U. Walter/T. Hehlmann (Hrsg.), Betriebliche Gesundheitspolitik – Der Weg zur gesunden Organisation. Berlin/Heidelberg: Springer-Verlag; Bd. 2: 223-237.

van den Berg, T.I.J./L.A.M. Elders/B.C.H. de Zwart/A. Burdorf (2009): The effects of work-related and individual factors on the Work Ability Index: a systematic review. In: Occupational And Environmental Medicine, 66 (4): 211-220.

Das Thema Arbeitsfähigkeit bei einem Busunternehmen

Erfahrungen und Perspektiven verschiedener Akteure der VHHPVG

Einige Daten zum Unternehmen VHHPVG (Verkehrsbetriebe Hamburg-Holstein AG im Verbund mit der Pinneberger Verkehrsgesellschaft mbH)

Es arbeiten ca. 1.300 Beschäftigte im Fahrdienst, ca. 230 in der Verwaltung und ca. 150 im Technikbereich.

Ungefähr 600 Busse sind für 159 Linien und 105 Millionen Fahrgäste (2009) in 16 Verkehrsmärkten vorhanden. Die Fahrgastzahlen sind in den Jahren 2002 bis 2009 kontinuierlich gestiegen, ebenso die gefahrenen Wagenkilometer.

Das Unternehmen umfasst acht Betriebshöfe.

Die Beschäftigten im Fahrdienst sind im Durchschnitt 46 Jahre alt (Frauen 42 Jahre, Männer 46,6 Jahre), in der Verwaltung 42 Jahre, in der Werkstatt 45 Jahre, in der Pflegehalle 47 Jahre alt, Aushilfen 53 Jahre alt (viele berentete Mitarbeiterinnen und Mitarbeiter sind im Fahrdienst auf 400 Euro-Basis tätig).

Die Beschäftigten im Fahrdienst arbeiten überwiegend im Zwei-Schicht-System (Früh-Spät). Ein Fahrer betreut pro Dienst durchschnittlich 1.000 Fahrgäste, von denen etwa ein Drittel vorne beim Fahrer einsteigt und mit ihm in Kommunikation tritt.

Torsten Bökenheide
Arbeitsfähig in die Zukunft

Maschinen brauchen Wartung. Menschen auch! Im öffentlichen Personennahverkehr ist es selbstverständlich, dass Investitionen in Fahrzeuge und Maschinen getätigt werden. Selbstverständlich werden diese Fahrzeuge und Maschinen nach herstellerseitigen Vorgaben gepflegt und gewartet. Schließlich sollen sich diese Investitionen betriebswirtschaftlich langfristig rechnen. Und – siehe da – in der betrieblichen Praxis funktioniert dieses Prinzip von Investition und Ertrag ausgezeichnet. Kein Betriebswirt, kein Controller, keine Unternehmensleitung stellt diesen betriebswirtschaftlichen Ansatz ernsthaft in Frage.

Interessanterweise werden Investitionen in die langfristige Arbeitsfähigkeit der Mitarbeiterinnen und Mitarbeiter nur sehr zögerlich angegangen. Erklärungen oder gar Rechtfertigungen für dieses Phänomen gibt es nach wie vor regelmäßig gleichlautend viele. Spätestens der Blick in die Zukunft hin zu den beispielsweise nachweislich demografisch bedingten Zusatzkosten in der Krankenquote – längere Arbeitsunfähigkeitszeiten mit steigendem Lebensalter, weil längere Regenerationsphasen im Alter – hilft, bewährte betriebswirtschaftliche Ansätze auch auf Mitarbeiterinnen und Mitarbeiter zu übertragen. Die Höhe der demografisch bedingten Zusatzkosten lässt sich heute schon auf Jahre im voraus berechnen. Bleibt nur die Frage, wie und wo tätige ich heute schon sinnvolle Investitionen, um langfristig Erträge zu generieren. Die Frage nach dem »Ob« stellt sich nicht.

Das Haus der Arbeitsfähigkeit bietet hier einen für alle verstehbaren Ordnungsrahmen, um sinnvolle Investitionen gezielt zu tätigen. Der Arbeitsbewältigungsindex als Maßzahl leistet eine gute Orientierung für die Balance aus Investition und Ertrag. Anders als bei Fahrzeugen und Maschinen ist es hierbei nötig, die Mitarbeiterinnen und Mitarbeiter regelmäßig durch die Vorgesetzten persönlich und achtsam zu befragen, welche »Wartungswünsche« aktuell und künftig bestehen, wo der Arbeitgeber geeignet unterstützen kann und wo der Mitarbeiter sich selber hilfreich unterstützen kann. Der *Anerkennende Erfahrungsaustausch* – ein wertschätzender Dialog zwischen Führungskraft und Mitarbeiterin bzw. Mitarbeiter – liefert wertvolle Hinweise in zwei Richtungen. Zum einen lernen Führungskräfte von ihren Mitarbeiterinnen und Mitarbeitern, welche Bedingungen in der Arbeit als belastend oder gar gesundheitsschädlich wahrgenommen werden. Zum anderen erfahren Führungskräfte von ihren internen Beraterinnen und Beratern in Sachen Arbeitsfähigkeit im Betrieb aber insbesondere auch, welche gesunderhaltenden Ressourcen die Arbeit bietet. Jeder einzelne wertvolle Hinweis der Mitarbeiterinnen und Mitarbeiter kann nun den einzelnen Stockwerken des Hauses der Arbeitsfähigkeit zugeordnet und kollektiv ausgewertet werden. Die Entscheidung, wo und wie sinnvoll in den Erhalt und/oder eine Verbesserung der Arbeitsfähigkeit investiert wird, ergibt sich logisch aus den Themen (qualitativ) und der Häufigkeit der Nennungen (quantitativ). Konkrete, für die Mitarbeiterinnen und Mitarbeiter spürbare Maßnahmen werden ebenfalls in zwei Richtungen umgesetzt: Maßnahmen, um Arbeitsfähigkeitsbelastungen zu verringern bzw. abzuschaffen, und Maßnahmen, um Arbeitsfähigkeitsressourcen zu erhalten bzw. auszubauen.

Maschinen brauchen Wartung. Menschen auch! Dieser Prozess ist ein dauerhafter. Er lohnt sich.

Führen und Balancieren im Dialog
Betriebsleiter Matthias Stricker im Gespräch mit Jürgen Tempel[1]

Jürgen Tempel: *Ja, Herr S., was hat Sie eigentlich auf den Bus gebracht?*
Matthias Stricker: Ich komme ursprünglich aus der Gastronomie. Anschließend bin ich zur Bundeswehr gegangen und habe dort im Zuge meiner Ausbildung den Busführerschein gemacht. Ein guter Freund von mir arbeitete damals in einem Verkehrsunternehmen in Hamburg und hat mir den Beruf eines Busfahrers schmackhaft gemacht. So habe ich mich 1988 bei der Pinneberger Verkehrsgesellschaft beworben. Mittlerweile sind 23 Jahre vergangen. Ich habe viele Bereiche kennengelernt, bin mit meinen Aufgaben gewachsen und habe mich stets weiterentwickelt. In den letzten Jahren habe ich mich auf den Bereich Personalführung spezialisiert.

Jetzt sind Sie seit Jahren Führungskraft. Was gefällt Ihnen da denn am besten an Ihrer Arbeit?
Am besten gefällt mir die Mitarbeiterführung. Mir ist es sehr wichtig, dass ein offener, ehrlicher Dialog zwischen mir und dem Mitarbeiter stattfindet. Darüber hinaus möchte ich, dass alle Mitarbeiter die Möglichkeit haben, Themen und Prozesse im Betrieb mit zu gestalten. Außerdem finde ich es immer wieder spannend, wenn ich die Mitarbeiter ihren Stärken entsprechend einsetzen kann und sehe, wie sich die Mitarbeiter weiterentwickeln.

Und wenn der Mitarbeiter nun nicht mag und deutlich signalisiert, dass er Ihnen nicht vertraut?
Das kommt Gott sei Dank nur sehr selten vor. Wenn es aber der Fall ist, versuche ich, in kleinen Schritten Möglichkeiten zu schaffen, Vertrauen aufzubauen. Es gibt nur wenige Gespräche, wo es nicht klappt. Über 90% der Gespräche mit den Mitarbeitern sind sehr offene Dialo-

---

[1] Das Gespräch wurde am 18. März 2011 in Schenefeld geführt.

ge. Die anderen, in denen Mitarbeiter dies nicht wollen, sind lange Prozesse und gestalten sich zum Teil recht schwierig.

Wenn ich da mal noch ganz böse nachfragen darf, was machen Sie denn mit den Mitarbeitern, die Sie nicht ausstehen können? Das gibt es ja auch, Sie sind ja auch wie jeder andere aus Fleisch und Blut.
Die Frage stellt sich mir nicht. Aber umgekehrt, wenn ein Mitarbeiter Probleme mit mir hat und nicht mit mir sprechen will, kommuniziere ich in der letzten Konsequenz schriftlich mit dem Mitarbeiter.

Und dann versachlicht sich das Ganze und dann kann man weiter gucken?
Genau.

So, nun gehen wir mal auf den Bus. Im Kern soll der Busfahrer die Fahrgäste sicher von A nach B bringen, und das muss straff organisiert sein, das muss klappen. Wo ist denn da Platz für einen Dialog?
Es ist grundsätzlich sehr anspruchsvoll, weil wir ein Schichtbetrieb sind. Ich führe in Schenefeld zusammen mit zwei weiteren Betriebsleitern rund 450 Mitarbeiter. Dazu kommt der Betrieb in seiner gesamten Gestaltung. Ich habe ein straffes Zeitmanagement und plane immer ein Drittel meiner Arbeitszeit für strukturierte Gespräche fest ein. Ein weiteres Drittel meiner Arbeitszeit ist frei bzw. ohne feste Termine. In dieser Zeit gehe ich in offene Dialoge mit den Mitarbeitern. Das letzte Drittel verwende ich für Termine und betriebliche Notwendigkeiten.

Es geht ja im Haus der Arbeitsfähigkeit um die Balance zwischen Anforderung und Leistungsfähigkeit. Jetzt hat eine Führungskraft auch darauf zu achten, dass eine bestimmte Leistung erbracht wird, aber die Mitarbeiter verändern sich auch. Welche Anforderungen stellen Sie denn an die Mitarbeiter?
Ganz entscheidend ist für mich die enge Führung des Mitarbeiters. Nehmen wir mal einen Zeitraum von einem Jahr. Wenn ich einen Erfahrungsaustausch mit einem Mitarbeiter gemacht habe, dann findet eigentlich immer auch ein offener Dialog in diesem Zeitraum statt. Wenn sich Veränderungen beim Mitarbeiter ergeben sollten, dann ist es mitunter nicht ganz leicht, dieses sofort zu erkennen. Wenn ich aber Veränderungen feststelle, wird erneut ein Gesprächstermin vereinbart, um gemeinsam mit dem Mitarbeiter nach Lösungen zu suchen.

Ich kann also auch als Mitarbeiter zu Ihnen kommen und sagen, ich schaffe das so nicht mehr, ich brauche da Unterstützung?

Ja, selbstverständlich! Es gibt manchmal unvorhergesehene Situationen im Leben, welche auch besonderes Fingerspitzengefühl von mir verlangen. Das können gesundheitliche Probleme, familiäre Schwierigkeiten oder andere außergewöhnliche Belastungen sein. Diese Probleme können aber auch durch geänderte Rahmenbedingungen im Unternehmen begründet sein. Mitarbeiter stoßen plötzlich an ihre Grenzen. Für solche Probleme habe ich immer ein offenes Ohr. Es ist mein Ziel, die Mitarbeiter langfristig im Unternehmen zu halten und ihnen den Weg in die Rentenzeit zu ebnen. Die Rahmenbedingungen für einen Busfahrer sind aus meiner Sicht sehr eingeschränkt und oftmals belastend. Sobald Mitarbeiterinnen und Mitarbeiter die Vorgaben nicht mehr erfüllen können, überlegen wir uns gemeinsam durch Maßnahmen wie z.b. Arbeitszeitreduzierung oder Schichtveränderungen oder Aus- und Weiterbildung, die gesunde Balance wieder herzustellen.

Also die Arbeit besser an den Mitarbeiter anpassen? Soweit das eben möglich ist?

Genau, da sind wir sehr flexibel und können individuell handeln. Wir sind ein sehr mitarbeiterorientiertes Unternehmen und es gibt eigentlich immer Lösungen. Bedingung dafür ist natürlich, dass beide Seiten bereit sind, Kompromisse einzugehen. Geben und Nehmen müssen ausgewogen sein.

Es gibt ja diesen Spruch, wenn Sie das nicht mehr schaffen, dann müssen Sie eben gehen. Der spielt ja im Arbeitsleben eine große Rolle. Steigende Anforderungen, Kostendruck, wie kriegt man das unter einen Hut so als Führungskraft?

Das ist zum Teil sehr schwierig. Wir haben vor ein paar Jahren unsere Dienstplangestaltung an die Belastungsgrenzen unserer Mitarbeiter angepasst. Jeder Mitarbeiter kann seine Schichtart sowie die Länge der Arbeitszeit benennen, zum Beispiel frühe oder geteilte Schichten zwischen 170 und 180 Stunden monatlich. Dies ist ein ständiger Prozess, der es jederzeit ermöglicht, die Lage und Länge der Arbeitszeit anzupassen.

Jetzt haben Sie ja Erfahrungen gemacht mit diesem Vorgehen, was würden Sie sagen, in wieviel Prozent der Fälle klappt das so, dass alle Beteiligten zufrieden sind, also Führungskraft und Mitarbeiter?
Ich denke, die Zufriedenheit liegt so zwischen 80 und 90%.

Also die Mitarbeiter sehen auch, dass es sich lohnt, das mal zu besprechen?
Ja, das sehen wir aus den Ergebnissen des »anerkennenden Erfahrungsaustausches«. Wir führen auch Mitarbeiterbefragungen zum Thema Dienstplangestaltung durch. Darin wird deutlich, dass der Dienstplangestaltung eine hohe Bedeutung beigemessen wird. Die abgefragte Zufriedenheitsquote ist diesbezüglich sehr hoch.

Jetzt haben wir ja als äußere Rahmenbedingung für das Haus der Arbeitsfähigkeit den Kostendruck, der wird dem Unternehmen vorgegeben, und da ist ein wichtiger Punkt der Personalwirkungsgrad (PWG), der das Verhältnis von Belastungszeit zur Gesamtdienstzeit widerspiegelt, und es gibt eine Tendenz, den so hoch wie möglich zu treiben. Das heißt, der Fahrer soll so viel wie möglich fahren, und dann hat er halt nur die gesetzlich vorgeschriebenen Pausen. Haben Sie da eine Vorstellung für ältere Mitarbeiter, wo da die Grenze ist, dass die Dienste auch noch fahrbar sind?
Ich denke, auch da sind eher individuelle Lösungen richtig. Ich bin davon überzeugt, dass nicht jeder ältere Kollege seine Belastungsgrenzen überschreitet. Ich habe ganz viele junge Mitarbeiter, bei denen das heute schon stattfindet. Ich bin der Meinung, dass die individuellen Grenzen eines jeden Mitarbeiters sehr genau angeguckt werden müssen.

Ende 2009 war das Durchschnittsalter bei VHHPVG 46,5 Jahre, und man kann so grob sagen, 50% des Fahrpersonals sind älter als 47 Jahre. Wie soll das denn weitergehen mit Wohlbefinden und Lebensqualität der Beschäftigten im Fahrdienst? Die verändern sich ja auch. Nicht nur die Anforderungen, die das Unternehmen stellt, sondern auch die Mitarbeiter verändern sich. Haben Sie da individuelle Möglichkeiten, auf die Mitarbeiter einzugehen, gibt es konkrete Beispiele?
Auch hier tendiere ich zu individuellen Lösungen. Wir haben Mitarbeiter, welche ihre Wünsche über den anerkennenden Erfahrungsaustausch äußern. Das schauen wir uns sehr genau an. Wenn der Mitarbeiter an seine Belastungsgrenze kommt und mehr Freizeit benötigt, versuchen

wir das betrieblich mit einfließen zu lassen. So regeln wir unsere Arbeit, Betreuung und Führung der einzelnen Mitarbeiter.

Aber Sie kriegen es hin.
Ja.

Und das ist auch ein Ziel, das Sie als Führungskraft genauso vor Augen haben, wie Sie darauf achten müssen, dass die Arbeitsanforderung erfüllt wird? Die Linien müssen ja gefahren werden, trotzdem kann man das so oder so gestalten, verstehe ich Sie da jetzt richtig?
Richtig. Die betrieblichen Rahmenbedingungen sind natürlich zu erfüllen. Trotzdem wird darauf geachtet, die betrieblichen Anforderungen und die individuellen Wünsche der Mitarbeiter in Einklang zu bringen

Was ist denn nun der anerkennende Erfahrungsaustausch? Verraten Sie mal ihre Geheimnisse.
Der anerkennende Erfahrungsaustausch (AE) ist aus meiner Sicht der wichtigste Dialog mit dem Mitarbeiter. Ich nehme mir viel Zeit für diesen Dialog. Über die Fragen, die ich dem Mitarbeiter zu Stärken und Schwächen des Unternehmens stelle, erfahre ich ebenfalls viel über die Einstellung und Haltung des Mitarbeiters zum Unternehmen.

Das würde bedeuten, der Mitarbeiter ist eigentlich ein Träger wichtiger Informationen für Sie?
Ja, ich führe mit ca. 80-90% meiner Mitarbeiter den AE. Hierüber bekomme ich viele Anregungen, Ideen und Verbesserungen. Sie müssen sich das wie eine riesige Schatztruhe vorstellen. Darin befindet sich ein Geist mit unendlich vielen Ideen und Gedanken. Ganz wichtig ist das Ergebnis, welches sich nachher in der Praxis widerspiegelt.

Und den gilt es zu entdecken?
Den gilt es zu entdecken und zu leben.

Was ist so die typische Frage, mit der Sie das eröffnen? Ich bin Mitarbeiter und komme zu Ihnen zum AE, wie läuft das praktisch ab?
Die erste Frage lautet:»Was gefällt Ihnen besonders an Ihrer Arbeit?« Weitere interessante Fragen sind:»Was belastet und stört Sie?«,»Wenn Sie in meiner Position wären, was würden Sie als erstes verbessern?« Die Mitarbeiter fühlen sich über die Fragen ernst genommen, weil ich

sie hierüber als Berater sehe. Nicht so aufwändige Verbesserungsvorschläge werden sofort von uns umgesetzt.

Das wird dann ausgewertet oder wie läuft das ab?
Wir führen jedes Jahr regelmäßig diese Gespräche. Am Ende werden die Ergebnisse dann evaluiert und über Maßnahmen-Workshops umgesetzt.

Sie machen Notizen?
Während des Gesprächs protokolliere ich stichwortartig, um die Aufmerksamkeit beim Mitarbeiter belassen zu können. Im Anschluss schreibe ich dann ein ausführliches Gesprächsprotokoll, das die Mitarbeiter gerne einsehen und ggf. verändern können. Mir ist es sehr wichtig, dass sich der Mitarbeiter in diesem Protokoll wiederfindet.

Also wird anonymisiert ausgewertet, sodass man zum Schluss die Antworten auf Ihre Fragen hat, und wie ist denn so die Stimmung bei solchen Gesprächen, was beobachten Sie da?
Sehr positiv. Es macht einfach Spaß für beide Seiten, solche Gespräche zu führen. Für mich als Führungskraft ist das ein schöner Moment. Die Kollegen mussten am Anfang lernen, damit umzugehen. Es fehlte bei einigen zunächst das Verständnis, warum der AE überhaupt praktiziert wird. Nach nunmehr vielen Jahren des AE's freuen sich die Kollegen auf diese Gespräche. Mittlerweile kommen die Mitarbeiter nach erfolgter Einladung sogar sehr gut vorbereitet zu den Gesprächen. Sie haben konkrete Fragen und bringen viele Ideen mit in den AE.

Es gibt ja einen Spruch, dass man den AE als Führungskraft auf einen Freitag legen soll, damit man einen guten Start in das Wochenende hat? Ist da was dran?
Ja, das positive Erlebnis vor dem Wochenende ist gewinnbringend für alle Beteiligten.

Gut. Nun hat ja die VHHPVG ein neues Konzept, das darauf basiert, dass die unmittelbaren Vorgesetzten der einzelnen Betriebshöfe gestärkt werden sollen, dass die Kundenorientierung des Fahrpersonals gestärkt werden soll und dass die Kooperation in verschiedenen Bereichen wie Fahrdienst, Ausbildung etc. optimiert werden soll. Wie kommt das bei Ihnen in der Praxis an?

Sehr gut. Aufgrund der Dezentralisierung haben wir Führungskräfte die Möglichkeit, viel schneller Entscheidungen zu treffen, und zwar im Sinne unserer Kunden und Mitarbeiter.

Das heißt, dass Sie jetzt unmittelbar Entscheidungen treffen und verantworten?
Das ist richtig.

Da könnte man auch sagen, das ist eine ungeheure Last. Wie ist das in der Praxis? Wie war es früher?
Ganz im Gegenteil. Das Thema Perspektivwechsel wird von allen Mitarbeitern sehr positiv aufgenommen.

Also Entscheidungsbefugnisse halten gesund. Das ist eine arbeitswissenschaftliche Erkenntnis. Und: Fehlende Entscheidungsbefugnisse machen krank.
Das ist richtig.

Jetzt kommt aber noch ein zweiter Aspekt dazu, dass die Anzahl der Führungskräfte wohl erhöht werden soll, damit Sie weniger Menschen betreuen müssen. Ist da was in Gang gekommen?
Ja. Derzeit ist es so, dass auf unserem Betriebshof mit einer Personalstärke von 450 Mitarbeitern eine vernünftige Führung in der Praxis nicht umzusetzen ist. Um diese zu gewährleisten, ist eine Mitarbeiterstärke von 100 das Maximum.

Das Ziel wird angestrebt?
Ja. Es werden Veränderungen herbeigeführt, und ich denke, dass im Sommer 2011 das Ganze auch in der Praxis gelebt wird.

Und soweit ich mich erinnere, finden die neuen Führungskräfte, die jetzt gesucht werden, in ihren Verträgen, dass sie das Haus der Arbeitsfähigkeit mit Inhalt und Geist mittragen sollen und dass sie eingebunden werden auf die Forderung, dass sie ihren Beitrag leisten, dass sie ihre Mitarbeiter unterstützen, dass diese so lange wie möglich so gesund wie möglich im Arbeitsleben bleiben. Als kleine Zwischenfrage: Was ist eigentlich das Tolle an einem älteren Busfahrer? Man könnte ja sagen, um so älter sie werden, desto höher ist das Unfallrisiko, wie verhält es sich damit?

Aus meiner Sicht hat das Thema Unfallrisiko und Krankheitsanfällig-keit nichts mit dem Alter zu tun. Ich betrachte die älteren Mitarbeiter als Profis. Sie kennen ihren Job sehr genau. Sie gehen anders, locke-rer mit der Arbeitsbelastung um und können sich viel besser steuern. Sie beherrschen es auch deutlich besser, ihren Arbeitstag zu gestalten. Nach meiner Erfahrung haben die älteren Kollegen damit nicht mehr Schwierigkeiten als die Jüngeren.

Und wie ist es mit den Unfallzahlen?
Die Unfallzahlen sind bei älteren Arbeitnehmern geringer als bei jün-geren.

Also, es gibt gute Gründe, und das Unternehmen bereitet sich darauf vor, sodass der demografische Wandel nicht so das Problem ist.
Es ist erst dann ein Problem, wenn sich die Altersstruktur erhöht und viele Kollegen zeitgleich in Rente gehen. Dann müssen wir schauen, dass wir neue Mitarbeiter für das Unternehmen gewinnen können.

Der Herr Ilmarinen betont es immer wieder, die Führungskräfte haben allgemein den höchsten positiven oder negativen Einfluss auf die Arbeitsfähigkeit, auf die Balance zwischen Anforderung und Leistungs-fähigkeit. Ist das nicht auch ein Druck, wenn man sagt, Sie haben die Verantwortung? Wie sieht da Ihr Feierabend aus?
Ich nehme natürlich auch viele Dinge mit nach Hause. Aber dafür bin ich Führungskraft. Ich will mich auch damit beschäftigen und manch-mal habe ich zuhause auch die nötige Ruhe, über Dinge nachzuden-ken. Dabei entstehen oftmals Ideen, wie ich den nächsten Arbeitstag gestalte.

Wenn wir uns das Haus der Arbeitsfähigkeit ansehen mit den verschie-denen Stockwerken, dann zeigt sich, dass man unterschiedliche Din-ge in jedem Stockwerk in Angriff nehmen kann. Sind die Beschäftigten daran beteiligt, wie läuft denn so ein Prozess ab? Es gibt ja die Frage, was wollen Sie als Mitarbeiter tun, was kann das Unternehmen tun, dass Sie so lange so gesund wie möglich arbeiten können? Jetzt sagt der Mitarbeiter, ich möchte das gerne so machen, hat er eine Chance, das nach seinen Vorstellungen auszuprobieren?
Grundsätzlich hat er die Möglichkeit, denn wenn es in die Rahmen-bedingungen, die ja auch Voraussetzung sind, passt, dann wird es

auch immer individuelle Lösungen geben. Es kommt auch immer darauf an, um was für ein Thema es sich handelt und in welcher Form ich dem Mitarbeiter dort helfen kann. Die Möglichkeit besteht grundsätzlich aber immer.

Also das Ziel ist ein Dialog inklusive Entscheidung?
Genau.

Also nicht nur, dass man nett miteinander redet und sich freundlich anguckt, sondern wenn es möglich ist, soll der Mitarbeiter auch seine Wünsche einbringen können und umsetzen können.
Ja, das ist richtig. Eigentlich gehe ich in meinen Gesprächen immer eine Vereinbarung ein. In dieser Vereinbarung werden Lösungsansätze ausgetauscht und festgelegt. Es kann sein, dass themenabhängig ein weiteres Treffen vereinbart wird. In den Folgeterminen wird dann gemeinsam geschaut, ob die Ziele erreicht wurden oder ob weitere Lösungsansätze nötig sind.

Welche Unterstützung finden Sie da auch im Betrieb?
Um das alles auch leben zu können, benötige ich sehr viel Unterstützung. Die erhalte ich aber zu 100%.

Beispiele?
Thema Budget und Kosten. Solche Dinge kosten auch Geld. Das darf man nicht vergessen. Für mich ist das ganze Thema AE eine gute Investition. Das Haus der Arbeitsfähigkeit ist eine solche Investition. Dieser Geist wird von allen, vom Vorstand bis in den Betriebsbereich gelebt und auf die Mitarbeiter aus dem Fahrdienst gerichtet.

Jetzt braucht ein Team ja auch eine Führung, die Entscheidungen treffen muss und vielleicht auch harte Entscheidungen. Wie passt das in das Betriebsklima, das da entstehen soll?
Für mich ist primär wichtig, dass nachvollziehbare Entscheidungen getroffen werden.

Ralf Lukas/Thomas Scheel
Einbindung des demografischen Wandels in die Tariflandschaft der Verkehrsbetriebe Hamburg-Holstein AG
Ein Zwischenbericht

Die VHHPVG Unternehmensgruppe besteht aus vier Verkehrsunternehmen (ORD, ABG, PVG, VHH),[1] deren Eigentümer, über unterschiedliche Beteiligungen, mehrheitlich die Hansestadt Hamburg ist. Die Unternehmensgruppe betreibt im »Hamburger Speckgürtel« öffentlichen Personennahverkehr, das heißt, wir begleiten jährlich über 100 Millionen Kunden auf ihren Arbeitswegen und in ihrer Freizeit. Das leisten ca. 1.600 Mitarbeiter mit knapp 570 Linienbussen auf etwa 160 Linien. Das Bediengebiet erstreckt sich über die Hamburger Stadtgrenzen hinaus in das Schleswig-Holsteinische Umland und nach Niedersachsen. Die Verkehrsleistung wird derzeit innerhalb Hamburgs direkt vergeben; bei der Vergabe von Konzessionen und Verkehrsverträgen im Umland steht die Unternehmensgruppe im Wettbewerb mit anderen öffentlichen und privaten Anbietern.

Das Thema demografischer Wandel im VHH-Tarifvertrag bedeutet für uns als gewählte ver.di-Betriebsräte, dass wir unseren Fokus nur auf einen Teil dieser Unternehmensgruppe, nämlich den der Verkehrsbetriebe Hamburg-Holstein AG (im Weiteren VHH) und deren Manteltarifvertrag lenken dürfen.

Bei dem Mutterunternehmen VHH ist die Rede von rund 1.100 Mitarbeitern und Mitarbeiterinnen, davon ca. 900 im Fahrdienst beschäftigte, die verbleibenden 200 Mitarbeiter verteilen sich etwa je zur Hälfte auf Werkstatt und Verwaltung. Die VHH betreibt ihr Geschäft von sieben Standorten aus in Hamburg und Schleswig-Holstein. Die Arbeitnehmer-

---

[1] ORD: Orthmanns Reisedienst; ABG: Ahrensburger Busbetriebsgesellschaft; PVG: Pinneberger Verkehrsgesellschaft, VHH: Verkehrsbetriebe Hamburg-Holstein.

vertretung setzt sich wie folgt zusammen aus: drei Betriebsratsgremien (Elfer-, Siebener- und Fünferrat), einer fünfköpfigen Jugendausbildungsvertretung sowie drei Schwerbehindertenvertretern unter dem Dach eines Gesamtbetriebsrates.

Die tarifliche Historie fußt auf Eisenbahnertarif- und Versorgungsverträgen, die in den 1990er Jahren den Wölfen zum Fraße vorgeworfen wurden: Das heißt, um den wirtschaftlichen Wirkungsgrad zu verbessern, wurden Lohnbestandteile mit der Argumentation des europaweiten Wettbewerbs reduziert oder in Anwesenheitsprämien umgewandelt. Mit der Umkehrung der gesellschaftlichen Alterspyramide fanden sich Argumente, um die betriebliche Altersvorsorge zu beschneiden und die verbleibenden Lasten neu zu verteilen. Urlaubs- und Weihnachtsgeld wurden im Namen der Wettbewerbsfähigkeit drastisch gesenkt.

Verbliebene Kernelemente sind die Zuführung aller Mitarbeiter zur »Pensionskasse Deutscher Eisen- und Straßenbahner«, die Pflichtmitgliedschaft im firmeneigenen Sozialwerk sowie einige wenige tarifliche »Gimmicks«, die den Kolleginnen und Kollegen das derzeitige Ausbluten der Sozialversicherungen nicht gar so schmerzlich erscheinen lassen.

Das Durchschnittsalter der Beschäftigten lag zum Zeitpunkt unserer ersten Überlegungen bei knapp 49 Jahren, eine Betriebszugehörigkeit von 20 Jahren und mehr ist, trotz der oben genannten Widrigkeiten, keine Seltenheit. Diese Tatsachen veranlassten den VHH Betriebsrat, sich im Jahr 2008 erstmalig, abweichend von gängigen Ansätzen wie Lebensarbeitszeitkonten, Vorruhestandsregelung u.ä., mit dem Thema demografischer Wandel zu befassen. Schnell war klar, dass eine verlässliche Datenbasis nur mit einer regelmäßig durchgeführten Altersstrukturanalyse (ASA) einhergehen konnte. Eine Bemühung, dem personellen Desaster, welches in der Mitte des nächsten Jahrzehnts droht – die Hälfte der Belegschaft geht mehr oder weniger geschlossen in den Ruhestand – entgegenzuwirken, ist der seit 2007 bei der VHH erstmals angebotene Ausbildungsberuf zur »Fachkraft im Fahrbetrieb«. Jedes Jahr treten seitdem 15 bis 20 junge Menschen ihre dreijährige Berufsausbildung zu qualifizierten Dienstleistern an. Der geneigte Nachwuchs wird nach bestandener IHK Prüfung unbefristet in den Fahrdienst übernommen. In einer Protokollnotiz zum Tarifabschluss 2009 verpflichteten sich die Tarifparteien, binnen Jahresfrist einen Einstieg in einen Tarifvertrag zum demografischen Wandel zu finden. Hilfreich hierbei war ein Wechsel der Geschäftsleitung und der damit einhergehende Perspek-

Abbildung 1: Die Altersstrukturanalyse im betrieblichen Ablauf

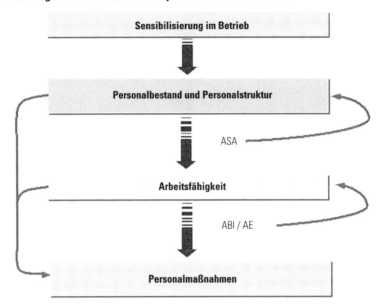

Quelle: Köchling 2005, BMBF-Vorhaben Demografie-Initiative II

tivwechsel sowie das dauerhafte Engagement des Betriebsärztlichen Dienstes, hier namentlich Frau Dr. Schramm und Herr Dr. Tempel.

Es ist nicht verwunderlich, dass eine kreative und an Veränderung interessierte Geschäftsleitung auf der einen Seite und eine aufgeschlossene und motivierte Arbeitnehmervertretung im Betriebsrat und in ver. di auf der anderen Seite sich zügig die Bälle zuspielten. Damit sind wir bei den Problemen der praktischen Umsetzung eines solchen Tarifvertrages. Um bei dem Bild zu bleiben – die zugespielten Bälle müssen vom Gegenüber auch aufgefangen werden können.

Betriebsräte tun sich schwer mit »weichen Themen«, da sie bekanntermaßen eher das Kontrollieren bzw. Überwachen von »harten Themen« anhand von Vereinbarungen, Tarifen und Gesetzestexten gewohnt sind. So sind auch die Vorschläge und Gedanken der Arbeitnehmervertretung eher ganz praktischer Natur.

Die Betriebsratsziele lauten:

■ Vernünftige Teilzeitmodelle

■ dreiminütige »Atempause« nach jeder Fahrt

- Reduzierung der dienstplanmäßigen Überstunden
- Schulbusplan (optional)
- Sonntags frei (Individuallösung)
- Keine Nachtschicht (Individuallösung)
- Wunschdienstplan
- Stammfahrzeug

Die Unternehmensziele lauten:

- Unsere Kundinnen und Kunden aus 15 unterschiedlichen Verkehrsmärkten fühlen sich bei uns wohl und ernst genommen.
- Dieser Perspektivwechsel erfordert betrieblich dezentrales Handeln und konzernweites Zusammenarbeiten.
- Beibehalten wollen wir hiermit sichere Arbeitsplätze für uns alle, und erreichen wollen wir, dass wir alle – jung und alt – unsere Arbeit gut und gerne bewältigen können.

Das Erarbeiten eines Tarifvertrags zum Demografiewandel steht und fällt nicht nur mit der Haltung beider Tarifparteien, sondern pflanzt sich fort bis zum wertschätzenden Umgang von Vorgesetzten mit jedem einzelnen Mitarbeiter. Um den Dialog zwischen Vorgesetzten und Belegschaft zu fördern, wurde von der Geschäftsführung und dem Betriebsrat eine intensivere Betreuung des einzelnen Fahrdienstkollegen initiiert, so wird angestrebt, 100 Mitarbeiter/innen (Fahrdienst) durch eine/n verantwortliche/n Betriebsleiter/in zu betreuen (bisher kommen cirka 225 Mitarbeiterinnen und Mitarbeiter auf einen Betriebsmanager). Sämtliche Führungskräfte in der Unternehmensgruppe mit disziplinarischer Personalverantwortung werden für die Durchführung der beiden Dialoge (AE/BEM) geschult und bekommen dafür ausreichend Arbeitszeit eingeräumt. So ist ein enger Kontakt zur Belegschaft sichergestellt und eine Differenzierung nach Alter, Betriebszugehörigkeit und individuellen Neigungen erst möglich.

Im Zuge der jährlich stattfindenden Weiterbildungsmaßnahme nach dem Berufskraftfahrerqualifizierungsgesetz gelang es, allen Kolleginnen und Kollegen»das Haus der Arbeitsfähigkeit« (siehe den Beitrag von Ilmarinen in diesem Band) und die daraus abzuleitenden Maßnahmen bekannt und vertraut zu machen.

»Unter Arbeitsfähigkeit verstehen wir dabei die Summe der Faktoren, die eine Frau oder einen Mann in einer bestimmten Situation in die Lage versetzen, eine gestellte Aufgabe erfolgreich zu bewältigen.«
(Ilmarinen/Tempel 2010: 166)

»Gesundheit und Leistungsfähigkeit« prägen das Erdgeschoss, aber diese Begriffe sind vielschichtig. Natürlich freuen wir uns alle über Gesundheit, nicht nur bei der Arbeit, sondern auch in der Freizeit. Aber Gesundheit schließt Krankheit mit ein, das wird noch deutlicher mit steigendem Durchschnittsalter der Belegschaft. Unsere Leistungsfähigkeit wird bestimmt durch die physische, psychische und soziale Verfassung, in der wir uns befinden. Diese kann gefördert oder beeinträchtigt werden, und dann stellt sich die Frage, wie wir damit umgehen können. Was wollen oder können wir selbst tun, und welche Hilfen finden wir mit Unterstützung des Vorgesetzten im Haus der Arbeitsfähigkeit?

»Kompetenz« wird im ersten Stock benötigt, um den Arbeitsalltag mit seiner Routine, aber auch ständig wechselnden Anforderungen in der Arbeit zu bewältigen. Die gute Fachausbildung der jüngeren und das spezifische Erfahrungswissen der mittleren und älteren Altersgruppe werden hier miteinander kombiniert. Soziale Kompetenz im Umgang mit Menschen fördert die Atmosphäre und die Leistung am Arbeitsplatz, im Team oder im Bus. Versäumnisse in diesem Bereich können nicht durch »Fitness« ausgeglichen werden. Maßnahmen zur Erhaltung und Entwicklung der Kompetenz sind zugleich Maßnahmen der Gesundheitsförderung.

»Werte«, »Einstellungen« und »Motivation« beeinflussen unser Verhalten am Arbeitsplatz weit über die pflichtgemäße Routine hinaus. Im zweiten Stock entstehen die Betriebskultur und das Betriebsklima, in dem wir uns bewegen. Arbeit soll auch Freude bereiten und sinnvoll sein. Kreativität und Ideen brauchen einen Raum, in dem sie sich entwickeln können, von dem aus aber auch Einfluss genommen werden kann in alle Richtungen des Hauses. Hier entscheidet sich, wie mit Konflikten und Veränderungsprozessen umgegangen wird. Anerkennung, Wertschätzung und Vertrauen bilden die Grundlage für die Atmosphäre, die in diesem Stockwerk herrscht.

»Arbeit«, »Arbeitsumgebung« und »Führung« im dritten Stock haben den größten Einfluss auf die Arbeitsfähigkeit der Menschen. Gesundheitsfördernde Führung ist sowohl Krönung als auch Fundament für die betriebliche Arbeitsfähigkeitsförderung. Auf der einen Seite ermöglicht erst die Führungsentscheidung, Gesundheitsangebote wahrzunehmen und die Arbeit gesundheitsfördernd zu gestalten. Darüber hinaus hat jede getroffene Entscheidung Einfluss auf die Rahmenbedingungen zur Gesundheitsvorsorge. Das Führungsverhalten hat Auswirkungen auf Motivation und Leistungsbereitschaft, Arbeitszufriedenheit und Befinden der Mitarbeiterinnen und Mitarbeiter (siehe dazu den Beitrag von Jutta Schramm/Jürgen Tempel in diesem Band).

Die Erkenntnis, dass ältere Busfahrerinnen und -fahrer aufgrund ihrer Lebens- und Berufserfahrung ein wertvolles Gut sind, konnte allseitig vermittelt werden. Kolleginnen und Kollegen jenseits des 50. Lebensjahres haben im Schnitt weniger Kurzzeiterkrankungen, verursachen weniger Verkehrsunfälle und wirken bei Konflikten mit Kunden deeskalierender. Parallel sind in den letzten Tarifverhandlungen die unsäglichen Anwesenheitsprämien, unter den Kollegen als »Knochengeld« berüchtigt, abgeschafft und zum überwiegenden Teil wieder in feste Gehaltsbestandteile umgewandelt worden. Des Weiteren haben sich die Tarifparteien dahingehend verständigt, dass neuen, geeigneten Kollegen sofort nach dem Erwerb des KOM-Scheins[2] und beendeter Probezeit ein unbefristeter Arbeitsvertrag angeboten wird.

Arbeitsfähigkeit heißt also nicht zwingend die Abwesenheit von Krankheit. Zum Beispiel sind gut eingestellte Diabetiker sowie andere individuell Eingeschränkte sehr wohl in der Lage, unter bestimmten Rahmenbedingungen ihre Arbeit bis zum Erreichen der Regelaltersrente gut und gerne zu erfüllen. Leider hat sich diese anerkennende und wertschätzende Sichtweise noch nicht zur Gänze in den betrieblichen Werkstätten und der Verwaltung durchgesetzt. *»Die Balance zwischen Lebensqualität und Wohlbefinden auf der einen und den Anforderungen der Arbeitswelt auf der anderen Seite muss stimmen.«* Um diese Balance zu erreichen, bedarf es geeigneter Maßnahmen. Zunächst einmal ist es aber erforderlich, »ausgewogene Balance« und »gestörte Balance« zu definieren und zu erkennen. Hier hat sich der Arbeitsbewältigungsindex (ABI) als brauchbarer Indikator erwiesen.

Balancewert	Balance-Einstufung	Schutz- bzw. Förderziele
44-49	»Sehr gute« Balance	Arbeitsfähigkeit erhalten
37-43	»Gute« Balance	Arbeitsfähigkeit erhalten bzw. unterstützen
28-36	»Mäßige« Balance	Arbeitsfähigkeit verbessern
7-27	»Kritische« Balance	Arbeitsfähigkeit wieder herstellen

---

[2] Erlaubnis zur Beförderung von Personen in Kraftomnibussen.

Aus über 900 ABI-Dialogen, die der Betriebsärztliche Dienst in den letzten Jahren, mit Zustimmung des Betriebsrates und auf freiwilliger Basis, im Nachgang an die turnusmäßige betriebsärztliche Untersuchung mit den Kolleginnen und Kollegen geführt hat, ergab sich ein durchschnittlicher ABI von 42,6. Dieses Ergebnis mag zunächst beruhigen, es bedeutet aber auch, dass ca. 10% der Belegschaft einen »mäßigen« oder »kritischen« ABI haben. Es sei an dieser Stelle betont, dass es »per se« keine Menschen mit einem schlechten ABI gibt, lediglich die Balance Einzelner kann zeitweise unausgewogen sein.

Der ABI lässt sich zur Ermittlung grober Kennwerte als Werkzeug in einem Tarifvertrag »Demografischer Wandel« nutzen und festschreiben, er ist aber, wie schon erwähnt, nur ein Indikator und zwar ein Indikator für die »Kollektive Balance« im Unternehmen. Der unausgewogenen Balance Einzelner wird man so nicht gerecht. Hier bedarf es sozialer Kompetenz und einer »Haltung des Wollens« sowohl seitens der Führungskräfte als auch seitens des Kollegen. Der Rahmen muss stimmen, das heißt, gibt es Erschwernisse im privaten Umfeld, so sollten die Kollegen in die Lage versetzt werden, diese zu erkennen und ggf. zu beheben; liegen die Schwierigkeiten im betrieblichen Bereich, so sollte die Führungskraft die Durchsetzungsfähigkeit haben, individuelle, aber auch kollektive Rahmenbedingungen neu zu gestalten. Das Haus der Arbeitsfähigkeit hat gezeigt, dass schlechte Führung krank machen kann. Wir wollen, dass gute Führung zu sehr guter individueller Balance führt. Ein weiterer Schritt auf diesem Weg ist der weit über das betriebliche Eingliederungsmanagement (BEM) hinausgehende, in diesem Buch von unserem Kollegen Matthias Stricker vorgestellte »Anerkennende Erfahrungsaustausch (AE)«.

Einmal jährlich werden diese Dialogergebnisse (AE) anonymisiert ausgewertet und aufbereitet. In Workshops gemeinsam mit Führungskräften, Betriebsräten und Betriebsärzten werden geeignete Maßnahmen verabschiedet, um

- Stärken der VHH nach Möglichkeit zu erhalten beziehungsweise auszubauen und damit zu stärken,
- Schwächen des Unternehmens abzuschaffen beziehungsweise zu verringern und
- das Vertrauen in die Führungskräfte und das Unternehmen zu stärken.

Für den Tarifvertrag »Demografischer Wandel« erwarten wir, zusätzlich zur qualifizierten Aufarbeitung des AEs, einen weiteren Schritt in diese Richtung, nämlich eine dialogfähige, der Verschwiegenheit verpflichtete, paritätisch besetzte Kommission (VHH, ver.di), welche sich achtsam dem geringen Prozentsatz von Kollegen widmet, deren Balance mit den gebotenen Mitteln nicht stabilisiert werden konnte. Dieses Team entwickelt verbindliche Lösungen, die dem Einzelnen (und somit dem Unternehmen) nützen. Beispielhaft sind hier zu nennen: Mischarbeitsplätze, Wiedereingliederungsmaßnahmen, individuelle Dienstplangestaltung usw.

Ein derartiges Engagement steht und fällt, wie schon mehrfach erwähnt, mit den handelnden Personen. Sollte sich herauskristallisieren, dass ein Strang (Arbeitgeber, Betriebsärztlicher Dienst, Betriebsrat) des Seils, an dem wir gemeinsam ziehen, reißt, so ist es wichtig, dass der Tarifvertrag »Demografischer Wandel« sofort und ohne Nachwirkung kündbar ist.

Literatur

Ilmarinen, J./J. Tempel (2002): Arbeitsfähigkeit 2010, Hamburg: VSA.

Jutta Schramm/Jürgen Tempel
ABI-Dialog – Rückblick über zehn Jahre

Seit 2002 betreuen wir zu zweit betriebsärztlich die Verkehrsbetriebe Hamburg-Holstein AG, ein Unternehmen des Öffentlichen Personennahverkehrs (ÖPNV); 2009 ist ein weiterer Teil der VHH PVG Unternehmensgruppe, die Pinneberger Verkehrsgesellschaft mbH, hinzugekommen (zu den Unternehmensdaten siehe den Kasten auf Seite 109).

Warum das ABI-Konzept?

Nach dem Arbeitssicherheitsgesetz haben Betriebsärztinnen und -ärzte das Unternehmen zu den Themen Arbeitsschutz, Unfallverhütung und Gesundheitsschutz zu beraten und die vorgeschriebenen arbeitsmedizinischen Untersuchungen durchzuführen.

Mit zunehmendem Wettbewerb, dem die Unternehmen ausgesetzt sind, verändern sich die Arbeitsanforderungen fortlaufend nach Qualität und Intensität. Gleichzeitig verändern sich aber im Zusammenhang mit dem demografischen Wandel die individuellen Fähigkeiten der Beschäftigten. Die große Mehrheit der Fahrerinnen und Fahrer möchte gerne bis zur Regelrente im Fahrdienst bleiben. Dies wird gefördert durch ihre wachsende Berufserfahrung und den spezifischen Fahrstil: Mit steigendem Alter und Fahrpraxis sinkt die Zahl der verschuldeten und unverschuldeten Unfälle pro Fahrer (Ell 1995). Auf dieser Grundlage ist jede/r Mitarbeiter/in, der/die aus Gesundheitsgründen vorzeitig aus dem Beruf ausscheiden muss, eine/r zuviel. Diesen Prozess positiv zu beeinflussen, ist u.E. eine wesentliche Aufgabe eines betriebsärztlichen Dienstes.

Das Motto unserer Tätigkeit lautet daher: Was können Sie – die Beschäftigten – und was kann das Unternehmen tun, damit Sie so lange wie möglich so gesund wie möglich im Arbeitsleben verbleiben können? Und wie können wir Betriebsärzte diesen Prozess unterstützen?

Die Grundlage unserer Tätigkeit bildet das Arbeitsbewältigungskonzept, anschaulich dargestellt durch das »Haus der Arbeitsfähigkeit«

130   Jutta Schramm/Jürgen Tempel

(HdA), beides wurde von Herrn Prof. Ilmarinen entwickelt (siehe dazu seinen Beitrag in diesem Band sowie u.a.: Ilmarinen/Lehtinen 2004; Ilmarinen 2006; Ilmarinen/Tempel 2007).

Im Haus der Arbeitsfähigkeit sind alle wichtigen Bereiche abgebildet, die für die Arbeitsfähigkeit eines Menschen von Bedeutung sind: die Gesundheit und Leistungsfähigkeit des einzelnen Mitarbeiters, die fachliche Kompetenz, die Werte, Einstellungen und Motivation des Einzelnen und des Unternehmens, die Arbeit, Arbeitsumgebung und Führung, aber auch die Familie, das persönliche Umfeld und die regionale Umgebung sowie die Gesellschaft.

Diese Sichtweise auf die Arbeitsfähigkeit eröffnet dem Unternehmen neue Möglichkeiten, frühzeitig Maßnahmen der betrieblichen Gesundheitsförderung zur Vermeidung vorzeitiger Erwerbsunfähigkeit durchzuführen. Voraussetzung dafür ist eine gleichberechtigte, interdisziplinäre Zusammenarbeit aller Beteiligten aus den verschiedenen Stockwerken. Im Gespräch mit den Betroffenen können so Problemfelder und deren Rangfolge ermittelt und damit einer Lösung näher gebracht werden.

Wichtig ist für die Beschäftigten ebenso wie für das Unternehmen die Balance zwischen der gestellten Arbeitsanforderung (Produktivität und Qualität) und dem aktuellen Potenzial (Lebensqualität und Wohlbefinden). Das Mitarbeiter-Potenzial beschreibt die Fähigkeit (Stärken und Schwächen) eines Menschen, eine gestellte Arbeitsaufgabe zu einem bestimmten Zeitpunkt zu bewältigen.

Dieses Potenzial kann mit Hilfe des Arbeitsbewältigungsindexes gemessen und bewertet werden. Der dafür entwickelte Fragebogen (Tuomi/Ilmarinen et al. 2001, s.a. Tabelle 2 im Beitrag von Geißler u.a.) beinhaltet folgende Kategorien:
1. Derzeitige Arbeitsfähigkeit im Vergleich zur besten je erreichten (max. 10 Punkte)
2. Arbeitsfähigkeit in Relation zu den Anforderungen der Arbeitstätigkeit, körperlich und psychisch (max. 10 Punkte)
3. Anzahl der aktuellen, vom Arzt diagnostizierten Krankheiten (max. 7 Punkte)
4. Geschätzte Beeinträchtigung der Arbeitsleistung durch die vorliegenden Krankheiten (max. 6 Punkte)
5. Krankenstandstage in den letzten zwölf Monaten (max. 5 Punkte)
6. Einschätzung der eigenen Arbeitsfähigkeit in zwei Jahren (max. 7 Punkte)
7. Psychische Leistungsreserven (max. 4 Punkte)

Die Bewertung der Antworten[1] wird mit einer bestimmten Punktanzahl berechnet und ergibt so einen Wert, der in vier Ergebnisbereiche eingeordnet werden kann (siehe dazu auch den Beitrag von Richenhagen in diesem Band: sehr gut (Erhaltung der Arbeitsfähigkeit/Balance, 44-49 Punkte), gut (Förderung der Arbeitsfähigkeit/Balance, 37-43 Punkte), mäßig (Verbesserung der Arbeitsfähigkeit/Balance, 28-36 Punkte) und schlecht (Wiederherstellung der Arbeitsfähigkeit/Balance, 7-27 Punkte). Die ersten beiden Gruppen möchten wir als »Schatzpflege« bezeichnen, die beiden letztgenannten Gruppen »Stärken und Fördern« nennen.

Die bisherigen Erfahrungen mit diesem Erhebungsinstrument zeigen, dass die Selbsteinschätzung des Betroffenen und die Fremdeinschätzung der Experten (Arbeitsmediziner, Arbeitswissenschaftler usw.) nur wenig voneinander abweichen und damit einen hohen Aussagewert haben. Die Anwendung dieses Fragebogens erfolgt in dem Unternehmen seit 2002. Dem wurde selbstverständlich von der Unternehmensleitung zugestimmt und die Anwendung wird mitbestimmt durch den Betriebsrat. Der Datenschutz muss gesichert sein, der Datenschutzbeauftragte hat der Erhebung zuzustimmen. Eine Grundlage der Auswertung ist eine Altersstrukturanalyse, die von der Personalwirtschaft durchgeführt wird.

Die Teilnahme der Mitarbeiterinnen und Mitarbeiter an dieser Befragung ist freiwillig. Neben dem persönlichen Gespräch im Rahmen der Befragung geben wir mit Einverständnis des Mitarbeiters die Daten in eine Statistik ein (statt des Namens ein Kennwort) und haben so die Möglichkeit, dem Unternehmen auf der Grundlage der ausgewerteten Daten in anonymer Weise kritische Zusammenhänge aufzuzeigen, die u.E. eine Verbesserung der Arbeitsbedingungen erfordern.

In diesem persönlichen Gespräch, dem ABI-Dialog, wird das Ergebnis mit dem/der Mitarbeiter/in besprochen, die Plausibilität – »Können Sie das Ergebnis nachvollziehen?« – überprüft und ggf. erste Schritt festgelegt, die für eine Verbesserung notwendig erscheinen. Dabei sollen die Beschäftigten möglichst selbständig handeln, auf Wunsch können wir uns aber auch einschalten (Tempel 2004).

Der ABI gehört u.E. in die Hand eines arbeitsmedizinischen oder eines arbeitspsychologischen Dienstes eines Unternehmens oder eines externen Anbieters. Neben der Fachkompetenz muss die berufsspezi-

---

[1] Eine überarbeitete deutsche Fassung wird von der Bundesanstalt für Arbeitsschutz und Arbeitsmedizin herausgegeben: Hasselhorn/Freude 2007.

fische Schweigepflicht anerkannt und gesichert sein. In Finnland wurden gute Erfahrungen gewonnen mit der Durchführung der Befragung auch durch Assistenzpersonal. Es muss aber eine individuelle Betreuung und – bei Bedarf – eine ärztliche Beratung gewährleistet sein.

Cirka ein Drittel unserer Einsatzzeit wird durch arbeitsmedizinische Tätigkeiten ausgefüllt, dies sind Beratungen ebenso wie erforderliche Untersuchungen. Dazu kommen die verkehrsmedizinischen Untersuchungen, die für jeden Fahrdienstmitarbeiter alle fünf Jahre stattfinden. Dabei legen wir den Mitarbeiterinnen und Mitarbeiter in den meisten Fällen (wenn die Zeit es zulässt) den Arbeitsbewältigungsfragebogen mit Zusatzfragen (z.B. Zufriedenheit mit dem Betriebsklima, den Vorgesetzten, den betrieblichen Leistungen, der Bezahlung usw.) vor.

Aber auch im Rahmen von Wiedervorstellungen nutzen wir diesen Fragebogen, um den aktuellen Stand des Mitarbeiters/der Mitarbeiterin bezüglich seiner/ihrer Arbeitsfähigkeit zu ermitteln und einen Verlauf erkennen zu können. Besonders wichtig ist dies für ältere Beschäftigte. Es ist bekannt, dass zwischen dem 40. und 50. Lebensjahr der Anteil der Personen mit eingeschränkter Arbeitsfähigkeit zunimmt. Wir haben die Erfahrung gemacht, dass wir mit Hilfe des Fragebogens die Mitarbeiter besser beraten können. Sinnvoll ist auch eine Befragung vor und nach einer Rehabilitationsmaßnahme, um mögliche Veränderungen in der Arbeitsfähigkeit zu sehen. Nach unserem Eindruck bekommen wir durch diesen im Zweiergespräch stattfindenden Dialog in kurzer Zeit

■ viele, vertiefte Informationen
■ und damit ein besseres Verständnis (z.B. für das betriebliche/private Engagement des Mitarbeiters/der Mitarbeiterin).

Wir als Betriebsärzte haben durch diesen intensivierten Kontakt zudem mehr Freude an der Arbeit.

Der Mitarbeiter

■ kann seine eigene Situation besser verstehen
■ die eigene Position wird klarer
■ er wird vom Objekt zum Subjekt und kann aktiv Entscheidungen fällen, deren Schwerpunkte und Rangfolgen er möglichst weitgehend selbst bestimmen kann.

Die verkehrsmedizinischen Untersuchungen nehmen einen breiten Raum unserer Einsatzzeit ein. Geplant werden in der Regel eineinhalb Stunden für eine verkehrsmedizinische Untersuchung ohne und zwei Stunden mit Reaktionstest. Für eine Wiedervorstellung werden 30 Minuten eingeplant. Damit wird eine ruhige und mitarbeiterzentrierte Kommunikation ermöglicht und in vielen Fällen steht uns die erforderliche Zeit zur Verfügung, um den Mitarbeiterinnen und Mitarbeitern mit ihrem Einverständnis den Arbeitsbewältigungsfragebogen vorzulegen.

Da der Arbeitsbewältigungsindex die subjektive Beanspruchung der Beschäftigten erfasst, aber nicht aufzeigt, was richtig oder falsch läuft, haben wir neben den schon genannten Kategorien Fragen zu Belastungen/Ressourcen aufgenommen, z.b. zur Arbeitsgestaltung, Führungsverhalten und sozialem Umfeld, die ebenfalls für die Arbeitsfähigkeit wichtig sind. Dies sind z.b. die Zufriedenheit mit der Bezahlung, dem Betriebsklima, der Kommunikation mit dem Vorgesetzten, der möglichen Problemlösung mit dem Vorgesetzten und den Kollegen, dem allgemeinen Führungsstil im Unternehmen, den betrieblichen Sozialleistungen und der Fortbildung.

Welche Erkenntnisse ergeben sich aus den vorliegenden Daten?

Dazu einige Beispiele, die wir in den *ersten Stock des Hauses der Arbeitsfähigkeit* einordnen können:

Nach zehn Jahren betriebsärztlicher Tätigkeit im Unternehmen mit ca. 1.200 Befragungen (die bei den Anteilen von Alter und Geschlecht den betrieblichen Gegebenheiten entsprechen) geben 90% der Mitarbeiterinnen und Mitarbeiter eine gute bis sehr gute Arbeitsbewältigungsfähigkeit an, sie bewältigen ihre Arbeitsaufgabe optimal, beruflich ebenso wie privat. Cirka 10% der Beschäftigten waren/sind in ihrer Arbeitsbewältigungsfähigkeit und damit in ihrer mittel- und langfristigen Erwerbsfähigkeit gefährdet (also ca. 160 Beschäftigte!). In der Regel sind zunächst Diagnostik und Therapie sowie ggf. eine Rehabilitationsmaßnahme erforderlich. In diesem Zusammenhang müssen aber parallel auch die Arbeitsanforderungen überprüft und, soweit möglich und sinnvoll, angepasst werden. Hierbei spielt auch das betriebliche Eingliederungsmanagement (BEM) eine wichtige Rolle.

Die Frage an die Mitarbeiterinnen und Mitarbeiter nach der Gewichtung ihrer Arbeit im psychischen und/oder körperlichen Sinne verdeutlicht den Zusammenhang mit dem Alter, da die subjektiv empfundene körperliche Belastungswahrnehmung altersabhängig zunimmt, nicht nur bei körperlich schwerer Arbeit, sondern z.B. auch im Schichtdienst. Im Unternehmen fühlen sich die älteren Beschäftigten im Fahrdienst überwiegend körperlich wie psychisch in gleichem Maße gefordert, im Bereich Werkstatt/Pflegehalle fühlen sich die Beschäftigten stärker körperlich gefordert. In der Verwaltung liegt der Schwerpunkt eindeutig in der stärkeren psychischen Arbeitsanforderung.

Es zeigt sich kein bedeutsamer Zusammenhang zwischen dem Alter, dem Tätigkeitsbereich und der Bewertung der aktuellen Arbeitsfähigkeit. Dies ist eine wichtige Besonderheit im ÖPNV. Insgesamt zeigt das Ergebnis, dass das Verhältnis von betrieblicher Arbeitsanforderung zu individueller Leistungsfähigkeit ausgeglichen ist.

Mit der Anzahl der Erkrankungen und dem Alter ergibt sich – erwartungsgemäß – ein statistisch signifikanter Zusammenhang. Das Maximum der Befragten, die akut keine Erkrankung haben, liegt mit ca. 40% in der Altersgruppe 40-49 Jahre. Hier liegt auch das Maximum für die Beschäftigten mit einer Krankheit, während das Maximum für zwei und mehr Erkrankungen in der Altersgruppe 50-59 Jahre liegt.

Cirka 85% der Befragten verspüren aber keine Beeinträchtigung oder kommen damit bei der Arbeit recht gut zurecht. Dieses Ergebnis zeigt, dass in alternden Belegschaften mit Krankheiten in zunehmendem Maße gerechnet werden muss und dass aus Beschwerden Beeinträchtigungen der Gesundheit und damit auch des Lebensstils und der Arbeitsfähigkeit werden können. Wir fragen auch nach »Eigendiagnosen«. Das sind Beschwerden und Gesundheitsprobleme, mit denen die Befragten in Selbsthilfe/Gewöhnung »zurechtkommen«, möglicherweise mit Hilfe von Bewegung/Sport, Hobbies usw. Circa 30% geben diese Beeinträchtigung an, aber fast 90% haben entweder keine Erkrankung oder sie empfinden keine Beeinträchtigung ihrer Arbeitsleistung. Betriebliche Gesundheitsförderung und Unternehmenskultur tragen systematisch zur Erhaltung dieser Fähigkeiten bei.

Eine weitere Frage ist die nach dem Krankenstand in den letzten zwölf Monaten. Die Befragten geben aus ihrer Erinnerung an, wie viele Tage sie aus Krankheitsgründen gefehlt haben. Ein Viertel der Befragten hat zehn Tage und mehr gefehlt, drei Viertel waren nicht oder maximal neun Tage krank. Mit steigendem Alter steigt auch die Anzahl der Fehltage. Andererseits finden wir in der Gruppe 60 plus einen deutlich niedrigeren Krankenstand: Hier findet man eine Gruppe von Beschäftigten überwiegend aus dem Fahrdienst, die gerne noch weiter arbeiten, teilweise in Teilzeit (400,00 Euro) oder auch (noch) im Altersteilzeitmodell, z.B. »eine Woche arbeiten – eine Woche frei«, mit dem die Mitarbeiterinnen und Mitarbeiter überwiegend zufrieden sind.

Des Weiteren geht es um die Einschätzung der eigenen Arbeitsfähigkeit in zwei Jahren. 95% sind sich sicher, ihre Tätigkeit, ausgehend von ihrem jetzigen Gesundheitszustand, auch in zwei Jahren noch ausführen zu können, 4% sind unsicher und 1% haben erhebliche Zweifel. Diese Beschäftigten benötigen aus betriebsärztlicher Sicht sofortige Unterstützung, um eine vorzeitige Erwerbsunfähigkeit zu verhindern. Entscheidend ist hierbei die gemeinsam mit den Beschäftigten durchzuführende Einzelberatung mit der Analyse der Probleme und der Festlegung der nächsten Schritte. Mit Einverständnis der Betroffenen werden dabei in der Regel auch die Vorgesetzten und/oder ein Betriebsratsmitglied eingeschaltet.

67% der Mitarbeiterinnen und Mitarbeiier gehen davon aus, dass sie bis zur Regelrente arbeiten können, 10% können sich das nicht vorstellen, 18% sind unsicher und 4% wollen nicht oder haben einen anderen Plan. Besonders bei älteren Beschäftigten müssen wir davon ausgehen, dass wichtige Veränderungen der Gesundheit oder die Entwicklung von Krankheiten um das 50. Lebensjahr auftreten. Um zeitnah darauf reagieren zu können (und nicht nur im Fünf-Jahres-Rhythmus der verkehrsmedizinischen Untersuchungen), gliedern wir unsere Tätigkeit in unserer täglich geführten Statistik neben den schon erwähnten verkehrsmedizinischen Untersuchungen ohne und mit Reaktionstest im Wesentlichen in die Wiedervorstellungen auf Wunsch des Betriebsärztlichen Dienstes (diese stellen den größten Anteil dar, z.b. wegen chronischer Erkrankungen wie Zuckererkrankung, Herzerkrankung usw.), nach längerer Arbeitsunfähigkeit (Betriebliches Eingliederungsmanagement), auf Wunsch des Mitarbeiters oder des Vorgesetzten sowie Einstellungsuntersuchungen. Dieses Vorgehen ermöglicht uns, gerade die Mitarbeiterinnen und Mitarbeiter, die eine oder mehrere chronische Erkrankungen aufzuweisen haben, je nach Erfordernis engmaschig zu begleiten.

Wir steigen nun in den *zweiten Stock des Hauses der Arbeitsfähigkeit*: Kompetenz stabilisiert die Balance!
In den Zusatzfragen ist auch die Frage nach der Zufriedenheit mit der angebotenen Fortbildung enthalten. Ausbildung, kontinuierliche Weiterbildung und erworbenes Erfahrungswissen der Beschäftigten sind entscheidende Voraussetzungen für die Bewältigung der Arbeitsanforderungen. Dabei setzt sich die professionelle Handlungskompetenz aus der Fachkompetenz (schulische Vorbildung und Ausbildung als Grund-

lage der beruflichen Arbeit), der Methodenkompetenz (kontinuierliche Weiterbildung im Verlauf des Arbeitslebens als wesentlicher Bestandteil des Erfahrungswissens) und der Sozialkompetenz, die sich im guten Kontakt mit Kunden, Vorgesetzten und Kollegen zeigt, zusammen. Kompetenz ohne Entscheidungsbefugnisse aber kann nicht wirksam werden. Deshalb haben wir die Frage nach der Zufriedenheit mit den Entscheidungsbefugnissen aufgenommen. Knapp 90% der Mitarbeiterinnen und Mitarbeiter sind zufrieden und sehr zufrieden. Ca. 12% sind unzufrieden und sehr unzufrieden. Diese Gruppe der Beschäftigten, das zeigt die weitere Untersuchung, ist in ihrer Balance zwischen Arbeitsanforderung und Leistungsfähigkeit beeinträchtigt. Ihre Mitglieder haben (statistisch signifikant) deutlich niedrigere ABI-Werte.

Wir fragen ebenfalls nach der Bewältigung der sozialen Arbeitsanforderungen (Umgang mit Fahrgästen, Kollegen und Vorgesetzten) z.B. auch als wichtiges Signal für die Frage der Ausbildung und Gewinnung der jungen Beschäftigten im Unternehmen und die Freude an der Arbeit.

Insgesamt sind die Beschäftigten zufrieden mit ihrer beruflichen Handlungsfähigkeit, basierend auf ihrer Ausbildung (die Fahrschule findet überwiegend im eigenen Unternehmen statt) und der jährlichen Weiterbildung im Konzern.

3. Stock des Hauses der Arbeitsfähigkeit:
Das Betriebsklima fördert das Zusammenarbeiten!
Durch die Arbeit und Kooperation der Beschäftigten untereinander sowie den Vorgesetzten wird die Handlungsfähigkeit eines Teams bestimmt und der Erfolg ist entsprechend. Hier spielen die Werte, Einstellungen und die Motivation jedes Einzelnen eine wichtige Rolle für die Ausführung der Arbeitsaufgabe und die Organisation der Arbeitsabläufe. Für ein gutes Miteinander ist die Kommunikation untereinander und mit dem unmittelbaren Vorgesetzten wichtig. 70-80% haben diese mit »gut« bis »sehr gut« bewertet, wobei der Anteil der Mitarbeiterinnen und Mitarbeiter, die diese Frage in den letzten beiden Jahren mit »mäßig« und »schlecht« bewertet haben, von ca. 6 auf 14% gestiegen ist. Diese Mitarbeitergruppe weist auch eine deutlich schlechtere Arbeitsfähigkeit auf, sodass diese Entwicklung genau beobachtet werden muss. Die Frage nach der »Möglichkeit, Probleme mit den Kollegen und Vorgesetzten zu besprechen und zu lösen«, zeigt insgesamt über Jahre ein gutes Ergebnis bei entsprechender Arbeitsfähigkeit.

In einem Team spielt die gegenseitige Unterstützung eine wichtige Rolle. Deshalb fragen wir nach dem Rückhalt bei den unmittelbaren Vorgesetzten und den unmittelbaren Arbeitskollegen bei der Bewältigung der Arbeit. 30-40% beantworten diese Frage im Laufe der letzten fünf Jahre mit »teils-teils«, ca. 50% empfinden diesen Rückhalt als »sehr stark« bis »stark«, ca. 20% sind unzufrieden. Dies muss im weiteren Verlauf beobachtet werden. Die Frage nach der Zufriedenheit mit dem Betriebsklima verschlechtert sich seit 2007 auf mehr als ein Drittel unzufriedener Mitarbeiterinnen und Mitarbeiter. Im Zusammenhang mit einer geringeren Arbeitsfähigkeit in dieser Mitarbeitergruppe ist das eine ernstzunehmende Entwicklung.

4. Stock des Hauses der Arbeitsfähigkeit: Führen und Balancieren im Dialog

Wir wissen aus finnischen Forschungen, dass die Führung eines Unternehmens – und das beginnt bei dem unmittelbaren Vorgesetzten – den höchsten Einfluss auf die Erhaltung und Weiterentwicklung der Arbeitsbewältigungsfähigkeit hat. Zusammen mit der Arbeitsgestaltung und der Arbeitsumgebung kann die Balance zwischen der Arbeitsanforderung und der persönlichen Leistungsfähigkeit hier zu 60% beeinflusst werden, während die Stockwerke eins bis drei zusammen zu 40% beteiligt sind. Zufriedenheit mit der Führung, geregelte Kontakte und Beteiligung der Beschäftigten sind die Kernelemente der betrieblichen Gesundheitsförderung. Die Kombination der verschiedenen Faktoren des ABI-Konzeptes sichert die besten Möglichkeiten und Erfolge.

Bei der Bewertung des allgemeinen Führungsstils im Konzern waren rund ein Drittel der Befragten im Jahr 2010 »eher unzufrieden« (30,8%) und »sehr unzufrieden«(5,8%). Die Gruppe, die eine geringere Arbeitsfähigkeit aufzeigt, hatte hieran einen größeren Anteil: 40,7% gegenüber 26,4%. Bei genauer Betrachtung über die letzten zehn Jahre ergibt sich, dass die Gruppe »Stärken und Fördern« von 10 auf 15% gestiegen ist. Dabei spielen das Altern und das Alter keine entscheidende Rolle, auch die Zugehörigkeit zum Unternehmen/Abteilung ergibt keine Auffälligkeit. Bei systematischer Durchsicht der Daten in den einzelnen Stockwerken fallen Bewertungsunterschiede in den beiden Gruppen »Schatzpflege« und »Stärken und Fördern« auf. Es zeigt sich in der Gruppe »Stärken und Fördern« eine deutliche Mehrbeanspruchung im Laufe der Jahre in Bezug auf die körperliche, geistige und soziale Arbeitsanforderung. Die zunehmende Unzufriedenheit in dieser Gruppe mit dem allgemeinen Führungsstil des Unternehmens sowie Unzufriedenheit mit der Bezahlung und den Sozialleistungen kommen hinzu.

Zukunftsperspektiven

■ Wie bisher sehen wir unseren betriebsärztlichen Arbeitsschwerpunkt in der Einzelbetreuung der Mitarbeiterinnen und Mitarbeiter, um die Balance zwischen Arbeitsanforderung und individueller Leistungsfähigkeit zu unterstützen oder Schwankungen möglichst frühzeitig zu erkennen, um möglichst rasch einen Ausgleich zu ermöglichen.

■ Die Anwendung des Arbeitsfähigkeitskonzeptes und des Arbeitsbewältigungsindexes erscheinen uns dabei sinnvoll und hilfreich bei der Bewertung der betrieblichen Entwicklung im Gesundheits- und Krankheitsbereich.

■ Dieser mitarbeiterzentrierte Dialog soll die Eigeninitiative und Beteiligung der Beschäftigten fördern. Er ergänzt das Konzept des Anerkennenden Erfahrungsaustausches (AE), wie er von den Führungskräften durchgeführt wird. Dieses Instrument zeigt Wege auf, wie die Erhaltung, Förderung und/oder Wiederherstellung der Arbeitsbewältigungsfähigkeit durch die Führungskräfte gestaltet werden kann.

■ Der »Spagat« zwischen der Kontrolltätigkeit im Rahmen der verkehrstechnischen Untersuchungen und der arbeitsmedizinischen Betreuung ist uns bewusst. Wir sind aber der Meinung, dass wir ihn mit Hilfe des Hauses der Arbeitsfähigkeit und der ABI-Dialoge recht gut »hinkriegen«.

■ Eine Mitarbeiterbefragung zur Zufriedenheit mit der Arbeit des Betriebsärztlichen Dienstes im Jahr 2006 hat dies bestätigt.

Zusammenfassung

Maßnahmen der individuellen oder betrieblichen Gesundheitsförderung dienen also entweder der »Schatzpflege« (Erhaltung und Förderung der vorhandenen Mitarbeiterpotenziale) oder Wiederherstellung der eingeschränkten Arbeitsfähigkeit »Stärken und Fördern«. Dabei müssen alle Stockwerke im Haus der Arbeitsfähigkeit besucht und »abgearbeitet« werden, um einen kontinuierlichen Dialog aufrecht zu erhalten, der der Sicherung der beschriebenen Balance gilt.

Bei dieser Betrachtung stehen die einzelnen Mitarbeiterinnen und Mitarbeiter an der Spitze eines komplexen Zusammenhanges. Sie dort zu positionieren, ist Ziel eines Prozesses der Förderung der Arbeitsfähigkeit. In diesem Prozess haben die Führung und die unmittelbaren Vorgesetzten eine zentrale Position. Sie achten auf die Arbeitsgestaltung und die Aufrechterhaltung der Handlungskompetenz. Unterstützt wird die Führung durch das Betriebliche Gesundheitsmanagement (BGM) und den Arbeitssicherheitsausschuss. Es ist von entscheidender Bedeutung, immer wieder alle Komponenten der Arbeitsfähigkeit zu betrachten und zu bearbeiten. Das gilt besonders unter den zunehmend komplizierten wirtschaftlichen Bedingungen des ÖPNV und des wachsenden Konkurrenzdrucks zwischen den Unternehmen.

Literatur

Ell, W. (1995): Arbeitszeitverkürzung zur Belastungsreduzierung älterer Arbeitnehmer im öffentlichen Personennahverkehr – 10 Jahre Erfahrung aus den Interventionsmaßnahmen in den Verkehrsbetrieben in Nürnberg. In: Rudolf Karazman/Heinrich Geißler/Irene Kloimüller/Norbert Winker (Hrsg.), Alt, erfahren und gesund. Betriebliche Gesundheitsförderung für älterwerdende Arbeitnehmer. Gamburg: Verlag für Gesundheitsförderung G. Conrad. 1: 160-170.

Hasselhorn, H. M./G. Freude (2007): Der Work Ability Index – ein Leitfaden. Bremerhaven: Wirtschaftsverlag NW.

Ilmarinen, J. (2006): Towards a longer worklife! Ageing and the quality of worklife in the European Union. Jyväskylä: Gummerus Kirjapaino Oy.

Ilmarinen, J./S. Lehtinen (Hrsg.) (2004): Proceedings of the 1st International Symposium of Work Ability. People and Work. Helsinki, FIOH.

Ilmarinen, J./J. Tempel (2007): Arbeitsbewältigungsindex (ABI). Lexikon Arbeitsgestaltung – Best Practice im Arbeitsprozess. K. Landau. Stuttgart, Gentner Verlag: 84-87.

Tempel, J. (2004): The Work Ability Index (WAI) is a useful instrument to structure the client/patient-doctor-relationship in occupational medicine. In: J. Ilmarinen/S. Lehtinen (Hrsg.), Proceedings of the 1st International Symposium on Work Ability – Past, Present and Future of Work Ability. Helsinki: FIOH. 65.

Tuomi, K./J. Ilmarinen et al. (2001): Arbeitsbewältigungsindex – Work Ability Index. Bremerhaven, Wirtschaftsverlag NW.

Andreas Soukup/
Karin Schweighofer
Das Haus der Arbeitsfähigkeit
im praxisnahen Training

Personal- und Organisationsentwicklerinnen und -entwickler stehen immer wieder vor der zentralen Frage:»Wie kann ich theoretische Inhalte praxisbezogen und nachhaltig den Mitarbeiterinnen und Mitarbeitern von Unternehmen vermitteln?«

Das syn.energy-Team entwickelte 2009 in enger Zusammenarbeit mit der Unternehmensgruppe VHH PVG ein Wandplanspiel zum»Haus der Arbeitsfähigkeit« für die ca. 1.600 Beschäftigten des Unternehmens.

Ziel war es, das Konzept»Haus der Arbeitsfähigkeit« nachvollziehbar zu vermitteln, den Dialog zwischen Mitarbeiterinnen/Mitarbeitern und Führungskräften zu fördern und das Verantwortungsgefühl für die eigene Arbeitsfähigkeit zu stärken.

Entwickelt wurde im ersten Schritt ein erlebnisorientiertes Wandplanspiel (siehe Abbildung 1). Interaktiv tourten an einem Tag ca. zehn bis zwölf Teilnehmerinnen und Teilnehmer durch alle visualisierten Stockwerke und erlebten einen praxisnahen Bezug zu allen Etagen im»Haus der Arbeitsfähigkeit«.

Gespielt wurde in unterschiedlichen Konstellationen. Die Aufgabentypen in den Etagen waren farblich markiert und signalisierten, ob an einer Tandem-, Team- oder Einzelaufgabe gearbeitet wurde. Alle waren in Bewegung und bei jeder Übung persönlich gefordert. So haben sich beispielsweise die Teilnehmerinnen und Teilnehmer im Erdgeschoss intensiv mit der Frage»Wie bleibe ich gesund und wie gehe ich mit meinen persönlichen Einschränkungen um?« beschäftigt. Dabei wurde eine individuelle Tankstellenkarte[1] entwickelt. Alle entscheidenden

---

[1] Diese Übung macht bewusst, wieviel Energie der Einzelne zurzeit hat und wie jede und jeder Einzelne für sich Kraft tankt. Die Teilnehmerinnen und Teilnehmer zeichnen die eigene»Krafttankkarte«, sie analysieren, was ihre Arbeitsfähigkeit stärkt, und finden persönliche Zielvereinbarungen, um verantwortungsvoll mit dem eigenen Energiehaushalt zu arbeiten.

Abbildung 1: Elemente des Wandplanspiels

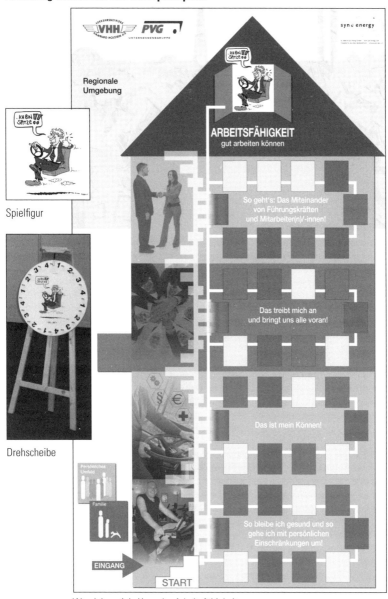

Wandplanspiel »Haus der Arbeitsfähigkeit

Ressourcen wurden in der Gruppe vorgestellt und auf einer persönlichen »Ich bin spitze!«-Karte[2] festgehalten.

Im ersten Stock konnte jeder mittels der Methode »Storytelling«[3]
Kompetenzen und Wissen demonstrieren. Im zweiten Stock setzten
sich alle Teilnehmerinnen und Teilnehmer intensiv durch einen persönlichen Test[4] mit ihrer Selbstmotivation auseinander. Für viele hatten diese Übungen einen hohen »Selbsterfahrungswert«, so sagte z.B. ein Teilnehmer am Ende des Seminars: »Dieser Tag hat mir mehr gebracht als
meine Gesprächstherapie.«

Neben der hohen Selbstreflexion forderte der dritte Stock durch die
Übung »Fishbowl«[5] alle auf, sich in unterschiedliche Rollen zu bege-
ben. So konnten die Teilnehmerinnen und Teilnehmer einmal aus der
Sicht einer Führungskraft und einmal aus Mitarbeiter/innensicht Ideen
für ein besseres Miteinander entwickeln. Diese Übung hat die Qualität eines narrativen-fokussierten Interviews.[6] Die Befragten konnten

---

[2] Die »Ich bin spitze!«-Karte ist das »Giveaway« aus diesem Seminar. Jede
Teilnehmerin und jeder Teilnehmer wird vor dem Seminar fotografiert, das Bild
ausgedruckt und auf ein festes Papier geklebt, auf dem rechts daneben der Satz
»Ich bin spitze!« steht. Die gesammelten Ressourcen jeder/jedes Einzelnen werden hier festgehalten und zum Abschluss jeder/jedem persönlich übergeben.

[3] Storytelling heißt, Geschichten gezielt, bewusst und gekonnt einzusetzen.
Hiermit werden komplexe Sachverhalte verständlich dargestellt, um das Lernen
und Mitdenken der Zuhörerinnen und Zuhörer zu vereinfachen und um kreatives
Denken anzuregen und zu fördern. Für Unternehmen ist Storytelling eine Methode, um Erfahrungen von Mitarbeiterinnen und Mitarbeitern über wichtige interne
Ereignisse festzuhalten, damit diese für das ganze Unternehmen nutzbar gemacht
werden können. Diese gesammelten Informationen werden in Form einer Erfah-
rungsgeschichte weitergegeben (vgl. Thier 2006: 17f.).

[4] Hier wurde speziell von syn.energy ein Motivationstest für Busfahrerinnen
und Busfahrer entwickelt.

[5] Bei der Übung Fishbowl bildet sich ein Innen- und ein Außenkreis. Im Innen-
kreis gehen alle in die Rolle der Führungskraft und beschäftigen sich mit der Frage: »Wie können wir das Miteinander zwischen Führungskräften und Mitarbeite-
rinnen/Mitarbeitern verbessern?« Die Teilnehmenden im Außenkreis, in der Rolle
»Mitarbeiterin/Mitarbeiter« hören zu. Anschließend findet ein Wechsel statt. Die
Teilnehmenden im Außenkreis schlüpfen in die Rolle der Führungskräfte und tau-
schen sich zum Thema aus. Alle Ideen werden von der Moderatorin an der Flip-
chart festgehalten. In einer Abschlussrunde wird gefragt, wie es den Beteiligten
in den verschiedenen Rollen erging.

[6] Vgl. Hausarbeit von Mandy Asmus bei Dr. Nicolle Pfaff, »Einführung in die
qualitative erziehungswissenschaftliche Forschung«. Das narrativ-fokussierte
Interview bedeutet freies Erzählen zu einem bestimmten Thema. Der Erzähler

frei erzählen, was einen Mehrwert für beide Seiten hatte. Der Rollentausch weckte zusätzlich gegenseitiges Verständnis und machte deutlich, dass jede und jeder Einzelne Verantwortung für eine positive Veränderung trägt.

Im Seminarbefragungsbogen[7] haben 1.381 Mitarbeiterinnen und Mitarbeiter dieses Training nach der Schulnotenskala bewertet:

1. Der Tag hatte einen klaren Fahrplan und Struktur.	1,33
2. Die Teilnehmerinnen und Teilnehmer wurden mit eingebunden.	1,28
3. Das Training war gut für mich.	1,70
4. Die Trainerin/der Trainer hatte eine freundliche und wertschätzende Umgangsweise.	1,15
5. Die Trainerin/der Trainer gestaltete den Ablauf abwechslungsreich und förderte die aktive Mitarbeit.	1,24
6. Gesamtergebnis	**1,34**

71% der Mitarbeiterinnen und Mitarbeiter haben sich zu der Frage »Was hat dir besonders gut gefallen?« geäußert. Die häufigsten Nennungen waren:

- Der Dialog zwischen Busfahrerin/Busfahrer und Führungskraft: Es wurde erkannt, dass man miteinander für positive Ergebnisse sorgen kann.
- das Planspiel und damit das spielerische Lernen
- die Selbsteinschätzung
- Alle wurden mit eingebunden.
- die Teamgespräche zur Problemlösung
- das positive, persönliche Feedback
- Das Seminar war motivierend.
- das Haus der Arbeitsfähigkeit
- die Wertschätzung, Kompetenz und Freundlichkeit der Trainerin.

Dieses Ergebnis spiegelt die hohe Aktivität, Selbstreflexion und intensive Auseinandersetzung mit den Führungskräften und deren Kultur wider.

Durch die Auswertung der Übung »Fishbowl« und die daraus resultierenden Veränderungsimpulse an die Unternehmensführung ist dieses

---

soll in seiner Erzählung nicht beeinträchtigt werden, der Inhalt wird jedoch eingegrenzt.

[7] Schulnotenskala 1-6, 1 = sehr gut, 2 = gut, 3 = befriedigend, 4 = ausreichend, 5 = mangelhaft, 6 = ungenügend

Konzept »Ein Planspiel: Willkommen im Haus der Arbeitsfähigkeit« weit mehr als ein Seminar. Es stellt eine innovative und gewinnbringende Organisationsentwicklung dar, in der alle Menschen im Unternehmen gefordert werden, sich bewusst und aktiv für die Erhaltung und Förderung ihrer Arbeitsfähigkeit einzusetzen.

Mit dem Folgetraining 2010/2011 »Perspektivwechsel«, einem praxisnahen Brettplanspiel, hat die VHH PVG Unternehmensgruppe das Thema »Haus der Arbeitsfähigkeit« wieder aufgenommen und alle Mitarbeiterinnen/Mitarbeiter und Führungskräfte darüber informiert, was bereits aus den Ideen des vorangegangenen Trainings umgesetzt wurde und welche Maßnahmen in Zukunft geplant sind.

Folgeveranstaltung: Ein praxisnahes Brettplanspiel lädt zum Perspektivwechsel ein

Die Zielsetzung war, den Dialog zu stärken: Kollegen/Kolleginnen untereinander, mit Kundinnen/Kunden, mit der Geschäftsführung. Der Fokus galt sowohl dem »Haus der Arbeitsfähigkeit« als auch einem Perspektivwechsel, nämlich aus der Sicht des Kunden das Unternehmen zu betrachten. An diesem Training nahmen 1.544 Mitarbeiterinnen und Mitarbeiter sowie Führungskräfte aus allen Bereichen teil.

Interessant war die Betrachtungsweise aus verschiedenen Perspektiven auf die Fragestellung: »Wie kann der Umsatz optimiert, die Arbeitsfähigkeit gestärkt und der Arbeitsplatz erhalten werden? Wie ist dieser Spagat machbar?« (Abbildung 2)

Mit dem neu aufgelegten Strategiebrettplanspiel machen sich die Teilnehmerinnen und Teilnehmer ihre Ressourcen bewusst und sichtbar. Sie entwickeln neue Ideen, um Kundinnen und Kunden mit ihrem Potenzial zu gewinnen und zu binden. (Abbildung 3)

Um an das vorangegangene Training anzuknüpfen, interviewten sich die Mitarbeiterinnen und Mitarbeiter im Rahmen des Planspieles gegenseitig. Folgende offene Fragestellungen zu den Arbeitsbedingungen wurden beantwortet:
1. Was gefällt dir an deiner Arbeit?
2. Was macht dich selbstbewusst bei deiner Arbeit?
3. Was ist ein wertvoller Beitrag, den die Firma bisher für dich geleistet hat?
4. Was sollte die Firma beibehalten?

Abbildung 2: Umsatz und Arbeitsfähigkeit

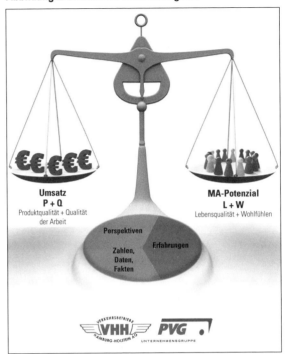

Abbildung 3: Pilotveranstaltung zum Perspektivwechsel

Brettplanspiel
Perspektivwechsel

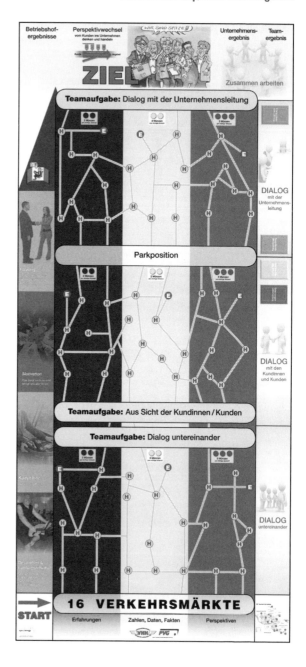

Mit diesem ganzheitlichen Konzept zum »Haus der Arbeitsfähigkeit« hat die VHH PVG Unternehmensgruppe eine Vorreiterposition eingenommen. Die Auswertung der Ergebnisse wird mit Sicherheit neue Impulse im eigenen Unternehmen bringen. So ist das »Haus der Arbeitsfähigkeit« ein Prozess, an dem stetig gearbeitet wird, um alle mit ins Boot zu holen.

Literatur

Thier, Karin (2006): Storytelling. Eine narrative Managementmethode. Heidelberg: Springer.

Joseph Kuhn/Karin Sötje/ Martina Panke
Arbeitsfähigkeit und subjektive Sinnstruktur: Erfahrungen aus der Bildungsarbeit mit Auszubildenden aus Bauberufen

Im Arbeitsschutz und in der betrieblichen Gesundheitsförderung wird häufig davon ausgegangen, dass gesundheitsgerechtes Verhalten durch Aufklärung und Verhaltenstraining zu erreichen sei. Dahinter steht die implizite Annahme, dass Gesundheitsrisiken eingegangen werden, weil die Beschäftigten es nicht besser wissen oder aus Gewohnheit an gesundheitsriskanten Verhaltensweisen festhalten. Manchmal wird darüber hinaus auf die Arbeitsbedingungen verwiesen, die bestimmte Verhaltensweisen erzwingen, z.B. dass schwere Gewichte manuell bewegt werden müssen, weil technische Hilfen fehlen. Dann wird erwartet, dass sich mit der Bereitstellung technischer Hilfen auch das Verhalten der Beschäftigten ändert. Im betrieblichen Alltag zeigt sich jedoch häufig, dass sich das Verhalten der Beschäftigten auf diese Weise nur teilweise erklären lässt. Oft bleiben z.b. Unterweisungen und Sicherheitshinweise folgenlos, persönliche Schutzausrüstungen werden nicht genutzt, gesundheitsrisikantes Verhalten trotz besseren Wissens beibehalten. Dem soll in diesem Beitrag am Beispiel von Berichten von Auszubildenden aus Bauberufen über ihre Arbeit nachgegangen werden (zu anderen Berufsbildern siehe z.b. Sötje 1997, Panke 2005, Panke/Sötje/Steil 2010).

Auch die Auszubildenden benutzen beim Umgang mit Lösemitteln manchmal keine Hautschutzcremes, verzichten bei Staubarbeiten auf Schutzmasken, tragen zu schwere Gewichte, und wenn Arbeitsmaterialien aus gesundheitlichen Gründen leichter gemacht werden, tragen sie eben die doppelte Menge davon. Ein Erklärungsmoment dafür lässt sich erschließen, wenn man den»Eigensinn« der Jugendlichen, nach dem sie ihr Handeln ausrichten, ernst nimmt. Dieser Eigensinn schließt stets auch positive Momente der Selbstbehauptung und der persönlichen Sinnstiftung in der Arbeit ein, und aus dieser positiven Funktion für die Bewältigung des Arbeitsalltags erklärt sich auch, warum die Auszubildenden an ihrem – scheinbar vernunftwidrigen – Verhalten festhalten.

Es geht also darum, zu verstehen, wie die alltäglichen Arbeitserfahrungen der Auszubildenden bestimmte Arbeitshaltungen nahelegen. Dabei spielen kollektive Traditionen und Werte eine wichtige Rolle, d.h. die »Arbeitskultur« einer Berufsgruppe oder eines Betriebs (siehe dazu Göbel/Guthke 1995).

Die Seminare, aus denen die hier berichteten Ergebnisse stammen, beruhen auf einem Konzept, das ursprünglich im Rahmen der Arbeit der Evangelischen Industriejugend in Berlin entwickelt wurde und in der Bildungsarbeit des Vereins »Forum Arbeit e.V.« (www.forumarbeit.org/index.html) und der DGB-Jugendbildungsstätte Flecken Zechlin in Brandenburg (www.dgbjugendbildungsstaette.de) weitergeführt wird (siehe dazu Panke/Sötje/Steil 2010). Es sieht vor, mit den Auszubildenden in einer außerbetrieblichen Bildungseinrichtung eine Woche lang die konkreten, alltäglichen Arbeitserfahrungen zu reflektieren. Ausgangspunkt der Seminare ist, dass die Auszubildenden zu ihren Arbeitserfahrungen im Positiven wie im Negativen selbst zu Wort kommen.

Kränkende wie ermutigende Erfahrungen, Erfolge wie Enttäuschungen sollen aus der eigenen, persönlichen Sicht formuliert werden. Diese Berichte werden aufgezeichnet und ausschnittweise noch während des Seminars abgeschrieben, sodass sie für eine Gruppendiskussion zur Verfügung stehen. Die Auszubildenden erkennen sich in den geschilderten Erlebnissen anderer wieder, es werden nicht nur individuelle, persönliche Verhaltensmuster deutlich, auch kollektive Übereinkünfte werden transparent und hinterfragbar (siehe dazu ausführlich Panke 2005, Czock et al. 1997).

Die Interviews zeichnen ein Bild von den Arbeitserfahrungen der Jugendlichen, vom Umgang mit Gefahrstoffen oder Stress über die kollegialen Beziehungen bis hin zum subjektiven Empfinden des sozialen Ansehens, das ihr Beruf hat. Dabei gibt es erwartungsgemäß erhebliche Unterschiede zwischen den Berufen, aber auch Gemeinsamkeiten, etwa was Zeitdruck, Gefühle der Machtlosigkeit in der Ausbildung oder die Bedeutung der Kollegen und Kolleginnen angeht.

Darüber hinaus lassen sich aus den Interviews mit den Auszubildenden berufsgruppentypische arbeitskulturelle Muster erkennen, die auch

Funktionen der Sinnstiftung in der Arbeit erfüllen und das Gesundheitsverhalten der Jugendlichen beeinflussen.

Kollegialität: Die Auszubildenden lernen schnell, dass es auf den Bau-
stellen vor allem darum geht, mit den Kollegen gut klarzukommen.
Darüber werden zugleich arbeitskulturelle Traditionen vermittelt:»Für
mich ist das Wichtigste, dass man ein gutes Verhältnis zu den Gesellen hat. Der sollte sich auch Zeit nehmen, um mir die Sachen so zu zeigen, wie ich es brauche.« Man weiß, dass die Arbeit gemacht werden
muss und dass man sich dabei in den Augen der Kollegen bewähren
muss. Aus diesem Verhältnis erwächst zum einen die Kraft, überhaupt
mit den Belastungen des Arbeitsalltags auf dem Bau fertig zu werden,
zum andern resultiert daraus aber auch ein Druck zur Konformität, zur
Anpassung an die herrschende Arbeitskultur. Folglich wird man nicht
leichtfertig»aus der Reihe tanzen« und mit Forderungen nach vor-
schriftsgemäßer Absicherung von Gerüsten oder Tragen von Schutzmasken bei Staubarbeiten den hergebrachten Arbeitsablauf behindern.
Das gemeinsame Durchstehen einer gefährlichen Situation kann dagegen die Kollegialität durchaus bestätigen.»*Klar, wenn sich jeder sträu-
ben würde, dann würde das eben nicht gemacht. Und weil das unrealistisch ist und die Arbeit letzten Endes gemacht werden muss, dann
macht man es eben und hat seine Ruhe.*«

Männlichkeit: Ein Element der Arbeitskultur auf dem Bau hat mit dem
Thema»Männlichkeit« zu tun. Für die Auszubildenden ist das Ertra-
gen von Belastungen stets auch eine Herausforderung an ihre Männlichkeit. Ein»richtiger Mann« ist man aus der Sicht der Auszubildenden
oft nur, wenn man hart gegen sich selbst ist. Actionfilme, die bei den
Jugendlichen hoch im Kurs stehen, spiegeln ihnen eben diese Wert-
haltung wider: sich unter dem Einsatz der eigenen Gesundheit, bis an
die Grenzen des Erträglichen, trotz Schmerzen für eine Sache einzusetzen. Das Rezept der jungen Bauarbeiter zur Bewältigung von Belastungen lautet daher häufig nicht, auf die eigene Befindlichkeit zu achten
und die Körperwahrnehmung zu schulen, wie es vielleicht die Rückenschule vermitteln will, sondern es lautet:»Abhärtung«, also Ignorieren
der Signale des eigenen Körpers.»*Im Malerberuf ist es eben anders
als im Büro, wo die Leute schon vom Bleistift-Stemmen Muskelkater
kriegen.*«Den eigenen Körper zu schonen, bekommt dann leicht etwas
»Weibliches«. Beispielsweise kommt es vor, dass Auszubildende keine

Schutzcreme bei Lösemittelarbeiten verwenden und dies damit begründen, dass rauhe Hände männlicher sind. Wer es anders machen will, wird dann schon einmal diszipliniert: »*Stell dich doch nicht so an wie ein Mädchen, warum bist du denn Maler geworden?*« Solche Männlichkeitsbilder waren früher ungebrochener als heute, sie persistieren vielfach in den handwerklichen Berufen, aber auch dort zeigen sich Perspektiven eines neuen Männlichkeitskonzepts, das möglicherweise die Umsetzung von Maßnahmen der Gesundheitsförderung in diesen Berufen erleichtert (vgl. Jah 2010).

Gleichrangigkeit: Gelegentlich sind in den Seminargruppen auch junge Frauen vertreten. Eines der Motive, das in ihrem Gesundheitsverhalten deutlich wird, ist das Streben nach Gleichrangigkeit. Sie wollen als gleichwertige Arbeitskräfte anerkannt werden und müssen sich als Frauen auf dem Bau hierbei ganz besonders beweisen. Sie tragen dann beispielsweise entgegen den Arbeitsschutzvorschriften genauso schwere Lasten wie ihre männlichen Kollegen. Die Angst, von diesen nicht für »voll« genommen zu werden, vielleicht auch als ungeeignet für die Arbeit auf dem Bau zu gelten oder gar Ziel sexualisierter Angriffe zu werden, ist größer als die Angst vor einem gesundheitlichen Schaden. »*Da meckert der Chef mit mir, wenn ich einen von den schweren Eimern trage* (25-kg-Eimer, d.V.). *Er sieht es nicht gern, aber ich habe ihm schon gesagt, ich kann das nicht mitansehen, wenn die andern sich totschleppen und ich stehe da und spaziere mit den ganz kleinen Lacktöpfchen rum.*«

Belastungen als Herausforderungen annehmen: Ein weiteres Element der Arbeitskultur ist, dass Belastungen oft als Herausforderungen interpretiert werden. Man hält den Belastungen stand: »*Ich bin einfach in den Beruf reingegangen, die haben mich zwar auf die Malerkrankheit hingewiesen* (gemeint ist hier das Allergierisiko, d.V.), *aber na gut, wenn's kommt, dann kommt es. Ich bin ja so einer, wenn ich etwas angefangen habe, dann mache ich es auch richtig zu Ende und deswegen lasse ich mich auch nicht durch Krankheiten beeinflussen.*«
     Schweres Heben und Tragen bedeutet dann, die eigenen Kräfte zu messen. Dieses Spiel mit den eigenen Kräften und Grenzen kann Spaß machen und ist eine Grundlage für beruflichen Stolz: »*Man schafft es, man hat sich nicht unterkriegen lassen.*« Gerade in Berufen, in denen es sonst wenig Gelegenheiten gibt, auf die eigene Leistung stolz zu

sein, schaffen sich die Auszubildenden auf diese Weise ihre Erfolgserlebnisse selbst. Ein junger Maler erzählt mit Stolz: *»Bei mir in der Firma ist das halb maurermäßig. Also die Putzeimer und so hochziehen,
bis sechste Lage ungefähr. Okay, am Anfang, da habe ich nur einen
halben Eimer geschafft und jetzt schaffe ich den ganzen Eimer. Zum
Beispiel Dünnschichtputz. Wenn man den fertig anrührt, dann sind das
50 kg. Das ist fast mein Körpergewicht. Vorher habe ich einen halben
Eimer immer abgekippt, jetzt schaffe einen ganzen hoch. Das ist halt
ein bisschen Training.«*

Profi sein: Der eben zitierte Jugendliche ist jetzt kein Anfänger mehr, als
Könner hat er die schonendere Arbeitsweise abgelegt. Der Profi auf
dem Bau zeichnet sich dadurch aus, dass er rationell arbeitet. Das können Auszubildende oft noch nicht, weil sie körperlich noch nicht kräftig
genug sind. Die gesundheitsgerechtere Arbeitsweise wird im Zuge der
Entwicklung zum »Profi« abgelegt und ist mit dem Stigma des Anfän-
gers versehen. Den ganzen Eimer zu tragen, spart einen Weg. Dabei
spüren die Auszubildenden durchaus, dass sie sich zuviel zumuten:
*»Na, die Arme sind dann Affenarme (…) Also man fühlt sich so, als ob
man sich ohne zu bücken unter der Fußsohle kratzen kann (…) Nachher habe ich die Hände ein bisschen massiert, weil ich das Gefühl hatte, dass die Gelenke dabei immer auseinander gezogen worden sind.
Aber mit der Zeit hat man sich auch daran gewöhnt.«*

»Lehrjahre sind keine Herrenjahre«: Auszubildende wehren sich oft nicht
gegen gesundheitliche Zumutungen, weil sie frühzeitig verinnerlicht
haben, dass Lehrjahre keine Herrenjahre sind. Belastungen werden
akzeptiert, weil *»der Azubi halt immer die Dreckarbeit machen muss.«*
Einer sagt: *»Die Vorarbeiten, das ist zum Kotzen (…), das ist auch am
meisten gesundheitsschädlich. (…) Mit den Lösungsmitteln, da muss
man halt durch. Als Geselle kriegt man dann ja vernünftige Arbeiten.
Aber als Lehrling, was soll man da machen? (…) Das Überstreichen
machen dann die Gesellen.«* Als Lehrling muss man mehr aushalten
als andere, und man muckt bei Zumutungen nicht einfach auf, selbst
wenn man ahnt, dass es nicht gut geht: *»Das war wieder eine glorreiche
Idee von meinem Chef (…). Da packt er mir auf die eine Schulter eine
Filzpappe. Die wiegt vielleicht 15 Kilo, 20 Kilo. Auf die eine Schulter so
ein Riesenteil (…) und dann packt er mir im selben Zug auf die andere
Schulter zwei Eisenträger (…). Ich habe nicht damit gerechnet, dass*

er mir gleich beides auf die Schulter packt. Schönes Ding, dann durfte ich das halt hochtragen in den ersten Stock. Die erste Treppe habe ich ja gut geschafft und dann auf der zweiten Treppe habe ich das Gleichgewicht mit der Rolle verloren, wie ich mir schon beinahe gedacht hatte. Dann wollte ich die Rolle nicht runterfallen lassen (…) und dann habe ich das Gleichgewicht mit dem Eisenträger verloren und die sind mir so ein bisschen runtergerutscht am Arm. Und dann habe ich mich zuerst gewundert – Mensch, der Pullover ist kaputt (…), dann habe ich gesehen, der Arm war ein bisschen defekt. Ich habe mir die Haut aufgeschnitten und den Muskel habe ich mir aufgeschnitten und vor den Sehnen habe ich halt gemacht.« Auf die Frage, was er sich danach gedacht habe, sagt er:*»Was soll ich da gedacht haben, typisch Chef, oder so etwas.«* Solche Zumutungen gehören zur Ausbildung dazu: *»(…) es ist klar, dass ich das machen muss, weil die anderen zu teuer sind für diese Arbeit. Und dann muss der Azubi halt herhalten. Das ist doch klar (…). Ich schätze aber, dass das fast in jeder Firma so ist. Es ist klar, kein Meister würde seinen Gesellen da hinstellen.«* Diese Erfahrungen geben sie weiter, wenn sie selbst Gesellen geworden sind, so stellt sich langfristig aus ihrer Sicht Gerechtigkeit her: *»Das ist der Lauf der Welt.«*

Das Schwere als Preis für das Schöne: Oft taucht in den Interviews mit den Auszubildenden auch die Vorstellung auf, dass »alles seinen Preis hat«. Das Schwere in der Arbeit wird als notwendige Voraussetzung für das Schöne gesehen und damit akzeptabel. Mitunter gilt ein Arbeitsergebnis sogar dann besonders viel, wenn es nur mit Mühe und Anstrengung erreicht werden konnte, »einem nicht in den Schoß fiel«. Es heißt dann: *»(…) das gehört halt zum Malerberuf dazu, Arbeit kann ja nicht nur schön sein.«*

Der Körper als Maschine: Des Weiteren sei auf die verbreitete Vorstellung vom eigenen Körper als einer Maschine hingewiesen. Nicht wenige Auszubildende gehen davon aus, dass der eigene Körper durch die Arbeit genauso selbstverständlich verschleißt, wie es auch bei einer Maschine bei langjähriger Beanspruchung geschieht. Psychologisch gesehen, ermöglicht diese Sichtweise eine Distanzierung vom eigenen Körper. Die Belastungen gehen einem dann nicht so nahe.

Berufsbiografische Arrangements: Von den Auszubildenden wird vieles hingenommen – weil Lehrjahre keine Herrenjahre sind, weil man sich auf dem Bau nicht zimperlich anstellen kann, weil es ohne Anstrengung keinen Erfolg gibt – aber auch, weil der Malerberuf ihrer Meinung nach einfach so ist: *»(...) da muss man eben durch. Man kennt die Risiken, man weiß, was passiert, man ist Maler, das gehört eben dazu.«* Viele leiden unter dem geringen Ansehen ihres Berufes, dabei bietet der Beruf durchaus Anknüpfungspunkte zur Entwicklung einer Facharbeiteridentität: *»Auf meinen Beruf bin ich stolz, man kann als Maler viel verändern und vor allem verschönern. Viele Leute aus meinem Bekanntenkreis hatten Vorurteile gegen diesen Beruf. Dann kamen Argumente wie tapezieren kann doch jeder, dafür braucht man doch keine dreijährige Ausbildung. So etwas ist ziemlich herabsetzend. Dann erzähle ich, was der Beruf noch beinhaltet, wie z.B. Wickeltechnik, Fresken, Vergolden.«* Ein anderer sagt: *»Gut ist alles, was mit Präzision zu tun hat, antiker Stuck oder spezielle Spachteltechnik oder so was. Das ist eine Spachteltechnik, das sieht aus wie Marmor am Schluss. Das wird dann poliert und dann ist das sehr schön. So was mache ich gerne.«* Oder: *»Bei größeren Sachen, da geht es um Raumverwirklichung insgesamt, das ist wichtig. Aber in der U-Bahn rücken die Leute von einem ab, wenn man die Malerhosen anhat.«* Nicht wenige schöpfen auch Kraft aus Ausstiegsplänen, manchmal weil sie ahnen, dass sie den Belastungen vielleicht nicht ein Leben lang standhalten: *»Ich will dann weitermachen und versuchen, das Fachabitur zu schaffen«*, und ein anderer: *»Ob ich den Beruf bis zur Rente machen will, dazu kann ich mich noch nicht äußern. Solange es geht, geht es. Wenn ich den Techniker nicht schaffe, muss ich wohl weiter Pinsel schwingen«*.

Die Gesundheit spielt in der Arbeitskultur in Bauberufen also zunächst einmal eine nachrangige Rolle. Motive, wie z.B. ein guter Kollege zu sein, die eigene Männlichkeit bewiesen zu haben oder nicht als zimperlich zu gelten, wenn es einmal anstrengend wird, sind aus der Sicht der Auszubildenden wichtiger für das Bewältigen des Arbeitsalltags auf dem Bau. Diese Arbeitskultur trägt den Anforderungen des Arbeitsalltags in vielfältiger Weise Rechnung und wird von den Beschäftigten nicht einfach für ein – von außen gesehen –»gesundheitsgerechtes« Verhalten aufgegeben. Im Gegenteil: die Zumutung, dies zu tun, kann Widerstand hervorrufen. Arbeitsfähigkeit ist aus der Sicht der Auszubildenden nicht nur Gesundheit. Dennoch schließen diese arbeitskulturellen Momente die Auszubildenden nicht hermetisch gegen Gesundheitsargumente ab. In vielen Interviews zeigt sich ein widersprüchliches Bild zwischen einem Sicheinfügen und Wünschen nach besseren Arbeitsbedingungen und einer menschlicheren Behandlung durch die Gesellen und Meister.

Arbeitsfähigkeit ist daher nicht nur mit Blick auf die Gesundheit, losgelöst von den Sozialisationsbedingungen der Berufe, zu sehen. Gesundheitstrainings oder Unterweisungen müssten dadurch flankiert werden, dass man auch versucht, die Einbindung der genannten sinnstiftenden Aspekte in restriktive Formen der Arbeitskultur auszulösen. Dies wird in der Regel nicht im betrieblichen Kontext gelingen, besser geeignet scheinen Bildungsorte mit ausreichender Reflexions- und Diskussionszeit, damit ein Überdenken der eigenen Arbeitserfahrungen möglich wird. Das kann z.b. in einem Lernortverbund zwischen den Berufsschulen und externen Bildungsträgern geschehen. Darüber hinaus ist perspektivisch die gesundheitsgerechte Gestaltung der Arbeitsbedingungen und die Qualifizierung der formalen Berufsbilder notwendig. Wer seinen Arbeitsstolz primär daraus beziehen muss, dass er körperlichen Belastungen standhält, wird für Gesundheitsargumente stets schwerer zu erreichen sein als jemand, der auf das Produkt seiner Arbeitsleistung und auf seinen Beruf stolz sein kann.

Literatur

Czock, H./E. Göbel/B. Guthke/J. Kuhn/J. Wehling (Hrsg.) (1997): Betriebliche Gesundheitsförderung und Bildungsarbeit im gesellschaftlichen Umbruch. Berlin.

Jah, A. (2010): Männlichkeitsbilder im Wandel. In: M. Panke/K. Sötje/A. Steil (Hrsg.) (2010): Biografisches Lernen in der beruflichen Sozialisation. Konzepte politischer Bildung für Jugendliche in Ausbildung und Betrieb. Münster: 96-108.

Panke, M. (2005): Arbeiten lernen. Erfahrungen junger Arbeiter im Prozess der Qualifizierung. Wiesbaden.

Göbel, E./B. Guthke (1995): Leben in der Arbeitskultur. In: H. Czock/E. Göbel, E./B. Guthke (Hrsg.): Arbeit ist das halbe Leben. Lesebuch zur Arbeitskultur. Berlin: 139-171.

Panke, M. (2005): Lebensphase Ausbildung: Ansatzpunkte für die Gesundheitsförderung. In: J. Kuhn/E. Göbel/R. Busch (Hrsg.): Leben, um zu arbeiten? Betriebliche Gesundheitsförderung unter biografischem Blickwinkel. Frankfurt a.M.: 131-136.

Panke, M./K. Sötje/A. Steil (Hrsg.) (2010): Biografisches Lernen in der beruflichen Sozialisation. Konzepte politischer Bildung für Jugendliche in Ausbildung und Betrieb. Münster.

Sötje, K. (1997): Gesundheit in Gesundheitsberufen. In: Landesarbeitskreis Arbeit und Gesundheit des Landes Brandenburg (Hrsg.): Gesundheit und Ausbildung im Land Brandenburg. Potsdam: 97-112.

Heinz Kowalski/Birgit Schauerte
Versteckte Gesundheitsrisiken rechtzeitig erkennen und Beschäftigungsfähigkeit erhalten

1. Einleitung

Immer wieder werden Beschäftigte von einer plötzlich eintretenden Erkrankung überrascht. Beim Arzt oder im Krankenhaus erfahren sie dann, dass sich ihre Gesundheitswerte schon länger verschlechtert haben müssen. Trotzdem haben sie nichts gemerkt oder die Signale verdrängt. Um »versteckte« gesundheitliche Risiken rechtzeitig zu erkennen und danach ebenfalls noch rechtzeitig Präventionsmaßnahmen einleiten zu können, bietet das Institut für Betriebliche Gesundheitsförderung (BGF) auch Checkups für kleine und mittlere Unternehmen (KMU) an. Wir hatten die Möglichkeit, die Methode im Projekt des Bundesministeriums für Gesundheit »IN FORM« in KMU zu testen und berichten über die Erkenntnisse.

2. Die BMG-Kampagne IN FORM

Die Kampagne »IN FORM« hat zum Ziel, »mehr Bewegung und eine gesündere Ernährung« für die Bevölkerung zu erreichen. Mithilfe des Projektes »KMU IN FORM« sollen diese Ziele durch das Institut für Betriebliche Gesundheitsförderung der AOK Rheinland/Hamburg (BGF-Institut) in KMU umgesetzt werden. Im Rahmen eines zweijährigen Pilotprojektes (2009/20010) wurden Empfehlungen für Interventionsmaßnahmen in KMU entwickelt, die im Betrieb umsetzbar sind. Hierzu wurden in unterschiedlichen Betrieben Studienteilnehmer[1] in Interventions- (IG) und Kontrollgruppe (KG) aufgeteilt. Während die KG lediglich an den Gesundheits-Checkups zu den drei Messpunkten t_0, t_1 und

---

[1] Aus Gründen der besseren Lesbarkeit verzichten wir auf die konsequente Verwendung der weiblichen und männlichen Formulierungen.

t_2 teilnahm, absolvierten die Teilnehmer der Interventionsgruppe eine anschließende zwölfwöchige Interventionsphase mit den Schwerpunkten »Mehr Bewegung« und »Gesunde Ernährung«. Sport- und Ernährungswissenschaftler unterstützten den Aufbau eines gesundheitsbewussten Verhaltens durch sechs aktiv angeleitete Ausdauereinheiten und drei Ernährungsseminare, die entweder direkt oder in unmittelbarer Nähe des Unternehmens stattfanden. In der aufbauenden sechsmonatigen Verstetigungsphase erfolgte die Vermittlung der Teilnehmer zu zertifizierten regionalen Gesundheitsanbietern. Begleitend erhielten die Teilnehmer monatlich motivierende E-Mails mit gesundheitsrelevanten Informationen. Über praxisnahe Ernährungs-, Bewegungs- und Gesundheitstipps sollte ein vertiefendes Gesundheitswissen aufgebaut und dadurch langfristig ein gesunder Lebensstil stabilisiert werden.

3. Beschreibung der Studienteilnehmer

390 Personen meldeten sich zur aktiven Teilnahme am KMU IN FORM-Projekt an. Von diesen nahmen 262 an der Eingangsanalyse (t_0), 168 an der Messung nach der dreimonatigen Intervention (t_1) und 135 Personen an der Follow-up-Messung nach weiteren sechs Monaten (t_2) teil. Von insgesamt 120 Beschäftigten konnten Daten zu allen drei Messpunkten (t_0/t_1/t_2) erhoben werden. Diese bilden im Folgenden die Interventionsgruppe (n = 120), der im Projektdesign eine aus 50 Personen bestehende Kontrollgruppe gegenübersteht. Für die Auswertung stehen damit die Datensätze von insgesamt 170 Beschäftigten, die in der Altenpflege und im Handwerk tätig sind, zur Verfügung. An der Studie nahmen insgesamt 50 Männer und 120 Frauen teil. Mit Blick auf die Altersverteilung wird deutlich, dass die Altersstufe »35-49 Jahre« mit 41,7% am stärksten vertreten war, während 30% unter 35 Jahre und 28,3% über 50 Jahre alt waren.

4. Vorgehensweise im Projekt

Zu den Untersuchungszeitpunkten im August/September 2009 (t_0), November/Dezember 2009 (t_1) und Juni/Juli 2010 (t_2) wurden folgende Aktivitäten durchgeführt:

Abbildung 1: Gesundheitsprofil eines Probanden

AOK Die Gesundheitskasse		KMU IN FO M					Bundesministerium für Gesundheit
		Gesundheitsprofil					

Name des Mitarbeiters:	Geschlecht:	m	Code:	1-9			
Proband xy		Geb.-Datum/Jahrgang:		00.00.1956			

	I	II	III	IV			
Datum des Checks	29.04.2009	27.08.2009	31.03.2010				
Größe (m)	1,83	183	183				
Gewicht (kg)	112,1	97,6	97,1				
Body-Mass-Index (Gewicht kg/Größe m2)	33,50	29,10	29,00		< 25	25-29,9	= 30
Taillenumfang	107	100,5	98		Männer < 94 cm	Männer < 95-100 cm	Männer > 101 cm
Selbsteinschätzung pers. Gesundheit	g	g	g		gut	mittel	schlecht
Stressempfinden	m	g	g		kein Stress	mäßig gestresst	sehr gestresst

Fitness							
Sportliche Aktivitäten	g	g	g		mind. 3x pro Woche	unregelmäßig	kein Sport
Erreichter Zielpuls bei PWC150 = absolute Leistung in Watt	175	175	200				
Ausdauerleistungsfähigkeit bei PWC 150 (Watt/kg)	1,56	1,79	2,06		> M = 2,0 überdurchschnittl.	M = 2,0 durchschnittlich	< M = 2,0 unterdurchschnittl.

Herz-Kreislauf-Werte							
Syst. Blutdruck (mmHg)	162	134	129		< 130	131-159	= 160
Diast. Blutdruck (mmHg)	89	75	84		< 85	85-99	= 100

Labor-Werte (nüchtern)							
Cholesterin (mg/dl)	219	192	142		< 200	200-239	= 240
HDL-Cholesterin (mg/dl)	35	35	33		> 45		= 45
LDL-Cholesterin (mg/dl)	152	145	73		< 130	130-159	= 160
Triglyceride (mg/dl)	158	59	145		< 150	150-199	= 200
Blutzucker (mg/dl)	119	95	93		< 100	100 bis 125	= 126

Sonstiges							
Rauchen	n	n	n		nie	früher	zur Zeit
Diabetes	n	n	n		nein		ja
Blutdrucksenkende Medikamente	n	n	n		nein		ja
Herzinfarkte in der Familie	j	j	j		nein		ja
Bemerkung:							

1. Erstellung des individuellen Gesundheitsprofils, bestehend aus den medizinischen Parametern Größe, Gewicht, Body Mass Index (BMI), Taillenumfang, Körperfettanalyse, Blutdruck, Blutzucker, Cholesterin, HDL, LDL, Triglyceride.
2. Erfassung des subjektiven Gesundheits- und Stressempfindens.
3. Durchführung einer fahrradergometrischen submaximalen Belastungsuntersuchung nach dem WHO-Schema (Physical Working Capacity [PWC] 150).
4. Einsatz eines standardisierten Fragebogens mit Gesundheitsfragen in Bezug auf:
   ■ die Einstellungen zur persönlichen Gesundheit
   ■ das Ernährungsverhalten
   ■ die körperliche Aktivität

Das aufbauende 20-minütige Beratungsgespräch fand eine Woche nach der Eingangsanalyse (t_0) im Tandem mit einem Sport- und Ernährungswissenschaftler statt.

Unter Berücksichtigung der objektiv im Gesundheitsprofil und der subjektiv mit dem Fragebogen erhobenen Daten entstanden in Anlehnung an das MoVo-Life-Konzept[2] (Göhner 2007) individuelle ernährungs- und bewegungsbezogene Aktionspläne. Der farbliche Ausdruck des Profils verdeutlichte gesundheitsrelevante Auffälligkeiten nach dem Ampelmodell (Abbildung 2). Die dreimonatige Interventionsphase bestand aus Ernährungsseminaren und Ausdauereinheiten. Von den Ernährungswissenschaftlern wurden zwei Einheiten »Gesunde Ernährung« nach den Richtlinien der Deutschen Gesellschaft für Ernährung (DGE) und ein Workshop zum Thema »Barriere- und Hindernismanagement« durchgeführt. Zentraler Bestandteil des dreimonatigen Ausdauermoduls war ein ausdauerorientiertes Training mit mindestens zwei Ausdauereinheiten pro Woche.

Zur Beschreibung von Lage und Streuung der intervallskalierten Messdaten wurde der arithmetische Mittelwert (MW), Median (50. P.), und die Standardabweichung (SD) ermittelt.

Die Ausprägungen von nominal- oder ordinalskalierten Variablen wurden über eine Häufigkeitsberechnung und Mehrfelder-Darstellungen bestimmt.

5. Beispielhafte Ergebnisse

Ausdauerleistungsfähigkeit (PWC 150)

Die Ausdauerleistungsfähigkeit, gemessen mit dem submaximalen Ausdauertest (PWC 150), verbesserte sich in der IG ($p < 0,05$), während sie in der Kontrollgruppe unverändert blieb.

---

[2] Das Motivations-Volitions-Konzept geht von der Erkenntnis aus, dass es vielen Menschen schwer fällt, das, was sie sich vorgenommen haben, auch in die Tat umzusetzen. Diese Personen benötigen konkrete Unterstützung bei der »volitionalen« Umsetzung ihrer Absichten. Unter dem Begriff Volition werden jene Prozesse der Selbstregulation und Selbstkontrolle verstanden, die es den Menschen ermöglichen, auch dann ihre Absichten in die Tat umzusetzen, wenn innere oder äußere Hindernisse auftreten.

Abbildung 2: Steigerung der Ausdauerleistungsfähigkeit in Sekunden

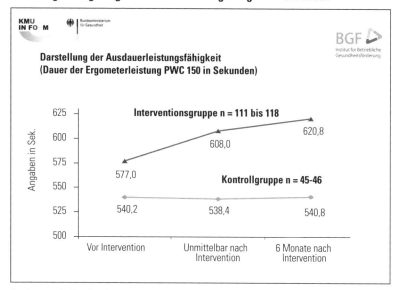

Quelle: www.bgf-institut.de

Laborparameter und Blutdruck

In der IG war eine signifikante Reduzierung des systolischen Blutdrucks zu verzeichnen (p < 0,05). Insbesondere der Personenanteil mit normalem Blutdruck (< 130/< 80 mmHg) ist in der IG angestiegen, während der Anteil in der Kontrollgruppe unverändert blieb.

Die Cholesterinwerte reduzierten sich insgesamt in der IG, während sie in der KG zunahmen (p < 0,05). Eine signifikante Reduzierung der Cholesterinwerte über die drei Messzeitpunkte war bei den Probanden zu verzeichnen, die an allen Interventionen (Treatment komplett) teilnahmen. Die HDL-Werte waren sowohl in der IG als auch in der KG ansteigend (p < 0,05).

Bei den Personen, die an allen Interventionen teilnahmen, sind auch die LDL-Werte signifikant gesunken. Die LDL-Werte sind über die drei Messzeitpunkte in der IG gesunken, während sie in der KG angestiegen sind (p < 0,05).

Abbildung 3: Zunahme der gesundheitspositiven Parameter im Profil (dunkelgraue Felder)

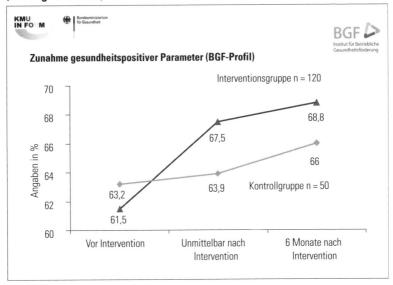

Quelle: www.bgf-institut.de

Gesundheitsprofil und Risikoscores

Das vom BGF-Institut entwickelte Gesundheitsprofil (Abbildung 1) erfasst insgesamt 17 Risikoparameter nach dem Ampelmodell (Grün, Gelb, Rot, hier in Graustufen umgesetzt). Es wurde mit dem Ziel entwickelt, Beschäftigten übersichtlich und anschaulich den individuellen Gesundheitszustand zu visualisieren, um damit einen Sensibilisierungsprozess in Bezug auf das persönliche Gesundheitsverhalten einzuleiten.

Ausschließlich in der IG lassen sich signifikante Veränderungen nachweisen, die sich über eine Zunahme der gesundheitlich positiven Parameter (grüne Felder), insbesondere in den Treatmentgruppen »Nur Sport« und »Komplett« abbildet (p < 0,05). Darüber hinaus ist eine signifikante Abnahme der gesundheitskritischen roten Parameter ausschließlich in der IG zu verzeichnen.

Die Risikoscores (Abbildung 4) zur Bewertung kardiovaskulärer Erkrankungswahrscheinlichkeiten zeigten ebenfalls eine signifikante Abnahme der Risikowahrscheinlichkeit.

Abbildung 4: Reduzierung der kardiovaskulären Erkrankungswahrscheinlichkeit (Procam-Score)

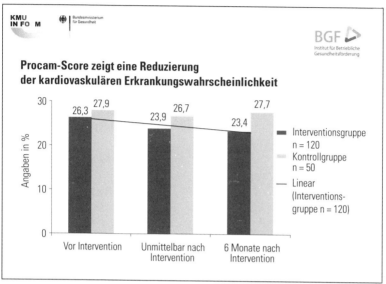

Quelle: www.bgf-institut.de

Insgesamt kann positiv hervorgehoben werden, dass es gelungen ist, Personen mit kardiovaskulären Risikofaktoren und – gemessen am PWC 150 – leistungsschwache Personen in die Interventionsgruppe einzuschließen.

Unter Berücksichtigung der einleitenden Fragestellung kann festgehalten werden, dass es den Personen der IG gelungen ist, mit Hilfe der Interventionsmaßnahmen sowohl gesundheitsrelevante Parameter als auch ihr medizinisches/kardiales Risikoprofil zu verbessern (Abbildung 1). Hiervon haben insbesondere diejenigen profitiert, die eine vollständige Intervention (Ernährung und Sport) absolviert haben. Die Personen der Kontrollgruppe wiesen im gleichen Zeitraum keine systematischen Veränderungen auf.

Lediglich die »Komplett«-Treatmentteilnehmer erzielten eine signifikante Zunahme der Flüssigkeitsmengen pro Tag. Auch hier zeigte die Gruppe eine große Verbesserung in den Getränkekategorien (p < 0,05).

6. Fazit

Im Rahmen des KMU IN FORM Projektes wurde für den Einsatz in Betrieben ein Interventionskonzept zur Verbesserung gesundheitlicher Parameter und des Gesundheitsverhaltens auf Mitarbeiterebene entwickelt. Mit Erstellung der individuellen Gesundheitsprofile und über einen persönlichen Fragebogen zum Gesundheitsverhalten konnten gesundheitsrelevante Informationen ermittelt werden. Im Rahmen des aufbauenden Beratungsgespräches stand die Erstellung eines individuellen Aktivitätenplans im Vordergrund, um zielorientiert die praktische Umsetzung der gewünschten Veränderungen zu unterstützen. Das Beratungsgespräch diente der Sensibilisierung für einen gesundheitsbewussten Lebensstil und der Vermittlung praktischer Umsetzungskompetenzen. Die aufbauenden Interventionen im Bereich »Gesunde Ernährung« (zwei Seminare »Gesunde Ernährung« und ein Seminar »Barrieremanagement«) und »Mehr Bewegung« (sechs angeleitete Ausdauereinheiten) fanden über einen Zeitraum von zwölf Wochen größtenteils in den teilnehmenden Unternehmen statt. Mit der anschließenden Vernetzung in die regionalen Gesundheitsstrukturen sollte eine Verstetigung des gesundheitsorientierten Lebensstils erreicht werden.

Die beschriebenen wissenschaftlich basierten Ergebnisse verdeutlichen, dass mit Hilfe dieses Interventionskonzeptes signifikante Verbesserungen sowohl in Bezug auf die medizinischen Parameter als auch auf der Ebene des individuellen Gesundheitsverhaltens erzielt werden konnten. Allerdings wurde auch deutlich, dass dies insbesondere dann gelingt, wenn die Teilnehmer ein vollständiges Treatment absolvierten.

Zusammenfassend kann festgehalten werden, dass den Studienteilnehmern der IG der Aufbau eines gesundheitsorientierten Lebensstils gelungen ist. Dabei zeigen besonders die Teilnehmer des kompletten Programms die positivsten Effekte. In der KG konnten keine systematischen Veränderungen ermittelt werden.

Manuela Maschke
Betriebsvereinbarungen: Chancen zur betrieblichen Gestaltung nutzen

Voraussetzung für eine Betriebsvereinbarung ist das Vorhandensein eines Betriebsrats: Ohne Betriebsrat gibt es keine Betriebsvereinbarung und damit verzichtet man auch auf betriebliche Mitbestimmungsmöglichkeiten.[1]

Statistisch betrachtet haben 99% aller Betriebe ab 100 Beschäftigten mindestens eine Betriebsvereinbarung abgeschlossen, meist zu Fragen der Arbeitszeitgestaltung (Nienhüser /Hoßfeld 2008: 24). Mit wachsender Betriebs- bzw. Unternehmensgröße steigt die Anzahl abgeschlossener Vereinbarungen. Je nach Studie existieren durchschnittlich zwischen 13 (in Betrieben ab 2.000 Beschäftigten, vgl. Schäfer 2008) und 48 Vereinbarungen (in Unternehmen mit 1.000 und mehr Beschäftigten, vgl. Nienhüser/Hoßfeld: 24). Unternehmen mit 100 bis zu 140 Beschäftigten haben etwa zwölf Vereinbarungen (ebd: 25). In kleineren Betrieben mit 20 bis 49 Beschäftigten existieren durchschnittlich sieben Vereinbarungen (vgl. Schäfer 2008).

Wichtige Themen, mit denen sich Betriebsräte in Betriebsvereinbarungen befassten, sind Arbeitszeitfragen, Datenschutz, betriebliche Sozialleistungen, Arbeitsschutz und Weiterbildung.

Eine abgeschlossene Betriebsvereinbarung wirkt unmittelbar und zwingend. Die unmittelbare Wirkung bedeutet, dass während der Laufzeit die Regelungen der Vereinbarung das Arbeitsverhältnis ohne weiteres Zutun der Arbeitsvertragsparteien gestalten. Diese Regelungen werden jedoch nicht Bestandteil der einzelnen Arbeitsverträge. Zwingende Wirkung heißt, dass von den vereinbarten Regelungen nicht

---

[1] Nach dem IAB-Betriebspanel fielen 2009 insgesamt 31% der Beschäftigten im Westen und 44% der Beschäftigten im Osten in die so genannte Vertretungslücke, d.h. ihre Betriebe hatten keinen Betriebsrat und unterlagen keiner Tarifbindung. 22% der Beschäftigten im Westen und 16% der Beschäftigten im Osten arbeiteten hingegen in Betrieben, die keinen Betriebsrat hatten, aber unter Tarifbindung standen (vgl. Ellguth/Kohaut 2010).

zum Nachteil der Beschäftigten abgewichen werden kann. Hat bei-spielsweise ein Arbeitnehmer in seinem individuellen Arbeitsvertrag eine ungünstigere Regelung vereinbart, gilt die betriebliche Regelung für die Laufzeit der Betriebsvereinbarung. Die Betriebsvereinbarung wirkt auch dann, wenn die Beschäftigten nichts darüber wissen und wenn sie nicht bekannt gemacht worden ist. Selbst dann, wenn die Vereinbarung schon gekündigt ist, aber noch nachwirkt, können sich die Beschäftigten auf sie berufen. Das gilt auch für Beschäftigte, die nach dem Ablauf der Kündigungsfrist der Vereinbarung in den Betrieb ein-getreten sind.

Die Grenze für Betriebsvereinbarungen sind gesetzliche Rege-lungen oder Tarifverträge zum gleichen Thema. Formlose Absprachen zwischen den Betriebsparteien haben nicht eine solche Wirkung, auch wenn dasselbe erreicht werden soll. Diese so genannten Regelungs-absprachen können Arbeitsverhältnisse weder unmittelbar umgestal-ten, noch haben sie eine zwingende Wirkung.

Betriebsvereinbarungen sind vertragliche Kompromisse, die zwi-schen Betriebsrat und Arbeitgebervertretern ausgehandelt werden. Sie bilden das »Gesetz des Betriebes« (Fitting) und regeln beispiels-weise die materiellen Arbeitsbedingungen, die andernfalls einzelver-traglich vereinbart werden müssten. Außerdem ersetzen Betriebsver-einbarungen einige Maßnahmen, die sonst der Arbeitgeber mit seinem Direktionsrecht allein durchführen könnte.

Wie kann der Betriebsrat vorgehen?

Besonders wichtig ist zunächst, sich Klarheit darüber zu verschaffen, was eigentlich in der Betriebsvereinbarung geregelt werden soll. Geht es beispielsweise um ein Verfahren oder geht es um die Lösung eines bestimmten Problems? Ziele müssen präzisiert werden, Mittel und Wege, um die Ziele zu erreichen, sollten durchdacht und Personen, die eingebunden werden, sollten benannt werden. Sind diese wich-tigen Fragen zu Beginn des Prozesses weitgehend geklärt, dann hat die Vereinbarung gute Chancen, auch im betrieblichen Alltag gelebt zu werden, weil sie die Realität berücksichtigt. Wenn das Ziel klar ist, dann sind auch die Formulierungen einer Vereinbarung zu schaffen. Für die juristischen Feinheiten kann man außerdem auf den Rat von Experten zurückgreifen.

Möglicherweise wird der Arbeitgeber einen Entwurf für eine Vereinbarung vorlegen. Vielleicht geht der Betriebsrat auch mit einem eigenen Entwurf in die Verhandlungen. Durchaus sinnvoll ist zunächst, nur ein Eckpunktepapier zu Beginn der Beratungen zu entwickeln. Denn ein Entwurf führt in den Verhandlungen schnell dazu, dass anstatt über Inhalte über einzelne Formulierungen diskutiert und gestritten wird. Auch ist der Aufwand für die Entwicklung eines Entwurfes um ein Vielfaches höher als der Aufwand, den man für ein vergleichsweise grob formuliertes Eckpunktepapier betreiben muss.

Besonders wichtig zu wissen ist, ob das Thema der erzwingbaren Mitbestimmung unterliegt oder nicht. Erzwingbar ist die Mitbestimmung dann, wenn die zu regelnde Angelegenheit durch einen Spruch der Einigungsstelle ersetzt werden kann. In einem solchen Fall ist der Betriebsrat weniger auf das Entgegenkommen des Arbeitgebers angewiesen und kann seinen Standpunkt stärker verteidigen. Erzwingbar ist die Mitbestimmung beispielsweise in Angelegenheiten des § 87 Abs. 1 BetrVG. Im Fall der »freiwilligen Mitbestimmung« bietet es sich an, über Tauschmöglichkeiten nachzudenken. In so genannten teilmitbestimmten Vereinbarungen werden mitbestimmungspflichtige und -freie Angelegenheiten geregelt.

Betriebsvereinbarungen finden ihre Grenzen, wo sie Regelungen treffen, die gegen zwingendes Recht verstoßen. Man spricht allgemein vom Günstigkeitsprinzip, d.h. Betriebsvereinbarungen dürfen im Prinzip keine schlechteren Regelungen als gesetzliche oder auch individualvertragliche Regelungen treffen. Betriebsvereinbarungen dürfen ebenso wenig abgeschlossen werden, wenn sie Themen behandeln, die üblicherweise in Tarifverträgen geregelt werden (Tarifvorbehalt § 77 Abs. 3 BetrVG). Das Gesetz verhindert damit, dass Betriebsvereinbarungen mit Tarifverträgen konkurrieren können. Hier gilt das Günstigkeitsprinzip nicht. Der Tarifvorbehalt gilt auch für Unternehmen, die nicht tarifgebunden sind. Auch dort dürfen keine Betriebsvereinbarungen abgeschlossen werden, deren Inhalte im Prinzip dem Tarifvorbehalt unterliegen.

Seit einigen Jahren gibt es zunehmend Tarifverträge, die so genannte Öffnungsklauseln vereinbaren. Darin wird geregelt, dass zu bestimmten Themen betriebsspezifische Regelungen getroffen werden können, die entweder den Tarifvertrag konkretisieren oder auch vom Tarifvertrag abweichen. Häufig werden diese Betriebsvereinbarungen mit den Gewerkschaften abgestimmt. Das Aussetzen von tarifvertraglich vereinbarten Lohnerhöhungen für einen begrenzten Zeitraum ist ein verbreitetes Beispiel.

Der Geltungsbereich wird in räumlicher, persönlicher, fachlicher sowie zeitlicher Hinsicht bestimmt. Wenn die Betriebsvereinbarung schweigt, kann man im Zweifel davon ausgehen, dass alle Arbeitnehmer, für die der Betriebsrat zuständig ist, erfasst sind.

Leitende Angestellte und Geschäftsführer fallen nicht unter den Geltungsbereich. Besondere Beachtung sollte man dem Geltungsbereich widmen, wenn z.b. bestimmte Personengruppen integriert oder von der Regelung auch ausgeschlossen werden sollen (beispielsweise Leiharbeitskräfte, Auszubildende). Wenn eine Gesamt- oder Konzernbetriebsvereinbarung abgeschlossen wurde, so gilt diese auch in betriebsratslosen Betrieben.

Die Betriebsvereinbarung muss schriftlich formuliert werden (§ 77 Abs. 2 BetrVG). Sie muss vom Arbeitgebervertreter und Betriebsratsvorsitzenden bzw. der Stellvertreterin unterschrieben werden.

Die Veröffentlichung der Betriebsvereinbarung, beispielsweise als Anschlag am Schwarzen Brett, ist zwingend vorgeschrieben (§ 77 Abs. 2 BetrVG). Aber die Betriebsvereinbarung entfaltet ihre Wirkung auch dann, wenn sie nicht im Betrieb bekannt gemacht wurde. Der Arbeitgeber ist verpflichtet, Vereinbarungen zwischen ihm und dem Betriebsrat durchzuführen (§ 77 Abs. 1 BetrVG). Der Betriebsrat kann den Arbeitgeber vor dem Arbeitsgericht zur Einhaltung der Vereinbarung zwingen lassen. Beim Arbeitsgericht kann der Betriebsrat auch beantragen, dass festgestellt wird, ob bestimmte Maßnahmen des Arbeitgebers unzulässig sind, weil sie gegen die Betriebsvereinbarung verstoßen. Er kann auch beantragen, den Arbeitgeber zu verpflichten, eine in der Betriebsvereinbarung beschriebene Maßnahme zu ergreifen oder etwas zu unterlassen, was dem entgegensteht.

Wenn sich die Betriebsparteien nicht über den Inhalt einer Betriebsvereinbarung einig werden, kann die Einigungsstelle angerufen werden. Sie trifft dann einen Beschluss. Dieser »Spruch der Einigungsstelle« ist verbindlich, wenn die Betriebsvereinbarung in den Bereich der erzwingbaren Mitbestimmung fällt. In der Praxis zeigt sich, dass die Einigungsstelle nicht unbedingt entscheiden muss, weil die Betriebsparteien bereits während des Verfahrens eine freiwillige Einigung erreichten. Je nach Unternehmens- und Mitbestimmungskultur kann die Drohung, die Einigungsstelle anzurufen, bereits wirkungsvoll genug sein, um festgefahrene Verhandlungen zu einem akzeptablen Ende zu führen.

Die Betriebsvereinbarung endet zum Beispiel mit dem Datum, das für den Ablauf vorgesehen ist, wenn der Zweck erreicht wurde oder sie durch eine neue Betriebsvereinbarung ersetzt wird. Sie endet auch, wenn sie schriftlich gekündigt wird. Die Frist beträgt drei Monate, es sei denn, die Vertragspartner vereinbaren eine abweichende Frist.

Nachwirkung bedeutet, dass die Vereinbarung auch nach ihrer Kündigung oder nach dem Ablauf der Frist so lange weiter gilt, bis eine neue Vereinbarung abgeschlossen wurde. Bei freiwilliger Mitbestimmung muss diese Nachwirkung ausdrücklich in der Vereinbarung vorgesehen sein.

Tipps für gute Vereinbarungen[2]

- Zunächst sollte im Gremium diskutiert werden, welches Thema eigentlich geregelt werden soll. Was sind die wichtigsten Fragen? Was ist das Ziel? Welche Problematiken tauchen auf?
- Wenn man die Vereinbarung selbst schreibt, dann sollte man möglichst in kurzen Sätzen formulieren und keine verschachtelten Satzkonstruktionen wählen.
- Wenn Muster- oder fremde Betriebsvereinbarungen verwendet werden, dann sollte man berücksichtigen, dass es sich dabei bereits um Kompromisse handelt. Wenn ein solcher Kompromiss zum Maßstab gemacht wird, liegen die eigenen Verhandlungsergebnisse möglicherweise noch darunter.
- Wenn der Arbeitgeber einen Entwurf vorlegt, sollte dieser ausführlich erläutert werden. Unklare Formulierungen sollten hinterfragt und bei Nichtverständnis nicht aufgenommen werden

Jedes Unternehmen hat seine eigene Kultur, unterschiedliche Akteure, die mit verschiedenen Interessen handeln und Kooperationen eingehen. Der Abschluss von Betriebsvereinbarungen sollte je nach Thema auch diese Besonderheiten im Verhandlungsprozess berücksichtigen. Nicht zuletzt ist auch die jeweilige wirtschaftliche Situation relevant für das erfolgreiche Voranbringen von Themen.

Werden diese Faktoren nicht berücksichtigt, kann es passieren, dass die Regelungen in der Schublade landen oder wichtige Gestaltungsmöglichkeiten und -spielräume verloren gehen. Besser ist es, sich Zeit

---

[2] In Anlehnung an http://www.boeckler.de/1298_4791.html.

zu nehmen, um die einzelnen Aspekte gut vorzubereiten. Muster können in dieser Phase zur Anregung und Orientierung dienen.

Die Hans-Böckler-Stiftung bietet mit dem Archiv Betriebliche Vereinbarungen umfangreiche Informationen, Analysen und beispielhafte
Textauszüge aus abgeschlossenen Vereinbarungen an. Diverse Publikationen und eine kostenlose Online-Datenbank im Internet liefern gute
Einblicke, welche Trends vorherrschen, was von anderen Betriebs- und
Personalräten abgeschlossen wurde und wie bestimmte Sachverhalte
formuliert werden können.

Das Archiv »Betriebliche Vereinbarungen« der Hans-Böckler-Stiftung

Die Hans-Böckler-Stiftung betreibt als gemeinnützige Einrichtung das
Archiv Betriebliche Vereinbarungen. Dank der Unterstützung vieler Interessenvertretungen liegen inzwischen 12.000 Betriebs- und Dienstvereinbarungen vor. Zu über 50 Themenbereichen werden bereits Auswertungen und Analysen angeboten, stets mit dem Ziel, betriebliche
Praktikerinnen und Praktiker konkret zu unterstützen.

Die breite Materialgrundlage erlaubt Analysen zu betrieblichen
Gestaltungspolitiken und ermöglicht Aussagen zu Trendentwicklungen
der industriellen Beziehungen in deutschen Betrieben.

Die gesammelten betrieblichen Regelungen werden zu einzelnen
Gebieten ausgewertet. Trends betrieblicher Vereinbarungen werden
transparent gemacht, so können Hinweise für die betriebliche Gestaltung gewonnen werden.

Leitfragen für die Analysen sind: Was vereinbaren die Betriebsparteien konkret und wie sehen die Regelungen im Einzelnen aus? Welche Mitbestimmungsinstrumente werden genutzt und ändern sich diese im Zeitverlauf? Welche Spielräume und Gestaltungsmöglichkeiten
nutzen Betriebs- bzw. Personalräte? Können Anregungen aus den Vereinbarungen für andere Praktiker gewonnen werden? Gibt es offene
Fragen und problematische Entwicklungen?

Anonymisierte Zitate aus den Vereinbarungen geben direkte Einblicke in die Regelungspraxis und liefern Anregungen für eigene Vorgehensweisen und Formulierungen. Umfangreiche Textauszüge befinden
sich auch auf der jeweiligen CD-ROM zum Buch und in der kostenlosen
Online-Datenbank.

Senden Sie uns Ihre Vereinbarungen!

Einmal jährlich bitten wir rund 20.000 Betriebs- und Personalräte in Unternehmen und Verwaltungen, uns betriebliche Vereinbarungen zu relevanten Themen zu schicken. 2011 bitten wir um die Zusendung von abgeschlossenen Vereinbarungen zu folgenden Themen:

- *Regelungen für altersgerechte Arbeit:* alternsgerechte Arbeitsorganisation, Übergangsmanagement, Einbeziehung Älterer in Weiterbildung, altersgemischte Teams, Übergang in den Ruhestand, Altersteilzeit etc.
- *EDV-Rahmenvereinbarungen:* allgemein, für spezielle Systeme (z.b. SAP), zur Software-Ergonomie, Arbeitsorganisation etc.
- *Vereinbarungen zum Datenschutz:* allgemein und in besonderen Arbeitsfeldern
- *Outsourcing, Standortverlagerungen, Restrukturierungen*
- *Umgang mit Mobilitätsanforderungen:* Dienstreisen, Arbeitsbedingungen, technische Ausstattung, Erreichbarkeit, Arbeitszeit etc.
- *Systematische Datensammlung und -analyse:* z.b. Data Warehouse, Data Mining, Business-Intelligence

Es sollte sich um abgeschlossene Vereinbarungen oder ähnliche Regelungen zu den genannten Themen handeln. Wir sind an allen, auch an weniger weit reichenden, Regelungen interessiert. Als Dank für die Beteiligung erhalten die Einsender die Publikationen der Reihe kostenlos.

Bei den Auswertungen geht es um eine wertfreie Darstellung und Analyse, weil die jeweiligen Kräfteverhältnisse im Betrieb unbekannt sind. Unter welchen Bedingungen eine Vereinbarung und der verhandelte Kompromiss zu Stande kommen, entzieht sich unserer Kenntnis. Bei Auswertungen und Zitaten aus Vereinbarungen wird streng auf Anonymität geachtet. Zum Text der Vereinbarungen haben nur die Beschäftigten des Archivs und die Autoren der Auswertungen Zugang. Die Weitergabe von Vereinbarungen ist nicht möglich.

Zusätzlich zu den Analysen werden vielfältige Textauszüge aus den Vereinbarungen in unserer Online-Datenbank zusammengestellt. Inzwischen sind über 40 verschiedene Themen abrufbar. Nutzer können in speziellen Stichwortkatalogen recherchieren. So erhält man verschieden formulierte Regelungsdetails. Die Auswahl lässt sich in Merklisten speichern und zur weiteren Bearbeitung exportieren.

Für zentrale Themen werden außerdem Fallstudien in Auftrag gegeben, um mehr darüber zu erfahren, wie abgeschlossene betriebliche

Vereinbarungen in der Praxis gelebt werden. Wie kam es zur Vereinbarung? Welche Details sind besonders wichtig und welche Regelung existiert womöglich nur auf dem Papier? In ausführlichen Interviews werden Interessenvertretungen und Arbeitgeber der jeweiligen Unternehmen befragt. Außerdem unterstützen wir praxisbezogene Forschung zu Fragen der betrieblichen Regulierung. Ein Newsletter informiert über aktuell fertig gestellte Auswertungen. Hintergrundwissen und weitere Informationen können im Internet unter www.boeckler.de/betriebsvereinbarungen abgerufen werden. Bei Fragen und Interesse, nehmen Sie bitte Kontakt zu uns auf: betriebsvereinbarung@boeckler.de

Literatur

Ellguth, Peter/Kohaut, Susanne (2010): Tarifbindung und betriebliche Interessenvertretung: Aktuelle Ergebnisse aus dem IAB-Betriebspanel 2009. In: WSI-Mitteilungen, 63. Jg., Nr. 4: 204-209.

Nienhüser, Werner/Hoßfeld, Heiko (2008): Verbetrieblichung aus der Perspektive betrieblicher Akteure, Frankfurt a.M.: Bund-Verlag.

Schäfer, Claus (2008): Die WSI-Betriebsrätebefragung 2007 – Methoden und ausgewählte Ergebnisse. In: WSI-Mitteilungen 6/2008: 291-296.

Tobias Reuter/Marianne Giesert/ Anja Liebrich

Der Datenschutz im Betrieblichen Eingliederungsmanagement
Ein Beispiel aus dem Projekt »Neue Wege im BEM«

1. Problemstellung und Handlungsbedarf

Das Betriebliche Eingliederungsmanagement (BEM) hat die Wiederherstellung, den Erhalt und die Förderung der Arbeitsfähigkeit zum Ziel. Um dieses zu erreichen, müssen individuell Maßnahmen abgeleitet werden, wofür personenbezogene und damit sensible Daten notwendig sind. Deshalb muss, bevor solche personenbezogenen Daten erhoben, gespeichert und verarbeitet werden, die Frage nach dem Datenschutz gestellt werden.

Das Bundesdatenschutzgesetz (BDSG) als maßgebliches Gesetzeswerk beinhaltet Regelungen für die Erhebung, Verarbeitung und Speicherung von personenbezogenen Daten und schützt damit das Recht auf informationelle Selbstbestimmung (vgl. auch Schian/Faber 2008: 3). Es ist auch Aufgabe des Betriebes, diese informationelle Selbstbestimmung durch die Berücksichtigung des BDSG zu gewährleisten. Um allen betrieblichen Akteuren[1] Hilfestellung zu geben, wie mit personenbezogenen Daten umzugehen ist, empfiehlt es sich, genau anzuschauen, für welche Ziele welche Daten notwendig sind. Um Klarheit und Sicherheit für die Vorgehensweise zu gewinnen und eine einwandfreie Handhabung zu gewährleisten, sind einzelne Handlungen datenschutzrechtlich zu bewerten. Eine solche detaillierte Aufschlüsselung führt letztlich auch zu mehr Transparenz und Vertrauen.

Im Folgenden werden datenschutzrechtliche Fragen im Kontext des Betrieblichen Eingliederungsmanagements gestellt und beantwor-

---

[1] Aus Gründen der besseren Lesbarkeit wird auf die weibliche Form im Folgenden verzichtet.

tet. Hierfür werden auch Ergebnisse aus dem Projekt »Neue Wege im Betrieblichen Eingliederungsmanagement«[2] vorgestellt.

2. Datenschutz als Voraussetzung für das BEM

»Datenschutz ist Persönlichkeitsschutz« titelt Ulrich Faber (2011: 21) und weist darauf hin, dass ein wirksamer Datenschutz eine wichtige Grundvoraussetzung für das Betriebliche Eingliederungsmanagement ist, um insbesondere den betrieblichen Umgang mit sensiblen Daten zu regeln, aber auch diesen Prozess nach außen transparent zu machen. Das BEM ist seit dem 1.5.2004 im § 84 Abs. 2 SGB IX gesetzlich verankert. Seitdem sind alle Arbeitgeber zu einem BEM verpflichtet, wenn Beschäftigte länger als sechs Wochen innerhalb eines Jahres »ununterbrochen oder wiederholt arbeitsunfähig« sind. Ziel des BEM ist es, unter Zustimmung und Beteiligung der BEM-Berechtigten[3] die bestehende Arbeitsunfähigkeit zu überwinden, erneuter Arbeitsunfähigkeit vorzubeugen und den Arbeitsplatz zu erhalten (vgl. § 84 Abs. 2 SGB IX). Dabei sind eine Reihe von datenschutzrechtlichen Fragen zu klären:

Frage 1: Sind die BEM-Berechtigten zu einem BEM verpflichtet?
Die Teilnahme an einem Betrieblichen Eingliederungsprozess ist freiwillig. § 84 Abs. 2 SGB IX besagt: »*Sind Beschäftigte innerhalb eines Jahres länger als sechs Wochen ununterbrochen oder wiederholt arbeitsunfähig, klärt der Arbeitgeber mit der zuständigen Interessenvertretung im Sinne des § 93, bei schwerbehinderten Menschen außerdem mit der Schwerbehindertenvertretung,* mit Zustimmung und Beteiligung

---

[2] Seit April 2010 wird das Projekt »Neue Wege im BEM« für die gesamte Laufzeit bis März 2013 finanziell unterstützt durch das Bundesministerium für Arbeit und Soziales und den Ausgleichsfonds nach §78 Sozialgesetzbuch IX in Verbindung mit §41 Schwerbehinderten-Ausgleichsabgabeverordnung. Nähere Informationen zum Projekt finden Sie im Internet unter dem Link www.neue-wege-im-bem.de.

[3] Im § 84 Abs. 2 wird die Beteiligung des Betroffenen beim BEM gefordert. Im Hinblick auf diese aktive Rolle erscheint der im allgemeinen Sprachgebrauch verwendete Begriff des »BEM-Betroffenen« eher unpassend, da mit diesem passive, erduldende und erleidende Assoziationen verknüpft sind. Um die aktive und selbstbestimmte Rolle des Erkrankten zu verdeutlichen, wird im Folgenden der Begriff des »BEM-Berechtigten« verwendet (vgl. auch den Beitrag von Liebrich et al. in diesem Band).

der betroffenen Person die Möglichkeiten, wie die Arbeitsunfähigkeit möglichst überwunden werden und mit welchen Leistungen oder Hilfen erneuter Arbeitsunfähigkeit vorgebeugt und der Arbeitsplatz erhalten werden kann (betriebliches Eingliederungsmanagement).« Daraus ergibt sich, dass für den Arbeitnehmer jedes Gespräch und jede Maßnahme im Rahmen des BEM nur mit der Bereitschaft und Zustimmung der Berechtigten eingeleitet werden kann. Lehnt der Berechtigte ab, so darf dies keine arbeitsrechtlichen Folgen haben. Hier knüpft auch der Datenschutz direkt an. Ziel ist die Gewährleistung der informationellen Selbstbestimmung, d.h., jede Person kann darüber bestimmen, wie, wo, wann und welche ihrer persönlichen Daten erhoben werden. Allgemein ist jegliche Datenerhebung und -weitergabe verboten, außer sie ist gesetzlich oder durch den Berechtigten legitimiert. Es muss verhindert werden, dass persönliche Daten missbraucht und für andere Zwecke genutzt werden können als der im § 84 Abs. 2 SGB IX stehende Zielsetzung der Vorbeugung von Arbeitsunfähigkeit und des Erhalts des Arbeitsplatzes.

Frage 2: Welche Akteure führen das BEM durch und erheben die Daten?

Welche Akteure ein BEM durchführen bzw. einzelne Schritte bearbeiten, muss konkret in einer Betriebs- oder Dienstvereinbarung geregelt werden. Dies kann bspw. ein einzelner Fallmanager (z.B. ein Disability Manager) oder auch ein Integrationsteam sein. Auch eine Stellvertretungsregelung sollte hier angedacht werden. Sind die unterschiedlichen Personen festgeschrieben, müssen sich diese zum Datengeheimnis (Schweigepflicht gemäß § 5 BDSG) verpflichten. Im § 203 StGB (»Verletzung von Privatgeheimnissen«) sind bereits einige Personengruppen (bspw. Ärzte, Berufspsychologen) aufgeführt, für die eine besondere Schweigepflicht gilt. Hier sind auch strafrechtliche Konsequenzen bei Missbrauch erläutert. Handelt es sich um Personen, die nicht in diesem Paragrafen erfasst sind, dann muss auf jeden Fall eine Datenschutzerklärung (gem. § 5 BDSG) unterzeichnet werden (vgl. Abbildung 1), damit die BEM-Berechtigten rechtlich abgesichert sind. So führt auch hier der Verstoß gegen das Datengeheimnis für den Einzelnen zu strafrechtlichen Konsequenzen.

Abbildung 1: Datenschutzerklärung

Verpflichtungserklärung

Beschäftigte Person
Herr/Frau ....
Nach den Vorschriften des Bundesdatenschutzgesetzes (BDSG) gilt für Sie auf Grund Ihrer Aufgabenstellung § 5 des Gesetzes. Danach ist es Ihnen untersagt, geschützte personenbezogene Daten unbefugt zu verarbeiten oder zu nutzen.
Gemäß § 5 BDSG sind Sie verpflichtet, das Datengeheimnis zu wahren. Diese Verpflichtung besteht über das Ende der Tätigkeit in unserem Unternehmen hinaus.
Wir weisen darauf hin, dass Verstöße gegen das Datengeheimnis nach §§ 43 und 44 BDSG und anderen Strafvorschriften mit Geld- oder Freiheitsstrafe geahndet werden können.
Abschriften der hier genannten Vorschriften des Bundesdatenschutzgesetzes (§§ 5, 43, 44) sind beigefügt. Ihre sich aus Arbeitsvertrag und Arbeitsordnung ergebenden Geheimhaltungsverpflichtungen werden durch diese Verpflichtung nicht berührt.
Geben Sie bitte die beigefügte Zweitschrift dieses Schreibens nach Vollzug Ihrer Unterschrift an die Personalabteilung zurück.

Meine Verpflichtung auf das Datengeheimnis gem. § 5 des Bundesdatenschutzgesetzes habe ich zur Kenntnis genommen.

Firma: ....

Ort/Datum: ....

Unterschrift ....

Frage 3: Wie werden die Daten erhoben und archiviert?

Ziel muss es sein, dass nur die oben definierten Fallmanager bzw. Mitglieder des Integrationsteams Zugang zu notwendigen persönlichen Daten haben. Diese Daten können auf Papier oder elektronisch erhoben und gespeichert werden. Generell ist es zu empfehlen, Daten im BEM-Prozess in Papierform festzuhalten und in einem separaten, verschließbaren Schrank abzulegen. Zugang zu diesem Schrank haben nur die Fallmanager bzw. das Integrationsteam. Möglich ist auch, dass zwei Personen für das Aufsperren des Schrankes verantwortlich sind, um so die Daten zusätzlich vor Missbrauch zu schützen. Werden Daten auch elektronisch erfasst, muss ein besonderes Sicherheitskonzept dafür sorgen, dass außer den oben definierten Akteuren niemand darauf zugreifen kann. Hierfür ist eine vom Firmennetzwerk unabhängige Computerlösung anzustreben. Die bei der Durchführung des BEM erhobenen Daten dürfen grundsätzlich nicht mit sonstigen Daten der Personalakte zusammengeführt werden. Daher ist eine getrennte BEM-Akte – vergleichbar den Akten des Betriebsarztes – zu führen. In der Personalakte dürfen – bis auf wenige Ausnahmen – keine personenbezogenen Daten festgehalten werden. Zu den Ausnahmen zählen:

■ die Kopie für die Einladung zum BEM-Gespräch,
■ die Rückantwort bzw. falls keine Antwort erfolgt, muss auch dies dokumentiert werden,
■ die Dokumentation der Beendigung des Verfahrens bzw. die Ablehnung eines BEMs sowie
■ die Dokumentation der Maßnahmen, die im Einflussbereich des Arbeitgebers stehen.

Diese Dokumente mit personenbezogenen Daten dienen insbesondere für den Nachweis, dass der Arbeitgeber seinen Pflichten nach § 84 Abs. 2 SGB IX nachgekommen ist. Alle Inhalte und insbesondere persönliche Maßnahmen sind für die Dokumentation nicht notwendig (vgl. auch Frage 4 und 7).

Frage 4: Welche Daten sind notwendig?

Grundsätzlich gilt nach § 3a Bundesdatenschutzgesetz (BDSG) Datenvermeidung und Datensparsamkeit.

Demnach sind so wenig personenbezogene Daten wie möglich zu erheben, zu verarbeiten und zu speichern. Im Falle des BEM ist es zunächst notwendig, die ununterbrochene oder wiederholte Arbeitsunfähigkeit von mehr als sechs Wochen innerhalb eines Jahres festzustellen. Hierzu müssen jedoch keine Diagnosen erhoben oder festgehalten werden, es bedarf lediglich der Anzahl der Arbeitsunfähigkeitstage. Für den weiteren Prozess des BEM muss genau abgewogen werden, welche personenbezogenen Daten für die Zielerreichung – Förderung, Erhalt und Wiederherstellung der Arbeitsunfähigkeit – zwingend erforderlich sind. So können im Einzelfall auch ärztliche Diagnosen für die Festlegung von Eingliederungsmaßnahmen hilfreich sein. Hierzu ist dann allerdings die Einwilligung des Berechtigten zwingend erforderlich, um den Arzt von der Schweigepflicht voll oder teilweise zu entbinden.

Frage 5: Ist eine Einwilligung für personenbezogene Daten notwendig?
Ja! Generell gilt: Eine Einwilligung ist notwendig für alles, was nicht
gesetzlich geregelt ist. Unter Berücksichtigung einzelner Schritte des
BEM (vgl. bspw. auch den Handlungsleitfaden des Betrieblichen Eingliederungsmanagements des DGB Bildungswerks, Abbildung 3) ist auch
eine schrittweise Einwilligung bzw. zeitliche Beschränkung empfehlenswert. Hierzu gehört ebenfalls, dass auch eine schrittweise Rücknahme
der unterschiedlichen Einwilligungen möglich ist. Zudem kann der BEM-
Berechtigte einzelnen Personen seine Einwilligung verweigern.

Frage 6: Wie läuft ein BEM ab?
Um Sicherheit und Transparenz für alle Beteiligten im Umgang mit personenbezogenen Daten zu bekommen, wird eine genaue Aufschlüsselung des BEM-Prozesses und dessen datenschutzrechtlichen Konsequenzen in einer Betriebs- bzw. Dienstvereinbarung empfohlen. Hierzu
sollen die gestellten Fragen für jeden Schritt des BEM-Prozesses detailliert beantwortet werden. So ist bspw. genau zu regeln, wie zunächst die
Arbeitsunfähigkeit von mehr als sechs Wochen festgestellt wird und wie
die Weitergabe an das Integrationsteam bzw. die Fallmanager abläuft.
Ebenfalls sind z.B. die Kontaktaufnahme, das Erstgespräch, die Ableitung von Maßnahmen einer genauen datenschutzrechtlichen Prüfung
zu unterziehen. Der Prozess des BEM muss an die betrieblichen Reali-
täten angepasst werden. Als Leitfaden kann z.B. das 10-Schritte-Modell
des DGB Bildungswerks (vgl. Abbildung 3, S. 181) dienen.

Frage 7: Was und wann wird an den Arbeitgeber zurückgemeldet?
Der Arbeitgeber ist nach § 84 Abs. 2 dazu verpflichtet ein BEM durchzuführen. Hierfür ist auch eine entsprechende Dokumentation erforderlich, damit der Arbeitgeber – bspw. vor der Interessensvertretung
oder im Falle eines Rechtsstreits um eine Kündigung – nachweisen
kann, dass er seinen Pflichten gem. § 84 Abs. 2 SGB IX nachkommt.
Wie diese Dokumentation im Einzelnen ausgestaltet ist, muss mit der
Interessensvertretung abgestimmt werden. Folgende Nachweise sind
für den Arbeitgeber wichtig: Nachweis über die Kontaktaufnahme (z.B.
die Rückantwort des Anschreibens), Einwilligung in das BEM sowie
Informationen über den Abschluss. Darüber hinaus muss der Arbeitgeber in die Maßnahmenplanung einbezogen werden, sofern diese in
seinen Aufgabenbereich fallen.

Frage 8: Wie lange werden die Daten in der BEM-Akte sowie in der Personalakte aufbewahrt und wann werden diese vernichtet?

Nach dem Bundesdatenschutzgesetz (BDSG) müssen die Daten gelöscht werden, wenn die Zweckbestimmung entfällt. Dies gilt nicht, wenn andere Gesetze (z.b. für Patientendaten) die Archivfrist verlängern. Für das betriebliche Eingliederungsmanagement gibt es zu dieser Frage allerdings keine gesetzlichen Aussagen. Für die BEM-Akte sowie die BEM betreffenden Inhalte in der Personalakte wird eine Aufbewahrungszeit von drei Jahren nach Abschluss des BEM empfohlen (vgl. IQPR, S. 21-22). Nach Ablauf dieses Zeitraums kann zunächst davon ausgegangen werden, dass die Eingliederungsmaßnahmen erfolgreich waren. Ebenfalls ist davon auszugehen, dass die Wahrscheinlichkeit für einen arbeitsrechtlichen Streit und die Notwendigkeit des Nachweises für die Durchführung eines sinnvollen BEMs nur noch gering sind. Für die BEM-Akte sollte die Möglichkeit bestehen, dass der BEM-Berechtigte diese vor Vernichtung noch einmal einsehen bzw. diese auch an sich nehmen kann. Sollte es zu einem späteren Zeitpunkt erneut zum BEM bei dieser Person kommen, können so die Unterlagen hierfür noch einmal genutzt werden.

Frage 9: Was passiert, wenn der BEM-Berechtigte seine Einwilligung widerruft?

BEM ist zu jedem Zeitpunkt freiwillig und eine Einwilligung kann jederzeit widerrufen werden. Das gilt auch für die Einwilligungen zur Datenerhebung, -verarbeitung und -speicherung. Wird eine Einwilligung widerrufen, sind diese Daten zu löschen. Im Projekt »Neue Wege im BEM« (vgl. auch den Beitrag von Liebrich et al. in diesem Band) wurde eine Handlungshilfe für den Datenschutz in einer Betriebs- oder Dienstvereinbarung auf Grundlage der 10-Schritte-Systematik des »Handlungsleitfadens für das Betriebliche Eingliederungsmanagement« (vgl. auch Abbildung 3) entwickelt. Es wird empfohlen, dass der Datenschutz als Bestandteil in eine Betriebs- oder Dienstvereinbarung zum BEM einfließt. Hierzu eignet sich die in Abbildung 2 aufgeführte Bestimmung zum Datenschutz.

Des Weiteren wird angeregt, diese sehr allgemeine Datenschutzregelung um detailliertere Ausführungen zu ergänzen. Dies kann bspw. durch einen separaten Anhang geschehen. Ziel dieser zusätzlichen Regelungen ist es, den betrieblichen BEM-Prozess auf datenschutzrechtliche Aspekte genauer zu prüfen. Damit wird bezweckt, dass die

Abbildung 2: Datenschutz in einer Betriebs-/Dienstvereinbarung

---

§ XXX Datenschutz

Das betriebliche Eingliederungsmanagement erfolgt unter Wahrung der jeweils gültigen datenschutzrechtlichen Bestimmungen. Wenn personenbezogene Daten an Dritte weitergegeben werden müssen, hat die Ansprechperson die Arbeitnehmer darüber aufzuklären und ihre schriftliche Einwilligung einzuholen. Wenn Ärzte angehört und eventuelle gesundheitliche Informationen erörtert werden sollen, dürfen die Ärzte ihnen bekannt gewordene gesundheitliche Informationen erst weitergeben, wenn die Arbeitnehmer sie schriftlich von der Schweigepflicht entbunden haben.

Bevor eine Unterschrift geleistet wird, ist die Schwerbehindertenvertretung und/oder der Betriebsrat einzuschalten. Die erhobenen Daten dürfen ausschließlich für die in der Vereinbarung benannten Ziele des BEM verwandt werden. Sie dienen dem Erhalt der Arbeitsfähigkeit und des Arbeitsplatzes. Zu anderen Zwecken ist ihre Verwendung untersagt. Gesundheitsdaten sind getrennt von der Personalakte aufzubewahren.

Bei Bedenken gegen einen umfassenden Datenschutz kann externer Rat hinzugezogen werden.

Akteure des BEMs Handlungssicherheit bei der Erhebung und beim Umgang mit personenbezogenen Daten bekommen und dass Transparenz besteht, welche Daten wann, wie und wo erhoben, verarbeitet und gespeichert werden. In der Handlungshilfe, die im Projekt »Neue Wege im BEM« entsteht, sind solche datenschutzrechtlichen Aspekte für die zehn Schritte des »Handlungsleitfadens für das Betriebliche Eingliederungsmanagement« untersucht und festgehalten worden.

Tabelle 1 zeigt beispielhaft einen Auszug für die Handlungsschritte fünf und sechs.

Die erste Spalte des vorgeschlagenen Anhangs beschreibt, was bei dem jeweiligen Schritt gemacht wird. Unter »Verarbeitende Daten« wird erläutert, was erhoben wird und ob es sich dabei um personenbezogene Daten handelt. Die nächste Spalte führt die speziellen Rechtsgrundlagen auf, die bei dem Schritt besonders zu beachten sind. Im Weiteren wird genauer bestimmt, ob der BEM-Berechtigte über die Verarbeitung von Daten informiert werden muss. Die vorletzte Spalte schlüsselt auf, wo und welche Daten gespeichert werden (vgl. hierzu auch Frage 2 oben). Hier ist es besonders wichtig, zu definieren, was

Abbildung 3: Betriebliches Eingliederungsmanagement: Zehn Schritte zum Ziel

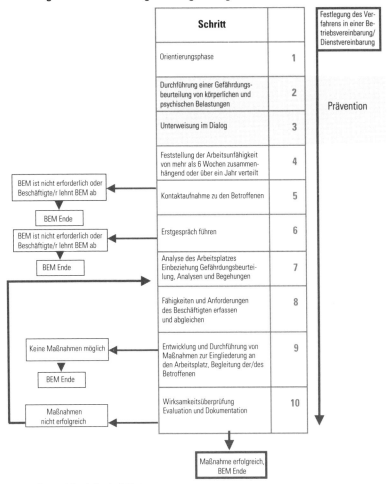

Quelle: Giesert/Wendt-Danigel 2011

in die BEM-Akte und was in die Personalakte gehört. Schließlich werden noch Aufbewahrungsfristen und die Löschung von Daten genauer festgehalten. Die gesamte Handlungshilfe muss von den Unternehmen auf die jeweiligen betrieblichen BEM-Schritte angepasst werden und dient in der vorliegenden Form als Diskussionsgrundlage.

Tabelle 1: Auszug datenschutzrechtliche Aspekte: Handlungsschritte 5 und 6

Schritt BEM	Schritte 1-4...	Schritt 5: Kontaktaufnahme zum Betroffenen	Schritt 6: Erstgespräch führen	Schritte 7-10...
Was wird gemacht? Was passiert?		■ Erstkontakt durch schriftliche Einladung zum Erstgespräch ■ Kopie der Einladung an Personalabteilung ■ Rückantwort in Personalakte und BEM-Akte ■ ggf. Dokumentation der Ablehnung des BEM ■ ...	■ Freiwilligkeit des BEMs erläutern ■ auf Ziele und Ablauf des BEM hinweisen ■ Einwilligung des Betroffenen in das BEM ■ ggf. Dokumentation der Ablehnung des BEMs ■ Datenschutzerklärung unterschreiben ■ Gespräch dokumentieren ■ ...	
Verarbeitete Daten		■ Personenbezogene Daten: Umfang der Arbeitsunfähigkeit, Name, Kontaktdaten etc. ■ Einladung ■ Dokumentation der Rückantwort/ ggf. Dokumentation der Ablehnung ■ ...	■ Personenbezogene Daten: persönliche, gesundheitsbezogene Daten im Kontext des BEM (z.B. Einschränkungen, Leistungspotenzial, Name, Kontaktdaten etc.) ■ Einwilligungserklärung in das BEM ■ ggf. Ablehnung des BEM ■ ggf. Dokumentation, wenn Betroffener nicht zum Gespräch erscheint ■ ggf. benötigte Gesundheitsdaten des Arztes und Dokumentation der Schweigepflichtentbindung ■ ggf. Widerruf der Einwilligung ■ Dokumentation, dass Betroffener über Ziele und Ablauf des BEMs informiert wurde ■ ...	

Schritt BEM	Schritte 1-4...	Schritt 5: Kontaktauf-nahme zum Betroffenen	Schritt 6: Erstgespräch führen	Schritte 7-10...
Rechtsgrund-lage		■ § 84 Abs. 2 SGB IX (BEM) ■ § 5 BDSG (Datengeheimnis) ■ § 34 BDSG (Auskunftsanspruch) ■ § 79 BetrVG (Geheimhaltungspflicht BR) ■ § 96 SGB IX (Geheimhaltungspflicht SBV) ■ § 155 SGB IX (Freiheits-/Geldstrafe bei Geheimnis-verrat) ■ § 203 StGB (z.b. ärztliche Schweigepflicht) ■ Betriebsvereinbarung selbst ■ ...		
Benach-richtigung Mitarbeiter/ Auskunfts-anspruch		■ Mitarbeiter hat stets Auskunftsanspruch bzgl. ge-speicherter Daten (§ 34 BDSG) ■ ...		
Ort der Speicherung		■ BEM-Akte: Einladung und Rückantwort (bei Ableh-nung ist BEM-Akte zu vernichten) ■ Personalakte: Einladung, Rückantwort, ggf. Ableh-nung ■ ...		
Aufbewah-rungsfrist		■ BEM-Akte: empfohlen werden drei Jahre; bei Ablehnung ist BEM-Akte sofort zu löschen ■ Personalakte: empfohlen werden drei Jahre ■ ...		

3. Zusammenfassung und Ausblick

Der Datenschutz ist für die Arbeit mit personenbezogenen Daten uner-lässlich. Wie am Beispiel des Betrieblichen Eingliederungsmanage-ments beschrieben, sorgen umfassende Datenschutzregelungen im Betrieb für Handlungssicherheit und Transparenz bei allen Beteiligten. Dabei ist es empfehlenswert, den kompletten BEM-Prozess – dies gilt gleichermaßen für andere Prozesse des Gesundheitsmanagements – zu berücksichtigen und sich zu allen Schritten genau die datenschutz-rechtlichen Zusammenhänge anzusehen. So sind natürlich auch Anpas-sungen notwendig, wenn einzelne Schritte sich verändern. Dies gilt auch für die in Abschnitt 2 beschriebene Handlungshilfe zum Daten-schutz (vgl. Tabelle 1). Neue Erkenntnisse bzw. gute Weiterentwicklungen aus den Modellbetrieben des Projektes fließen weiterhin in die Handreichung ein.

Alle datenschutzrechtlichen Regelungen müssen dem Ziel der informationellen Selbstbestimmung folgen, sodass der Einzelne für sich und seine Arbeitsfähigkeit Verantwortung übernehmen kann. Damit gestaltet der BEM-Berechtigte den BEM-Prozess selbst und ist damit Subjekt und nicht Objekt.

Literatur

Faber, Ulrich (2011): BEM und sensible Gesundheitsdaten: Datenschutz ist Persönlichkeitsschutz und hat höchste Priorität. In: Gute Arbeit. Gesundheitsschutz und Arbeitsgestaltung 3/2011, 23. Jg., Frankfurt a.M.: 21-23.

Giesert, M./C. Wendt-Danigel (2011): Handlungsleitfaden für ein Betriebliches Eingliederungsmanagement, 2. Aufl. Düsseldorf: Hans-Böckler-Stiftung.

IQPR (Institut für Qualitätssicherung in Prävention und Rehabilitation GmbH an der Deutschen Sporthochschule Köln): EIBE, Entwicklung und Integration eines Betrieblichen Eingliederungsmanagements. Manual Teil B. Datenschutzkonzept – Datenschutz im Rahmen des Betrieblichen Eingliederungsmanagements nach § 84 SGB IX; URL: www.iga-info.de/fileadmin/BEM/EIBE-05-07_Datenschutzkonzept.pdf (Stand 12.5.2011).

Schian, Marcus/Ulrich Faber (2008): Rechtliche und organisatorische Aspekte des Datenschutzes im Betrieblichen Eingliederungsmanagement. In: Diskussionsforum Teilhabe und Prävention. Forum B: Schwerbehindertenrecht und betriebliches Gesundheitsmanagement. Diskussionsbeitrag Nr. 3.

Anastasia Wagner
Leistungssteigerung durch die Arbeit mit Atem und Stimme

Wir leben in einer Zeit, in der im Berufsleben von uns eine immer größere Leistung in immer kürzerer Zeit gefordert wird, und in der unsere persönliche Befindlichkeit wenig zählt. Ein Volk, welches diese Einstellung auf die Spitze treibt, sind z.b. die Japaner: Die Menschen leben quasi für ihre Arbeit, und in der einen Woche Urlaub im Jahr werden noch Geschäftsreisen gemacht. Interessanterweise sind es aber auch japanische Firmen, in denen es zu bestimmten Zeiten völlig alltäglich ist, auf Korridoren reihenweise Mitarbeiter anzutreffen, die regungslos vor ihren Büros stehen – in Meditation versunken. Hier wurde erkannt, was für viele in unserer stressgeplagten Zeit kein Geheimnis mehr ist: dass Meditation geistige Entspannung und Stressminderung bewirkt und die Mitarbeiter gesünder und leistungsfähiger macht.

Dass auch das Singen am Arbeitsplatz auf diese Weise wirkt, und sogar noch darüber hinaus, ist noch eine weitgehend neue Idee. Wenn ich von »Singen« spreche, beziehe ich mich auf die Technik des klassischen Gesanges. Das mag vielen seltsam erscheinen, denn sie wollen ja nicht an ihrem Arbeitsplatz eine Gesangsausbildung machen. Tatsächlich ist diese Technik eine natürliche Form, die wir alle schon einmal perfekt beherrscht hatten, nämlich als wir als Säuglinge stundenlang auf dem» hohen C« geschrien haben, ohne heiser zu werden und »perfekt gestützt« (die Atemstütze wird im Anschluss erklärt).

Warum sollen wir diese Technik jetzt wieder hervorholen? Um dies verständlich zu machen, werde ich die Technik der klassischen Gesangskunst genauer erläutern, denn sie führt insbesondere und in vielfachem Maße eher zur Leistungssteigerung als das »nur so Singen«.

Die Stimmatmung: Belebung des Körpers

Unsere Atmung ist unter Stress häufig flach und beschleunigt. Offenkundig ist, dass die Atmung durch die Kontrolle der eingeatmeten Sauerstoffmenge zur besseren Energieversorgung der Organe beiträgt. Beim

Singen erhöhen wir unser Atemvolumen, hierbei wird die Ausatmungsphase verlängert, die Ein- und Ausatmungsphase verhalten sich jetzt
etwa 1 : 8, während sie sich in der normalen Atmung etwa 1 : 2 verhalten. Durch die verlängerte Ausatmung wird Stressabbau bewirkt, ein
Loslassen und Entspannen wird zugelassen.

Stimmphysiologisch geschieht dabei folgendes: Während der Ausatmung, in der wir versuchen, das Zwerchfell entgegen seiner Natur
möglichst tief und flach zu halten, passiert die Atemluft die Stimmritze,
wodurch die Stimmlippen in Schwingung versetzt werden.

Der Atem wird durch das periodische Öffnen und Schließen der
Stimmritze in der Frequenz der Stimmlippenschwingung rhythmisch
unterbrochen und die entstehenden Wellen wiederum durch Reflektion
an bestimmten Stellen im Vokaltrakt zurückgeworfen. Durch den rhythmisch pulsierenden Atemstrom werden im Vokaltrakt eine Druckerhö-
hung und eine damit verbundene Energiesteigerung bewirkt.

Das Resultat der beherrschten Stimmatmung ist einfacher zu erspüren als zu verstehen, das Singen geschieht müheloser, die Stimme ist
tragfähiger, und der Körper wird belebt. Dabei muss die richtige Mus-
keltätigkeit durch Imaginationen und Gespür erreicht werden, da viele
der muskulären Vorgänge, die für das Singen erforderlich sind, nicht
bewusst zu steuern sind.

Das Zwerchfell z.B. besitzt selbst keine Möglichkeit, einen Deh-
nungsreflex zu bewirken, es kann bei Beherrschung der Atemstütze
einen angepassten Gegendruck an die Bauchdecke realisieren. Die
Bauchdecke und das gegengespannte Zwerchfell werden in federnder
Elastizität gehalten, es entsteht Halt durch den Atem, die Atemstütze. Dabei kommt die Kraft für den Atemstrom und den auf ihm basie-
renden Gesang aus dem Bauch, und nicht, wie bei Laiensängern irr-
tümlich angenommen, aus der Kehle.

Von außen betrachtet können wir uns das Ganze wie einen Spring-
brunnen vorstellen, auf dessen Wassersäule ganz leicht ein Tisch-
tennisball tanzt (dieser entspricht der entspannten Kehle, aus der die
Töne »tanzen«), der erforderliche Druck liegt unsichtbar in der Tiefe
des Brunnens.

Körperspannung – verbessert durch Singen

Das Singen hat eine entspannende Wirkung auf den gesamten Körper, dabei ist es wichtig, auch die Haltung des Singenden zu korrigieren. Unsere Muskeln sind über so genannte Muskelschlingen miteinander verbunden, neben der zielorientierten Funktion können durch diese auch vorhandene Verspannungen auf andere Muskeln transportiert werden. Für das Singen ist eine gewisse Grundspannung im Körper erforderlich, die nicht angespannt und auch nicht völlig entspannt ist, sondern »situationsgebunden gespannt«. Wenn ich diese Körperhaltung, auch wieder vor allem mit Hilfe von Imaginationen und durch Erspüren, erlernt habe, wird die erstrebte Atemstütze und der mühelose Ton gefördert, die wiederum zur Entspannung des gesamten Körpers führen. Eine gute Ausgangsspannung wird also durch das Singen erhalten und verbessert, Verspannungen werden gelöst.

Vibrato: mehr Kreativität

Wenn ich die Atemstütze beherrsche, stellt sich ganz von selbst ein natürliches Vibrato ein. Das Vibrato stellt im Wesentlichen eine rhythmische Schwankung der Tonhöhe dar. Die Tonhöhe schwankt um ca. einen Halbton. Der natürliche Rhythmus liegt bei etwa fünf bis sieben Schwingungen pro Sekunde. Die sieben Schwingungen pro Sekunde entsprechen interessanterweise den Theta-Wellen des Gehirns. Diese treten im Dämmerzustand zwischen Wachen und Schlafen auf, in welchem die übliche Zensur des bewussten Verstandes wegfällt. Dadurch kann ein Zugang zum Unterbewusstsein geöffnet und unter anderem ein Strom an Kreativität freigesetzt werden. Der Thetazustand bewirkt eine verbesserte Kommunikation mit der rechten Gehirnhälfte, er erhöht somit die Lern- und Erinnerungsfähigkeit und verbessert neben der Kreativität auch das assoziative Denken.

Es gibt noch weitere ähnliche Schwingungen in unserem Körper. So behauptet Bentov (1976), dass die Stimme durch ihr Vibrato auch das Herz-Kreislaufsystem reguliert, da die vom Herz-Kreislaufsysthem hervorgebrachte stehende Welle im menschlichen Skelett mit 7 Hertz schwingt.

F.D. Jonas fand heraus, dass das Singen den sprachlichen Ausdruck fördert, da unser genetischer Schrittmacher im Gehirn, der für die Sprache verantwortlich ist, mit ca. 6 Hertz schwingt (Jonas/Jonas 1979: 215).

Diese Aussagen weisen darauf hin, dass das Singen in der Lage ist, die körperliche Leistungsfähigkeit und auch das sprachliche Ausdrucksvermögen zu verbessern.

Der Sängerformant macht wach

Ein gesunder Ton enthält viele Obertöne. Diese Teiltöne werden unterschiedlich stark hervorgehoben. Durch Erweiterung oder Verengung der verschiedenen Teile des Vokaltraktes, zum Beispiel durch Artikulation, lassen sich diese Teiltöne, Formanten genannt, variieren. Ein herausragender Formant liegt um 3.000 Hertz. Er ist auch schon bei Kindern zu finden. Dieser Formant ist verantwortlich für den »silbrigen« Klang der Stimme. Um ihn zu erreichen, ist neben der schon besprochenen Atemstütze die Tiefstellung des Kehlkopfes wichtig. Auch dieser Vorgang ist nicht durch willentliche Muskelanstrengungen, sondern durch Imagination und Erspüren zu erreichen.

Interessanterweise gibt die im Hirnstamm liegende Formatio reticularis selbst hoch frequente Signale im Bereich von 3.000 Hertz ab. Sie besteht aus netzartig verknüpften Nervenzellen mit auf- und absteigenden Axonen. Hier laufen Erregungen aller Sinnesqualitäten ein. Der Grad der Erregung der Formatio reticularis hängt von der Bedeutung ab, die der Organismus der einzelnen Sinneserregung beimisst. Die Formatio reticularis ist mit dem Limbischen System verbunden, zu dem unter anderem Hypothalamus und Thalamus gehören. Dieses System ist für emotionales und affektives Verhalten verantwortlich. Somit hat der Sängerformant auch Einfluss auf die Emotionen.

Auch eine nicht perfekt ausgebildete Stimme erreicht Teile dieser Parameter. Da die Formatio reticularis auch unseren Aufmerksamkeitsgrad, die Konzentration und Wachheit steuert, machen die hohen Frequenzen des Sängerformanten wach und beeinflussen Bewusstheit und Denkfähigkeit.

Diese Qualitäten, Erhöhung von Kreativität, Wachheit und Denkvermögen sind sicherlich Qualitäten, die am Arbeitsplatz wünschenswert sind.

Gisela Rohmert bemerkt hierzu:»Durch die energetische Dominanz der Sängerformantfrequenzen wird eine Wirkung auf den Körper erreicht: Der Kiefer wird entspannt, der Zungengrund ist flexibel ..., die Sängerin wird von sämtlichen Körperspannungen befreit, ... die Wirbelsäule ist aufgerichtet, die Bauchdecke passiv, der Nacken frei.« (Rohmert 1994: 66)

Weitere Auswirkungen des Singens auf die Praktizierenden

Am unmittelbarsten spürbar ist die Zufuhr von Energie durch das Singen, die Praktizierende fühlt sich frischer, wacher, leichter. Eine Voraussetzung dafür ist sicherlich, sich auf die Methode einzulassen, sich soweit zu öffnen, einen Selbstausdruck zuzulassen und sich auf den eigenen Körper einzulassen. Dabei ist es auch möglich, Emotionen durch den Gesang zu kanalisieren, zum Ausdruck zu bringen und zu transformieren. Auch das kann am Arbeitsplatz sehr hilfreich sein und Konflikten vorbeugen.

Auch Alfred Tomatis hebt in seinem Buch»Klang des Lebens« hervor:»Hohe Frequenzen setzen sich in eine unverhältnismäßig größere Anzahl von Impulsen um, die eine wahre Aufladung, eine Belebung der kortikalen Tätigkeit bewirken (im EEG sichtbar). Das bedeutet Bewusstsein, Denkfähigkeit, Gedächtnis usw. – kurz: geistige Wachheit, aber auch Vitalität und Kreativität.« (Tomatis 1987: 67)

Die Energie, die während des Singens im Körper aufgebaut wird, wirkt nach meinen Erfahrungen antriebssteigernd, die Menschen bekommen Lust, sich mitzuteilen, zu kommunizieren, wir spüren uns und unseren Körper intensiver und damit auch das»Hier und Jetzt«.

Bei einer Umfrage, in der 20 Gesangspädagoginnen mit je mehr als 50 Schülern gefragt wurden, was sich bei diesen verändert hätte, wurde unter anderem genannt: Hemmungsverminderung, spontanere Gefühlsäußerungen, verbesserte Körperwahrnehmung, Verbesserung der Ausdrucksfähigkeit, offenerer und freierer Kontakt zu anderen, stabileres Verhalten. All diese Auswirkungen kann ich durch meine mehr als 20-jährige Unterrichtserfahrung bestätigen.

Zwischenfazit: Singen steigert die Leistung und fördert das Miteinander

Es gibt heutzutage viele Körpertechniken zur Steigerung der Leistungsfähigkeit. Dabei soll die Muskulatur gestärkt werden, Bewegungen werden differenziert, Asymmetrien des Körpers werden beseitigt, Verspannungen gelockert, die Durchblutung verbessert, bestimmte Gehirnregionen stimuliert etc.

Das klassische Singen stellt meiner Meinung nach eine Technik dar, welche all dies bewirken kann. Selbst wenn noch nicht die optimale Brillanz des Sängerformanten erreicht ist, kann dadurch schon enorme Lebensenergie wieder freigesetzt werden. Ein weiterer Aspekt, der gerade am Arbeitsplatz zum Tragen kommt, ist die Wirkung des Singens auf sozialer und gemeinschaftlicher Ebene: Ich bevorzuge in der Arbeit mit Atem und Stimme in Firmen zur Steigerung der Leistungsfähigkeit die Arbeit in Kleingruppen bis maximal fünf Personen, die sich cirka zweimal in der Woche cirka 20 Minuten zum Praktizieren dieser Methode zusammenfinden.

Uns allen ist die Wirkung von so genannten Arbeitsliedern bekannt, die heute noch in Naturvölkern praktiziert werden. In Afrika zum Beispiel erleichtern sie bei Aussaat und Ernte die schwere Arbeit auf den Feldern. Neben dem gemeinsamen »Taktgefühl« fördern sie ein Gefühl der Zusammengehörigkeit. Leider ist das gemeinsame Singen am Arbeitsplatz nahezu vollständig verloren gegangen. Dabei kann es gerade in einer modernen Gesellschaft wertvolle Dienste leisten und zum Beispiel in Mobbingfällen Positives bewirken.

Karl Adamek untersuchte im Rahmen seiner Studie mit dem Freiberger Persönlichkeitsinventar (FPI) Unterschiede zwischen Menschen, die singen, und solchen, die nicht singen. Die Ergebnisse sagen aus, dass die singenden Menschen stärker sozial verantwortlich, hilfsbereiter und mitmenschlicher seien. Außerdem seien sie weniger erregbar und auch bei Störungen und vielen anderen Ereignissen geduldiger und gelassener. Die nicht singenden Menschen würden schneller aggressiv werden und ungeduldiger sein. Diese Forschung würde bestätigen, dass das Singen uns in sozialen Gemeinschaften, zum Beispiel am Arbeitsplatz, in einem sozialen, effektiven Miteinander unterstützt und so unsere Energien für den Arbeitsprozess erhöht, die sonst eventuell in soziale Konflikte fließen würden. Eine weitere Untersuchung Adameks zeigte übrigens eine tatsächliche Steigerung der physischen Leistungsfähigkeit. Durch das Singen steigerten Versuchspersonen ihre Leistung beim Gewichtheben um 132% (Adamek 1996: 191f.).

Folgende wissenschaftliche Betrachtungen sind in Bezug auf die Wirkung des Singens auf sozialer Ebene interessant:»Bestimmte Formen des Singens haben eine stark Entspannung fördernde und Stress abbauende Wirkung und sind in der Lage, den Kortisolspiegel, den Blutdruck und die Herzfrequenz zu senken.« (Miluk-Kolasa 1994) Kortisol ist ein Hormon, welches im Zusammenhang mit Stressreaktionen auftritt und uns auf»Flucht oder Kampf« vorbereitet. Wenn dieses Stresshormon über längere Zeit erhöht ist, steigt die Gefahr von destruktiven oder unangepassten Verhaltensweisen. Auch die Denkfunktionen und das strategische Denken werden durch Kortisol stark beeinträchtigt bzw. durch Senkung des Kortisolspiegels positiv beeinflusst.

In diesem Zusammenhang möchte ich ein weiteres Hormon nicht unerwähnt lassen. Schwedische Wissenschaftler fanden eine signifikante Erhöhung von Oxytocin bei Testpersonen bereits nach einer einzigen Gesangseinheit (Freeman 1995). Oxytocin ist zum Beispiel dafür bekannt, dass es nach einer Geburt fürsorgliche Impulse und Liebesgefühle bei der Mutter für den Säugling auslöst. Es macht euphorisch, zufrieden und entspannt. Es verstärkt die Bindung zwischen Menschen, schafft eine Atmosphäre von Geborgenheit und Vertrauen. Dies ist ein weiterer Hinweis darauf, dass gemeinsames Singen am Arbeitsplatz eine Atmosphäre eines kollektiven Miteinanders fördern kann.

Abschließend können wir feststellen, dass das Singen unseren ganzen Körper positiv beeinflusst, unser individuelles Wesen profitiert in erwünschtem Maße, unsere Kreativität und Problemlösungsfähigkeit werden gefördert, die Teambildung und das Zusammengehörigkeitsgefühl werden positiv beeinflusst, die Ausdrucksfähigkeit wird verbessert, Stress vermindert, die individuelle Gesundheit gefördert, die körperliche Leistungsfähigkeit gesteigert, wir werden belebt und erfrischt und vieles mehr.

Leider ist das Wissen um die positive Wirkung des Singens in unserem Kulturkreis nur noch am Rande präsent. Oft höre ich von Laien: Ich kann gar nicht singen! In den allerwenigsten Fällen ist das wirklich der Fall, z.B. durch starke Veränderungen an den Stimmlippen oder Zwerchfellanomalien, in den meisten Fällen hat den Menschen jemand gesagt, sie könnten es nicht, der Lehrer oder Kindergärtner z.B., und der Glaube daran sitzt tief. Oder die Menschen haben es einfach verlernt, und glauben, es nicht zu können.

Wir haben die Technik alle als Säugling beherrscht und können auch heute noch davon profitieren – und nebenbei gesagt: Es macht auch noch Spaß!

Literatur

Adamek, Karl (1996): Singen als Lebenshilfe. Zu Empirie und Theorie von Alltagsbewältigung. Münster.
Bentov, I. (1976): Micromotion of the Body as a Factor in the Development of the Nervous System, in: L. Samella, Kundalini-psychosis transcendence? San Francisco: 71ff.
Freeman, W.J. (1995): »Societies of Brains: A Study in the Neuroscience of Love and Hate«, Erlbaum TRENDS. In: Cognitive Science, Bd. 6, Nr. 9, September 2002.
Jonas, F.D./A.P. Jonas (1979): Das erste Wort – wie die Menschen sprechen lernten, Hamburg 1979.
Miluk-Kolasa, B. u.a. (1994): »Effects of music treatment on salivary Kortisol in patients exposed to pre-surgical stress«. In: Experimental and Clinical Endocrinology & Diabetes 102: 118-120.
Rohmert, Gisela (1994): Der Sänger auf dem Weg zum Klang. Köln.
Tomatis, Alfred A. (1987): Der Klang des Lebens: Vorgeburtliche Kommunikation. Die Anfänge der seelischen Entwicklung. Reinbek bei Hamburg.

Jürgen Tempel
Vom Hausarzt zum Häuserbauer: Arbeit macht krank und hält gesund[1]

»Hinzu kommen die Schäden durch die Versalzung der Flüsse, durch unterbezahlte Arbeit und Krankheiten – die Krebsrate liegt in den Erdölfördergebieten bei 31 Prozent, im landesweiten Durchschnitt hingegen bei 12,3 Prozent.«

Alberto Acosta, Le Monde diplomatique, März 2011: 18.

1. Geborgenheiten

Es fing an mit »Gas«, »Blut« »Wasser« und »Salzen«. Das ist die kürzeste Form, in der ich meine Tätigkeit in der Anästhesie und Intensivmedizin, nach dem Abschluss von Studium, Medizinalassistentenzeit und Erteilung der Approbation als Arzt 1972, heute beschreiben kann.

»Gas« bedeutet, dass Frau oder Mann genügend Sauerstoff in das Blut aufnehmen und genügend Kohlendioxyd aus dem Blut abgeben müssen. Deshalb benötigen Menschen eine gute Belüftung ihrer Lungen und einen stabilen Kreislauf mit einer ausreichenden Menge von »Blut«. Dafür braucht ein Organismus aber auch genügend »Wasser«, also Flüssigkeit, mit der richtigen Zusammenstellung verschiedener »Salze«. Das alles sicherzustellen, war bei der Durchführung der Narkose neben der Ausschaltung des Schmerzempfindens und des Bewusstseins meine wichtigste Aufgabe. Das hat eigentlich immer recht gut geklappt, und ich war mit meinen ersten ärztlichen Tätigkeiten wirklich zufrieden. Trotzdem liegt in der Wortwahl »Gas, Wasser, Blut

---

[1] Die hier beschriebene Entwicklung zur Mitarbeit beim Häuserbauen wäre in all diesen Jahren ohne die umfassende Unterstützung meiner Ehefrau, Dipl. Psych. Wiebke Tempel, psychologische Psychotherapeutin, nicht möglich gewesen. Ihr möchte ich diesen Artikel widmen und mich dafür an dieser Stelle bedanken.

und Salze« auch eine gewisse Distanzierung von der Arbeit, die ich bis zum Abschluss der Facharztausbildung 1978 geleistet habe. Aber wenn ich zurückblicke, dann ist das so in Ordnung. Das kann ich am Ende dieses Beitrags noch genauer erklären. Zunächst möchte ich Sie aber auf eine Entwicklungsreise durch ein wechselndes Arbeitsleben mitnehmen.[2] Dabei müssen wir uns mit einem Problem befassen, von dem Millionen Menschen in einer alternden Gesellschaft betroffen sein können: Mit steigendem Alter verlängert sich der Weg in die Vergangenheit, während sich unsere Zukunftsperspektiven schrittweise verkürzen. Was prägt dabei den Rückblick? Gnädiges Vergessen, hilfreiche Erinnerungen und Lehren, die man aus dem Erlebten ziehen kann? Wie weit bestimmt dieses Erfahrungswissen das Handeln in der Gegenwart und die Planung für die Zukunft? Diese Reise wird also nicht einfach werden, aber es lohnt der Versuch, unterwegs wenigstens vier Dinge auseinanderzuhalten:

■ Was ist passiert,
■ wie ist das damals eingeordnet worden,
■ wie kann man das heute betrachten und
■ welche Schlüsse ergeben sich für die Zukunft?

Trotz dieser Bemühungen um Objektivierung bleibt es eine persönliche Arbeitslebensgeschichte, und allgemeine Aussagen sind mit Vorsicht zu betrachten.»Die Wechsel im Leben wirken sich auch auf die Arbeitsfähigkeit aus: Der Mensch ist kein Roboter, und der Lebensverlauf ist kein waagerechter Strich von Geburt bis Tod. Der Vorteil des Wechsels liegt darin, dass Entwicklung meist genau an den Wendepunkten im Leben geschieht, in den Krisen. Das Auf und Ab im Leben eines Menschen ist also zutiefst menschlich und gleichzeitig Grundlage für die eigene Weiterentwicklung.« (Oldenbourg/Ilmarinen 2010)

Zurück zur Arbeit. Auf der Intensivstation war die Arbeitssituation wesentlich schwieriger. Die Menschen kamen zu uns in lebensbedrohlichen Zuständen, und unsere Chancen, ihre Vitalfunktionen wieder herzustellen und so zu sichern, dass sie aus eigener Kraft überleben

---

[2] Die Arbeitsmedizin hatte mich schon damals interessiert, erschien mir aber im Rahmen meiner eigenen Entwicklung (Studienbeginn 1964 – Examen 1970) eher als einseitig orientierte »Herrschaftswissenschaft«. Der Umweg hat vermutlich insgesamt nicht geschadet. Manche arbeitsmedizinische Kolleginnen und Kollegen, die ich inzwischen kennengelernt habe, haben ähnliche Biografien. Siehe dazu auch Schlüsseldiskussion 2.

und eines Tages das Krankenhaus erfolgreich würden verlassen können, waren deutlich schlechter als heute. Manche Behandlungsmöglichkeiten waren in den 1970er Jahren noch nicht bekannt oder strittig, es gab keine so klaren Regeln, wann jemand auf die Intensivstation verlegt werden musste, wie es heute der Fall ist. Tendenziell bekamen wir die Patientinnen und Patienten eher spät zur Behandlung und das Misstrauen der anderen Fachdisziplinen gegenüber unseren Fähigkeiten war manchmal spürbar, vielleicht nicht immer zu Unrecht. Viele Dinge waren auch völlig neu, wir mussten erst einmal Erfahrungen sammeln, so schrecklich das heute klingen mag.

In diese Zeit – es war etwa 1975 – fällt dann ein Ereignis, das ich aus heutiger Sicht als *Schlüsselerlebnis* einstufen möchte. Schlüsselerlebnisse erscheinen mir geprägt durch eine hohe emotionale Beteiligung der Handelnden, eine maximale Anforderung an die eigene Handlungskompetenz und eine richtungsweisende Prägung durch den Ausgang der getroffenen Entscheidungen und die Erfahrungen, die damit verbunden sind. Sie wirken nach im Menschen, bewusst oder unbewusst.

Schlüsselerlebnis 1: Krankheit und Arbeitsplatzsicherheit

Eine junge Frau wird schwanger, sie ist damit glücklich und zufrieden, und die jungen Eltern beobachten mit großer Freude die Entwicklung des Kindes. Kurz vor dem errechneten Geburtstermin öffnet sich die Gebärmutter (der so genannte Muttermund) vorzeitig. Das führt zur Aufnahme in der Frauenklinik. Die Mutter darf das Bett nicht mehr verlassen und wird genau beobachtet, um die richtigen Maßnahmen zu treffen. Dann überstürzen sich plötzlich die Ereignisse: Die Frau wird leichenblass, ringt verzweifelt nach Luft, der Puls rast, der Blutdruck fällt ab, alles sieht nach einer akuten Lungenembolie aus. Dabei verstopfen Blutgerinnsel die Blutgefäße, die zur Lunge führen, in der der oben beschriebene Gasaustausch von Sauerstoff und Kohlendioxyd stattfindet. Je nach Größe der Verstopfung der Lungengefäße entsteht so eine akut lebensbedrohliche Situation, in der eine blitzschnelle Entscheidung notwendig ist: Kurznarkose, um das Bewusstsein der Frau und ihre Reflexe auszuschalten, sofortige Intubation, das ist das Einführen eines entsprechenden »Rohres« (Tubus) in die Luftröhre zur Sicherstellung der Belüftung, und maschinelle Beatmung, medikamentöse Behandlung des Blutdruckabfalls und Versuch der Stabilisierung der Situation. Die Diagnose wurde bestätigt, und wir haben die Frau unter großen Mühen (wir haben das in dem Krankenhaus zum ersten Mal gemacht mit einem Team, das sich erst in das Problem einarbeiten musste) etwa 14 Tage lang beatmet, um die Rückbildung der Gerinnsel zu ermöglichen und zu sehen, ob sie das alles verkraften kann. Das Kind hat das Ereignis nicht überlebt, aber wir waren alle zusammen stolz und glücklich, als die maschinelle Beatmung beendet werden konnte, die Patientin aufwachen durfte, Spontanatmung erfolgreich geübt und schließlich der Tubus aus der Luftröhre entfernt wurde. Der gemeinsame Traum unseres Teams, erfolgreich ein Leben zu retten, war in Erfüllung gegangen.

Etwa zwei Monate später habe ich die Frau auf einer S-Bahn-Station wiedergetroffen. Wir erkannten uns sofort und haben uns – so mein Eindruck – beide gefreut, uns wiederzusehen.»Wie geht es Ihnen?«»Ich bin entlassen worden, denn für meinen Arbeitgeber war ich zu lange krank. Ich musste mich erst erholen von all dem, was ich da erlebt habe. Ich habe doch mein Kind verloren. Ich war auch körperlich noch ziemlich schwach, da hat mein Hausarzt mich vorsorglich noch zur Kur[3] geschickt. Als ich nach Haus kam und mich gefreut habe, dass es mit der Arbeit wieder losgehen kann, da lag der Brief auf dem Tisch. Jetzt bin ich arbeitslos und muss sehen, dass ich was Neues finde.«

Schlüsseldiskussion 1: Menschenbild in der Medizin

Zum besseren Verständnis der Situation möchte ich einen Begriff in die Betrachtung einführen: *Reduktionismus*. Der Begriff Reduktion kommt aus dem Lateinischen und bedeutet»Zurückführung«(Der Brockhaus in 15 Bänden, Bd. 11, S. 344, 1998). Der Reduktionismus beschreibt»in der Wissenschaftstheorie die Rückführung komplexer Sachverhalte auf elementare Prinzipien oder Seinsbereiche (die geistige Wirklichkeit auf die Materie im Materialismus)«(ebd.).

»Unsere Heilkunde ist das, was sie geworden, seitdem sie sich der Führung der Naturwissenschaften anvertrauen konnte, seitdem sie gelernt hat, Methoden und Technik für ihre Zwecke zu benutzen. Das konnte nicht früher geschehen, als in der 1. Hälfte des vergangenen Jahrhunderts, weil damals erst die Naturwissenschaften zur Selbständigkeit erstarkten. Von da beginnt die moderne Ära der Medizin, seitdem vollzieht sich ihre Entwicklung in ungestörter Kontinuität. Noch nie seitdem und an keiner Stelle ist ein Zeichen davon hervorgetreten,

---

[3] Das war damals der gängige Begriff für eine Rehabilitationsmaßnahme zur Wiederherstellung der Arbeitsfähigkeit.

daß wir nicht auf dem richtigen Weg seien. Ununterbrochen, sicher und erstaunlich groß war bisher der Fortschritt und er wird es auch ferner bleiben, solange wir unserer Fahne, der Fahne der Naturwissenschaften treu bleiben.«

Soweit Bernhard Naunyn 1902 in einem Grundlagenaufsatz (zit. n. Rattner 1993: 93f.) In der Anästhesie und Intensivmedizin hat sich dieser Siegeszug von Technik und Naturwissenschaften ziemlich weitgehend bestätigt und niemand will diese Erfolge im Versorgungsalltag missen. Es gibt aber noch einen wichtigen zweiten Aspekt des Begriffs, der besonders in der Medizin und der Patientenversorgung von größter Bedeutung ist: »Wenn … eine vereinfachende Zurückführung« (ebd.) komplexer Zusammenhänge auf einige Grundbegriffe oder z.b. rein physikalische Vorgänge vorgenommen wird. Bis heute gilt, dass »der Gott der naturwissenschaftlich – technischen Medizin auf tönernen Füßen steht. Das Quantum an menschlichem Leiden hat sich trotz allem nicht verringert. Dem Arzttum des 20. (und 21., JT) Jahrhunderts tut eine Neubesinnung not« (ebd.).

- Aber dieser »Gott« der naturwissenschaftlich-technischen Medizin vermittelt bis heute fachliche Sicherheit und Erfolgserlebnisse als Experte verbunden mit emotionaler Geborgenheit und beruflicher Zufriedenheit als »Herr/in über Leben und Tod«.
- Diese – wenn auch beschränkte – Teilhabe an der »Göttlichkeit« erschwert die Neubesinnung und behindert den Blick auf den ganzen Menschen im Sinne einer »Gesamtdiagnose« (Balint 1980: 63f.) und
- damit konsequenterweise auch den Dialog mit den Betroffen: Wie sehen Sie die Ursachen für Ihre Krankheit? Was wollen Sie tun, was kann ich als Ihr Arzt tun? Und: Was können wir gemeinsam tun? (Tempel 1994: 44f.)

Konkret wird z.b. ein lebendiger Mensch mit all seinen seelischen, physischen, geistigen und sozialen Fähigkeiten, der plötzlich eine Gallenkolik erleidet, zur »akuten Galle auf Zimmer 13« reduziert, wenn er geplagt von unstillbarem Erbrechen und elenden, krampfhaften Schmerzen, die sich wellenförmig von der rechten Mittelbauchhälfte über den gesamten Leib ausbreiten, in ein Krankenhaus eingeliefert worden ist. In der akuten Situation ist diese reduktionistische Sprache und Betrachtungsweise den Betroffenen meines Erachtens völlig egal. Sie erwarten schnelle ärztliche Hilfe, präzise und fachkompetent durchgeführt. Der diensthabende Arzt wird dabei zum erlösenden »Experten«, während der Patient sich – durchaus bereitwillig – in sein Schicksal als »Objekt« von Maßnahmen fügt. Wenn man das heute betrachtet, dann entsteht durchaus der Eindruck, dass in weiten Bereichen der Gesundheits- und Sozialpolitik diese Naunynsche Fahne noch munter weiter flattert. Wenn das so ist, dann könnte auch weiterhin ein altes ukrainisches Sprichwort seine Bedeutung haben: »Wenn die Fahne weht, dann ist der Verstand schnell in der Trompete.«[4]

Um ehrlich zu sein, es war mir völlig egal, dass ich Menschen in meiner täglichen Arbeit in der Anästhesie und Intensivmedizin auf ihre Vitalfunktionen »reduziert« habe. Ich habe diese Arbeit gerne und mit Erfolg gemacht. Außerdem hat mir die Beziehung und dann auch die Ehe mit einer Psychologin, Frau Wiebke Tempel, bis heute geholfen, dass mein Menschenbild nicht völlig in Gas, Blut, Wasser und Salzen aufging.

Aber diese Stoffe haben in diesem Arbeitslebensabschnitt den Alltag stärker geprägt als der Umgang mit der Seele der Menschen, deren physischen, psychischen und sozialen Fähigkeiten oder deren sozialer Lage. Der Reduktionismus in der Arbeit bei der Narkose oder auf der Intensivstation vermittelte fachlichen Erfolg, Anerkennung im Team und subjektive Befriedigung (emotionale Stabilität). Ich hatte zwar wenig Mitsprache bei dem »Eintreffen« der Notfälle, konnte aber dann den weiteren Ablauf der Maßnahmen selbständig entscheiden und das Ergebnis meiner Bemühungen von Anfang bis Ende beobachten.[5] Umso befriedigender waren diese, wenn sie dann auch noch von Erfolg gekrönt waren.

Das Entsetzen über das Verhalten dieses Arbeitgebers, dessen Mitarbeiterin mühsam am Leben geblieben war, hat mich bis heute nicht losgelassen. Es hat Bilder und Assoziationen geprägt, die längst verallgemeinert sind, die in mir immer wieder aufflackern, wenn dieses Thema zur Diskussion kommt: *Krankheitsbedingte Kündigungen*. Es wirkt nach im Menschen, bewusst oder unbewusst, weil »aus dem Gewölk statistischer Korrelationen« ein »Mensch aus Fleisch und Blut« hervortritt, der nicht einfach in die Risikogruppe »Arbeitslosigkeit« dekonstru-

---

[4] Leider finde ich die genaue Quelle nicht. Das Sprichwort stammt aus einer Zeitung. Wenn man bei Google eingibt: »Verstand in der Trompete«, dann landet man bei dem Verhaltensforscher Konrad Lorenz, wogegen auch nichts einzuwenden ist.

[5] Soweit die Antwort auf die Fragen A1 bis A3 aus dem Impulstest (www.impulstest.at) zur Untersuchung der Belastungen und Ressourcen an meinem Arbeitsplatz.

iert werden kann (Castel 2011: 27).[6] Jemandem das Leben retten, das schafft eine enge – emotionale – Verbindung.

Was sind das für Verhältnisse, in denen man knapp einer lebensbedrohlichen Erkrankung entkommt und mühsam gesundet, und dann sagt der Arbeitgeber, dass ihm das zu viele Krankentage seien? Auch damals betrug die Lohnfortzahlung im Krankheitsfall maximal sechs Wochen. Wie steht es da mit dem Mitgefühl für die Mitarbeiterin, die durch die Erkrankung ihr Kind verloren hat und sehen muss, wie sie damit fertig wird? Vielleicht wird ihr durch den Verlust des Arbeitsplatzes ein entscheidender sozialer Stützpfeiler weggeschlagen? In diesen Jahren wurde die so genannte Verhalten-Verhältnis-Debatte sehr heftig geführt.

Für mich war dieses Erlebnis eine Bestätigung meiner Sicht von den »kapitalistischen Verhältnissen«, die den Menschen bei der Arbeit aufgezwungen wurden:»Was dabei zu kurz kommt, ist die Sphäre von Gefühl und Wert. Naturkunde und Technologie konstruieren eine ›Sachwelt‹, in der letztlich auch der Mensch zu einer Sache wird, die man brauchen und verbrauchen kann. Die *kapitalistische Wirtschaft der Neuzeit* (Hervorhebung im Original, JT) folgte diesem Imperativ und entwickelte Wirtschaftsmethoden, deren Unmenschlichkeit wohlbekannt ist.« (Rattner 1993: 94) Später, im Rahmen der arbeitsmedizinischen Weiterbildung 1997, wird ein Richter eines Landesarbeitsgerichtes im Rahmen seiner Vorlesung sinngemäß verkünden:»Glauben Sie ja nicht, dass man Mitarbeitern nicht kündigen kann, während sie krank sind! Diese Zeiten sind vorbei, das ist einem Arbeitgeber nicht mehr zumutbar.« Das wusste ich dann aber zur Genüge, nachdem ich viele Jahre als Hausarzt in dem Industrie-Vorort München-Milbertshofen gearbeitet hatte.

■ Die Medizin ist nicht das Zentrum eines Arbeits-Lebenslaufes, auch wenn sie in diesem Verlauf eine wichtige Rolle einnehmen kann.»Bildung, Wohnung und Arbeitslosigkeit sind entscheidende Elemente von Benachteiligung, die wesentlichen Einfluss auf Gesundheit ausüben.« (Rose 1992, eigene Übersetzung)

■ Heute, im Jahre 2011, hätte ein Arbeitsrichter den Arbeitgeber zu fragen:»Was haben Sie eigentlich getan, um dafür zu sorgen, dass

---

[6] Castel beschreibt dieses Phänomen als Entwicklung im Arbeitsleben seit den frühen 1980er Jahren.»Die Risikogruppen werden durch die Dekonstruktion der Individuen konstruiert: An die Stelle von Menschen aus Fleisch und Blut tritt das Gewölk statistischer Korrelationen« (ebd.).

die Mitarbeiterin nach mehr als sechs Wochen Arbeitsunfähigkeit in zwölf Monaten wieder an ihren Arbeitsplatz zurückkehren kann? Verfügt das Unternehmen über ein Betriebliches Eingliederungsmanagement (ausführlich bei Giesert/Wendt 2007)?

■ Heute, im Jahre 2011, bin ich aber auch besser geschützt vor den Verallgemeinerungen, zu denen es immer wieder im Rahmen der Verhalten-Verhältnis-Debatte gekommen ist und unter dem Eindruck mancher schwieriger Entwicklungen auch heute noch kommt.

Ein wohl unerschöpflicher Markt

Und noch beim Lesen und Nachdenken über die neuen Möglichkeiten, die sich aus dem § 84 SGB IX zur Regelung des Betrieblichen Eingliederungsmanagements seit dem Jahr 2004 ergeben könnten, erreicht mich eine E-Mail, deren Absender ich nicht nenne, weil ich diese Werbung nicht unterstützen möchte:

»Fachanwalt für Arbeitsrecht Dr. X beweist Ihnen Schritt für Schritt, dass auch SIE ohne fremde Hilfe in wenigen Minuten eine 100% rechtssichere Kündigung erstellen können ... und welche Kündigungsfristen Sie dabei einhalten müssen ...«

Dann wird es wohl noch so weitergehen, aber die Rahmenbedingungen haben sich geändert, weitere Schritte können folgen.

Rückblickend entstand so eine emotionale Gemengelage, in der die Frage der Verursachung von Krankheit durch die kapitalistische Produktionsweise mit den Auswirkungen der kapitalistischen Gesellschaftsverhältnisse auf den Umgang mit Krankheit und Behinderung im Arbeitsleben zu einem Urteil zusammengefügt wurde. Ich hatte mein Medizinstudium 1970 ohne eine einzige Vorlesung über Statistik und Epidemiologie abgeschlossen. Methodenanwendung und Methodenkritik beschränkte sich auf die Frage der richtigen Diagnostik und Therapie (»ist das denn »lege artis«, also entspricht es der »medizinischen Kunst« bzw. dem Stand der Wissenschaft, was Sie da machen, Herr Kollege?).

■ Die Angst vor dem »Kunstfehler« wurde uns – mit Recht – systematisch eingebläut, das individuelle Risiko, die drohende Krankheit oder die manifeste Erkrankung zu erkennen und zu behandeln, das war unsere spezielle Aufgabe.

■ Die Entwicklung von Angst vor dem Reduktionismus, vor der eingeengten Sichtweise und dem einseitigen Menschenbild und Krankheitsverständnis, das dabei entsteht, war eher Privatsache, stand auch kaum im Prüfungskatalog.

Schlüsseldiskussion 2: Wer bekommt den Herzinfarkt?

Erinnern Sie sich noch an die Debatte über den Manager-Herzinfarkt? Wir wurden in den Vorlesungen immer wieder damit »beackert«, dass Manager mit ihrer hohen Verantwortung ein besonderes Risiko hätten, am Herzinfarkt zu erkranken und zu sterben. Leider hat uns niemand die Tabelle 1 gezeigt, die geholfen hätte, die Dinge richtig zu stellen. Die Daten wurden 1968 veröffentlicht.

Konzentrieren Sie sich bitte auf die Spalte 1: Gesamt. Wenn Sie die Werte entlang der Unternehmenshierarchie vergleichen, dann haben Werkmeister und Vorarbeiter, das sind die, die dem nachgeordneten Arbeiter unmittelbar etwas zu sagen oder anzuordnen haben, das höchste Risiko (4,52/1000), an einer Koronaren Herzkrankheit zu leiden. Das Erkrankungsrisiko der Arbeiter ist mit 4,33/1000 nur wenig geringer.

In den Spalten 2 und 3 wird nun erfasst, ob die erkrankten Personen einen Collegeabschluss (höhere Schule oder Vorstufe zur Universität) haben. Dabei zeigt sich, dass innerhalb der verschiedenen Führungsebenen vom Geschäftsführer bis zum Abteilungs- und Fachbereichsleiter das Erkrankungsrisiko bei den Betroffenen ohne Collegeabschluss

Tabelle 1: Erstes, beeinträchtigendes Auftreten der Koronaren Herzkrankheit bei Beschäftigten von Bell-System (AT&T) im Alter von 30 bis 59 Jahren
Fälle auf 1.000 Mitarbeiter, 1963-1965, Auswertung von 270.000 männlichen Beschäftigten[*]

Funktion im Unternehmen	1: Gesamt	2: Ohne College-Abschluss	3: Mit College-Abschluss
Geschäftsführer	1,85[**]	2,46	1,65
Gebietsleiter	2,85	5,14	2,07
Örtliche Leiter	3,91	4,28	3,68
Abteilungs- und Fachbereichsleiter	3,91	4,17	2,92
Werkmeister, Vorabeiter	4,52	4,46	4,68
Arbeiter	4,33	4,46	4,15

[*] Altersstandardisiert in Bezug auf die U.S. Bevölkerung, weiße Männer, 30 bis 59 Jahre (Science, Bd. 161, Juli 1968: 241).
[**] 1,85 für Geschäftsführer bedeutet, dass die Häufigkeit von Koronarer Herzkrankheit 1,85 Fälle auf 1.000 Personen betrug. Im Vergleich hatten Arbeiter mit einer Rate von 4,3 Fällen auf 1.000 Personen eine mehr als doppelt so hohe Erkrankungsrate als die Geschäftsführer (Lynch 2000: 162, eigene Übersetzung, modifiziert).

schwerwiegend erhöht ist. Gebietsleiter haben mit 5,14/1.000 Fällen das höchste Risiko überhaupt.

■ Bildungsdefizite können Krankheit verursachen, auch darüber wird heute diskutiert, damals war dies kein Thema.

■ Wenn Sie nun noch die beiden grau schattierten Querbalken betrachten, dann gibt es einen weiteren wichtigen Befund, der ebenfalls erst in den letzten 20 Jahren richtig eingeordnet werden konnte. Die Werkmeister und Vorarbeiter und die Arbeiter profitieren nicht so eindeutig von ihrem Collegeabschluss: Ihr Krankheitsrisiko wird durch einen erfolgreichen Collegeabschluss geringer, aber im Vergleich mit den Führungskräften nicht wesentlich gesenkt!

■ Warum profitieren diese beiden Beschäftigtengruppen, die im Unternehmen die große Mehrheit bilden, von ihrer Bildung gesundheitlich weniger als die Führungskräfte?

Hier ergeben sich Hinweise auf *arbeitsbedingte Risiken und Erkrankungen*, die weiter untersucht werden müssen. Dem Autor (Lynch 2000) fällt dieser Befund nicht auf, weil er im Zusammenhang seines Buches – so die Deutung – die gesellschaftlichen Rahmenbedingungen für Bildung und Krankheit im Auge hat, aber nicht die arbeitsbedingten Risiken, die sich z.b. aus dem Mangel an *Entscheidungsbefugnissen* (Karasek/ Theorell 1990; Siegrist 1996) bei der Arbeit entwickeln können.»Psychosoziale Risikofaktoren haben nach Jahrzehnten der ›Verleugnung‹ durch die kardiologischen Fachgesellschaften mittlerweile Eingang in die verschiedenen Leitlinien zur kardiovaskulären Primär- und Sekundärprävention gefunden (Albus/Siegrist 2005; Graham et al. 2007, Bjarnason-Wehrens et al. 2007; Gohlke et al. 2007).«

In den genannten Leitlinien werden folgende Risikofaktoren als relevant hervorgehoben:

■ niedriger sozioökonomischer Status
■ soziale Isolation oder Mangel an sozialer Unterstützung
■ psychosozialer Stress am Arbeitsplatz oder in der Familie
■ Feindseligkeit
■ Depressivität und andere chronische negative Effekte.

Die Autoren (Albus/Herrmann-Lingen 2011: 875f.) geben einen umfassenden Überblick, der klarstellt,

■ dass wir zum Verständnis von Krankheitsprozessen komplexe Erkenntnismodelle benötigen (»All diese im Nachfolgenden näher beschriebenen Risikofaktoren sind jedoch vielfältig miteinander korreliert«, ebd.: 880), und

■ dass wir mit einseitigen Zuweisungen von »Schuld an Erkrankung«, seien sie an das Individuum (krankmachendes Verhalten) oder an den Arbeitgeber (krankmachende Verhältnisse) gerichtet, die Bewertung der Wirklichkeit interessengeleitet verzerren.

Heute würde man dem Unternehmen – gestützt auf die Daten in Tabelle 1 – dringend empfehlen, eine Gefährdungsbeurteilung durchzuführen zur Erfassung der arbeitsbedingten Belastungen und Erkrankungsrisiken – unter Einschluss der Ermittlung der psychischen Belastungen und Ressourcen.

Der Begriff der arbeitsbedingten Erkrankungen ist mittlerweile nicht mehr so umstritten, wie er anfangs diskutiert wurde (werden musste): »*Waldschäden oder das Aussterben einzelner Tierarten rufen Empörung und Ablehnung hervor, der Zusammenhang zwischen Berufsarbeit und Krankheit aber wird als selbstverständlich, wie ›natürlich‹ hingenommen. Zwar wird der Zusammenhang nicht bezweifelt, aber er steht, was öffentliche Aufmerksamkeit angeht, eher am Rande des Interesses. In diesem Band wird dieser Zusammenhang herausgearbeitet und zu einem öffentlichen Thema gemacht. Dem müssen sich vor allen Dingen die Betriebsärzte oder Sicherheitsexperten im Betrieb stellen, aber nicht nur sie. Denn dieser Zusammenhang geht weit über Unfälle oder Berufskrankheiten hinaus und zeigt sich in chronischen Erkrankungen, im schlechten Allgemeinbefinden, in Über- wie Unterbeanspruchung, kurz in alle dem, was die heute wichtigsten Volkskrankheiten ausmacht. Der Zusammenhang von Berufskrankheiten und Krankheit wirkt sich weiterhin nicht allein auf den einzelnen Arbeiter aus und betrifft auch nicht nur bestimmte Berufe oder Arbeitsplätze, er erfasst die Familien, ganze Industrieregionen und große Bevölkerungskreise. Wenngleich es nach wie vor um Gefährdungen für Leben und Gesundheit geht, die im Arbeitsprozess entstehen und dort beseitigt werden könnten, ist dies nicht allein hinter ›Fabrikmauern‹ zu verhandeln und zu klären. Allgemeine gesellschaftliche Bedürfnisse und das öffentliche Interesse sind angesprochen.*« (Milles/Müller 1985: 15, Vorwort) Dieses Buch hat mich, zerfleddert vom vielen Lesen und Blättern, aber wohl behütet durch meinen nächsten Arbeitslebensabschnitt als Hausarzt (1979 bis 1996) begleitet.

2. Parteilichkeiten

»In der in letzter Zeit zunehmend hitziger geführten gesundheitspolitischen Debatte um die Zukunft der sozialen Absicherung von Krankheit, die gegenwärtig im Streit der zuständigen Gesundheitspolitiker mit Funktionären und Standesvertretern der Ärzte- und Apothekerschaft, der Pharmaindustrie und den Krankenkassen um das Gesetz zur Gesundheitsstrukturreform einen gewissen Höhepunkt erreicht hat, kommen die Betroffenen eigentlich nicht zu Wort, weder in der Rolle als Beitragszahler noch in der als Patienten, also Leistungsnehmer. Die Leistungsanbieter vertreten vehement effektiv und durchaus berechtigt ihre Interessen. Die in diesem System eher als passiv erscheinende Gruppe der Versicherten oder auch die Untergruppe der behandelten Patienten haben es schwer, Defizite der Versorgung zu erkennen, zu formulieren oder gar zu beseitigen«. ...»Es gibt in unserem Land neben Reichtum und breit verteiltem Wohlstand in beachtlichem Umfang eben auch Armut, und jeder in der Praxis tätige Arzt weiß aus persönlicher Erfahrung, daß Armut mit Gefährdung oder Beschädigung von Gesundheit verbunden ist.« (Gostomzyk 1993; Mielck 1993b)

Auf die Dauer passte die fachliche Geborgenheit in der Sicherung der menschlichen Vitalfunktionen mit der sozialen und politischen Realität dieser Jahre nicht mehr zusammen. Die gewerkschaftliche und berufspolitische Diskussion befasste sich mit neuen Themen, die durch den Wunsch nach Stellungnahme und Parteilichkeit geprägt waren. Man kann es vielleicht mit Hilfe von zwei Begriffen darstellen, die Andreas Mielck in seinem Einführungskapitel »›Gesundheitliche Ungleichheit‹ als Thema von Forschung und Gesundheitspolitik« zur Diskussion stellte: »Unter ›health inequality‹ werden alle Unterschiede im Gesundheitszustand« nach wertneutralen wissenschaftlichen Kriterien zusammengefasst. Mit der Benutzung dieser Formulierung signalisiert der Redner eine gewisse Distanz.

»Der Begriff ›health inequity‹ wird dagegen zur Bezeichnung der als ungerecht empfundenen Unterschiede verwendet; diese Unterschiede werden zumindest von einem Teil der Wissenschaftler und Politiker als so relevant eingeordnet, daß sie Handlungsbedarf erzeugen.« (Mielck 1993a: 14) Für den deutschen Sprachgebrauch wird deshalb der Begriff ›gesundheitliche Ungleichheit‹ (health inequity) vorgeschlagen (ebd.). Nach einer knapp einjährigen Tätigkeit in der Inneren Medizin haben wir mit der Umsetzung in die Praxis begonnen und im industriell geprägten

Stadtteil München-Milbertshofen eine allgemeinmedizinische Hausarztpraxis[7] aufgebaut (Tempel 1994).

Schlüsseldiskussion 3: Arzt und Politik

Welche Auswirkungen haben psychische und soziale Verhältnisse auf
Krankheiten und Leiden, auf langdauernde Arbeitsunfähigkeit bis hin zur
Erwerbsunfähigkeit und/oder vorzeitigen Tod? Ist der Spruch:»Angesichts des Todes sind wir alle gleich« unsinnig, wenn man die bestehende soziale Ungleichheit vor Krankheit (Morbidität) und Tod (Mortali-
tät) genauer betrachtet? Die Debatte darüber ist mindestens 150 Jahre
alt und wurde in ganz unterschiedlicher Weise geführt:»Ende August
1848 schrieb Rudolf Virchow zur Auswertung der Epidemien in Ober-
schlesien[8] der preußischen Regierung ins Stammbuch: ›Epidemien
gleichen großen Warnungstafeln, an denen ein Staatsmann von groß-
em Stil lesen kann, daß in dem Entwicklungsgange seines Volkes eine
Störung eingetreten ist, welche selbst eine sorglose Politik nicht länger übersehen darf.‹« (Vasold 1988: 77) In der Mitte des 19. Jahrhunderts begann dann neben dem Siegeszug der Naturwissenschaften in
der Medizin eine Auseinandersetzung um solche Zusammenhänge,
die bis heute anhält.

In dieser Zeit kam es zur entscheidenden Entwicklung der Arbeitsmedizin und der Arbeitswissenschaft, die dann auch in der alltäglichen
betrieblichen Praxis zu einer richtungweisenden Verbesserung der
Arbeitsbedingungen und der sozialen Absicherung der Arbeiter und
Angestellten beitrug. Ein Überblick findet sich im Handbuch der Arbeitsmedizin (Murken 2010), in dem aber die verheerenden Auswirkungen
der nationalsozialistischen Sozialpolitik – besonders auch unter den
Bedingungen des Zweiten Weltkrieges – nicht erwähnt werden.

»Vor allem ab 1941 … aber häuften sich die ›Klagen‹ über Krankfei-
ern und Bummelantentum, was auf einen wachsenden Widerstand der
arbeitenden Menschen, vor allem der verstärkt eingesetzten und ihres
alten Schutzes beraubten Frauen, schließen läßt. Demgegenüber wur-
de die Machtvollkommenheit der Betriebsärzte ausgebaut. Sie über-
nahmen jetzt auch die Aufgaben der Vertrauensärzte, d.h. sie schrie-
ben krank bzw. hauptsächlich gesund und kontrollierten dies dann

---

[7] Dr. med. Wolf Bergmann, Dr. Jürgen Tempel, später mit Dr. med. Julia Heng-
stenberg-Bläsig.
[8] Siehe auch Stichwort»Weberaufstand in Schlesien 1844« bei Google.

selbst. Gleichzeitig wurde das Recht des Kassenarztes, den Patienten krank zu schreiben, beschnitten. Alle Verfahren, die mit der Bereitstellung von Leistungsfähigkeit zu tun hatten, sollten bei dem Betriebsarzt konzentriert werden. Dieser übernahm auch verstärkt die Behandlung. Es wurden Gesundheitsstationen, Gesundheitshäuser und besondere Werkhallen errichtet, die alle dazu dienen sollten, jedes Quentchen ›Arbeitsfähigkeit‹ aus den Arbeitern herauszuziehen, während die Fluchtwege in eine private Sphäre der Erholung abgeschnitten wurden. Der Betrieb wurde zur totalen Überwachungsinstanz. Die Betriebsärzte wurden – bis auf ganz wenige Ausnahmen – zu verhaßten, professionellen Gesundschreibern. (Ernst Holstein)«* (Milles 1985: 125)
Erst 1997 wurde die »Geschichte der deutschen Ärzteschaft« im 19. und 20. Jahrhundert herausgegeben (Jütte 1997). Auch hier wird der wachsende Druck auf die deutsche Ärzteschaft in Bezug auf den Wiedereintritt der Arbeitsfähigkeit beschrieben, aber *»diese Aufforderung wurde, läßt man das an Bedeutung und Zahl zunehmende Betriebsarztsystem einmal außer Acht* (Hervorhebung, JT), in der Folge von einem Großteil der Ärzte ebenso beharrlich ignoriert wie Einschränkungen bei der Verordnung von Zusatznahrungsmitteln« (Rüther 1997: 189). Der Autor weist darauf hin, dass dieses Verhalten nicht »vorschnell als Beleg für Resistenz oder gar Widerstand zu werten« ist (ebd.). Das kann hier aber nicht vertieft werden, denn es geht um die Rolle der Betriebsärzte und ihr Ansehen in der Nachkriegszeit.

Die Rolle der Ärzteschaft und der medizinischen Wissenschaft im Nationalsozialismus wurde in den Studienjahren um 1968 sorgfältig diskutiert und immer wieder auf die Frage zugespitzt, wie solches individuelles und kollektives berufliches Verhalten in Zukunft verhindert werden könnte und welche Rolle die aktuellen wissenschaftlichen Lehrer und Forscher und ärztlichen Standesvertreter in diesen Jahren selber gespielt haben. Nach dem Zweiten Weltkrieg werden Alexander Mitscherlich und Fred Mielke 1946 als Berichterstatter zu den Nürnberger Ärzteprozessen entsandt. Ihre Dokumentation »Das Diktat der Menschenverachtung«, später »Wissenschaft ohne Menschlichkeit«, enthüllt bis heute unfassbare Verbrechen. Auf dem 51. Deutschen Ärztetag 1948 in Stuttgart beschließt die Versammlung, dass »die erste Auflage in Höhe von 10.000 Exemplaren … lediglich für die Westdeutschen Ärztekammern bestimmt« sein soll (Mitscherlich/Mielke 1960).
»Es ist deshalb nicht genug, nur zu erschrecken über das, was geschehen konnte, sondern immer zugleich die Wahrheit in sich einzu-

lassen, daß es von Menschen getan wurde, die nicht als Monstren zur Welt kamen, die vielmehr oft in ziemlich unauffälliger Weise mit geläufiger Begabung es zu Fachkenntnissen und begehrten Stellungen in unserer Gesellschaft brachten, ehe sie die erworbenen Fähigkeiten der Menschlichkeit narkotisch lähmten und in eine weltzerstörerische Trieblust zurücksanken. … Die furchtbare historische Koinzidenz stellte jene Hilfskader bereit, die dazu verhalfen, daß der Alptraum opferverschlingende Wirklichkeit werden konnte.« (ebd.: 10)

Wie würde man die Wiederholung einer solchen Entwicklung in Zukunft verhindern können? Die Diskussion darüber war innerhalb der Ärzteschaft und ihren Standesorganisationen überhaupt nicht abgeschlossen: Die Ausgabe wurde »nahezu nirgends« bekannt, »keine Rezensionen, keine Zuschriften aus dem Leserkreis; unter den Menschen, mit denen wir in den nächsten Jahren zusammentrafen, keiner, der das Buch kannte. Es war und blieb ein Rätsel – als ob das Buch nie erschienen wäre« (ebd.: 19).

Diese Debatte konnte sehr quälend verlaufen, da ein großer Teil der Medizinstudentinnen und -studenten dieser Jahre aus Arztfamilien kamen. In denen aber herrschte überwiegend der »Fluchtversuch der Verdrängung« (Jäckle 1988; Jachertz 1997) vor. Aus der Erfahrung des Schweigens der (unmittelbar beteiligten?) Eltern, der Relativierung der Untaten als Entgleisungen weniger, des bedrückenden Übergangs zur Tagesordnung der Nachkriegszeit entstand den Kindern eine schwere emotionale Belastung, die den Blick auf die Realität einengen und die Analyse der Ist-Situation behindern konnte.

In dieser durchaus widersprüchlichen Situation, die durch manche Ereignisse wie z.B. Wiederbewaffnung und Aufbau der Bundeswehr, Metallarbeiterstreik 1956 um die Lohnfortzahlung im Krankheitsfall auch für Arbeiter, Notstandsgesetzgebung und die zunehmende Auseinandersetzung um die Kostendämpfung im Gesundheitswesen weiter verschärft wurde, kristallisiert sich dann ein Konzept heraus, das ein solides Fundament für die weitere Arbeit in der Allgemeinpraxis bilden konnte. Die Umsetzung einer »anderen medizinischen Versorgung« in die Praxis konnte versucht werden (1979 bis 1996). Zu ihr gehörten folgende Elemente:

■ Berücksichtigung der Auswirkung der Sozialstruktur des Stadtteils auf die Zusammensetzung der Patientenschaft, die wesentlich durch soziale und »gesundheitliche Ungleichheit« (Mielck 1993) bestimmt war.

- Entwicklung eines komplexen Verständnisses von Gesundheit, Krankheit und Leiden, das dem Zusammenhang zwischen Sozialstruktur und auftretenden Krankheitsbildern gerecht wird.
- Berücksichtigung der arbeitsbedingten Risiken und Erkrankungen im Versorgungsalltag, insbesondere auch bei chronisch Kranken.
- Eröffnung eines Dialogs zwischen Arzt und Patient, bei dem schrittweise eine Veränderung der Rollen stattfinden soll: Der Arzt entwickelt sich vom »allwissenden« Experten zum Dialogpartner und Berater, der Patient vom Objekt ärztlichen Handelns zum Experten in eigener Sache (Subjekt).

Schlüsselerlebnis 2: Krankheit, Arbeit, Leid

Hermann S. hatte nie eine – wie man so sagt – ordentliche Diagnose (Tempel 1998: 7-27). Er konnte mit 58 Jahren auf ein Arbeitsleben von 43 Jahren zurückblicken. Die Arbeit als Straßenbahnschaffner im Münchner Großstadtverkehr hat er immer gerne gemacht. 1954 war er – wie viele andere auch – »zur Stadt« gegangen, um einen sicheren Arbeitsplatz zu finden. Er liebte es, mit der Straßenbahn an den Fenstern seiner Wohnung vorbeizufahren. Oben würden dann die Kinder stehen, und sie konnten sich gegenseitig zuwinken.

1980, nach 26 Jahren im Öffentlichen Personennahverkehr (ÖPNV), fiel ihm seine Arbeit zunehmend schwerer und irgendwann konnte er nicht mehr. Sein Hausarzt war ratlos und begann mit der »Drehtürmedizin«. Das bedeutet, dass der Patient von einem Facharzt zum nächsten geschickt wurde, immer in der Hoffnung, dass irgendwann die entscheidende Diagnose gestellt würde. Die Krankschreibungen häuften sich, schließlich bekam er Krankengeld und damit auch die Vorladung zum Vertrauensarzt.[9] Vor dem hatte er Angst, weil er nicht wusste, was er ihm Neues hätte berichten können. »Der hält mich doch für einen Simulanten«, war eine Sorge, die er immer wieder äußerte. Also hat er von sich aus die Arbeit wieder aufgenommen, bis er wieder nicht mehr konnte. Eine Reha-Maßnahme wurde bewilligt, brachte aber nur vorübergehend Linderung. Erholt hat er sich immer wieder kurzfristig bei seinen Wanderungen in den Bergen. Da klagte er nie über Luftnot oder Herzschmerzen (Stechen oder Druck in der Brust).

1985 war dann der Zeitpunkt erreicht, wo Herr S. keine Möglichkeiten mehr sah, weiter zu arbeiten. Sein Hausarzt schrieb ihn unbe-

---

[9] Das ist heute der »Medizinische Dienst der Krankenkassen«.

fristet arbeitsunfähig, und es kam die unvermeidliche erneute Vorladung zum Vertrauensarzt. Der Patient wurde internistisch und orthopädisch untersucht und dann mit fünf Tagen Schonung arbeitsfähig geschrieben. Dagegen legte der Hausarzt Widerspruch ein: »Schwere Erkrankung der Wirbelsäule, die mit Behandlung durch Krankengymnastik und Medikamente nicht ausreichend gebessert werden konnte. Dazu ein Halswirbel- und Schulter-Arm-Syndrom. Der Patient leidet an schweren Schlafstörungen, es besteht ein Erschöpfungszustand bei Schichtarbeit. Herr S. ist für die Arbeit als Führer einer Straßenbahn nicht ausreichend belastbar. Weitere medizinische und physikalisch – therapeutische Maßnahmen müssen angeschlossen werden. Vorschlag: noch zehn Tage arbeitsunfähig, dann ein Arbeitsversuch.« (ebd.) Der Hausarzt wählte den »Trick« mit dem Arbeitsversuch, weil er auch keine Möglichkeiten mehr sah, dem Patienten zu helfen. Sie vereinbarten aber, dass er jederzeit abbrechen würde, wenn es nicht geht.

Hermann S. ist dann am ersten Arbeitstag auf der Straßenbahn an einem Sekundenherztod (plötzliche tödliche Herzrhythmusstörungen) verstorben. Bei der Obduktion (Leichenöffnung) ergab sich, dass eines der Herzkranzgefäße, das den Herzmuskel mit Blut versorgt, zu 90% verschlossen war. Später, im Gespräch mit der Ehefrau und den Kindern, würden wir herausfinden, dass er in den Monaten vor seinem Tod anfing, sich zurückzuziehen und wenig oder gar nicht mehr zu reden. Meist zog er alleine mit seinem Hund los, aber das hat ihn auch nicht von seinen Sorgen befreien können. Die Schichten wurden ihm zu lang und die Auseinandersetzung mit den Fahrgästen unerträglich, besonders abends, wenn er weit draußen allein fahren musste.

Schlüsseldiskussion 4: Die Frage nach den Arbeitsbedingungen

Hermann S. hat nie seinen »psychologischen Arbeitsvertrag« (Geißler/Bökenheide et al. 2003: 66f.) aufgekündigt, aber die Kluft zwischen dem, was er noch leisten konnte, und dem, was man von ihm erwartete und verlangte, wurde immer größer. Das sind wie oben dargestellt wesentliche Bestimmungsfaktoren bei der Entwicklung einer Koronaren Herzkrankheit, die nicht mit der Cholesterinuntersuchung usw. erfasst werden können. Das »Modell der Maschine« (s. Kasten, S. 210) erweist sich als untauglich, weil es den Blick des Hausarztes einengt auf naturwissenschaftlich – technische Befunde, die ihm der Patient nicht »liefern kann«.»Mit seiner menschlichen Einstellung findet der Hausarzt zwar grundsätzlich den ›Zugang zur Lebenswelt des Kranken‹ (Fischer

Hintergrund: Das Modell der Maschine in Vergangenheit, Gegenwart – und Zukunft?

»Krankheit ist nach diesem Modell eine räumlich lokalisierbare Störung, die zwar eine sehr komplexe, aber aufgrund des technischen Vorbilds doch überschaubare Struktur besitzt. Von diesem allgemeinen Modell lassen sich Diagnosen für konkrete Krankheiten als spezielle Spielregeln für den Umgang mit Kurzschlüssen, Rohrbrüchen, Transportproblemen oder ähnlichen technischen Fragen ableiten. Wie ein Techniker auf der Basis eines Schaltplans den Betriebsschaden eines Autos, eines Fernsehers oder Computers lokalisieren und danach die Reparatur durchführen kann, so kann der Arzt eine Krankheit, die als Betriebsschaden im menschlichen Körper – als Klappenfehler im Herzen, als Geschwür im Magen oder als Enzymdefekt in einem Gewebe oder Transportsystem – lokalisiert wurde, mit gezielten technischen Eingriffen chirurgischer oder medikamentöser Art reparieren.

Damit geriet der einfache Tatbestand, dass die ›Sache der Medizin‹ immer gemeinsame Angelegenheit eines Kranken und eines Arztes ist, mehr und mehr in Vergessenheit und mit ihr die noch bis tief ins 19. Jahrhundert hinein wirkende teils vorwissenschaftliche, teils sozialepidemiologisch fundierte Erfahrung über Zusammenhänge zwischen Lebenssituationen von Individuen, insbesondere ihrer sozialen Lage (Siegrist 1975; Sarasin 2001). Die Möglichkeit der Lokalisierung von Krankheitsursachen im Körper machte es scheinbar überflüssig, nach psychischen oder sozialen Ursachen zu suchen.« (Uexküll/Wesiack 2011: 4f.)

1993), aber er ist … nicht ausreichend in der Lage, die nächsten notwendigen Schritte zu tun:

■ Er findet keinen klaren Zugang zur Arbeitswelt des Patienten.
■ Zum Betriebsarzt kann er keine Verbindung knüpfen, weil er ihn nicht als Verbündeten in der Lage erkennen kann. Arbeits- und Allgemeinmedizin sind seit Jahren getrennte Disziplinen, die sich eher skeptisch gegenüber stehen, obwohl sie gemeinsame Patienten haben.
■ Letztlich weiß er nur wenig mit dem ›sprachlosen Leid‹ des Patienten umzugehen, und das geduldige Zuhören schafft zwar situative Entlastung, aber keine Auflösung der depressiv-resignativen Verstimmung des Patienten. Warum hat er nicht die Einleitung einer Psychotherapie versucht oder eine Krisenintervention?
■ Es besteht aus heutiger Sicht die Notwendigkeit, eine erneute Rehabilitationsmaßnahme einzuleiten. Der Hausarzt lässt sich von der

Tatsache beeindrucken, dass der Patient in den letzten zwei Jahren eine Kur bekommen hatte. Hier gibt es aber Ausnahmeregeln, die hätten versucht werden können.

■ Und schließlich bahnt sich die Frage an, wie der Hausarzt seine Problemfälle bewältigt. Ist er in einer Balintgruppe, die ihm eine psychotherapeutisch angeleitete Supervision seiner Tätigkeit ermöglicht? Hat er Kolleginnen oder Kollegen, mit denen er seine Fälle bespricht, wenn er nicht weiterkommt?«(Tempel 1998: 24)

Dieses Schlüsselerlebnis fügt sich nahtlos ein in die Untersuchungen über»Herz-Kreislauf-Krankheiten und industrielle Arbeitsplätze« (Friczewski/Maschewsky et al. 1987), die ein paar Jahre später im Rahmen der Forschung zur»Humanisierung des Arbeitslebens« veröffentlicht wurden. Schließlich wurde auch die Debatte über den Manager-Herzinfarkt, den es als spezielles Berufsrisiko nie gegeben hatte, beendet (s.o.). Dabei hat die Veröffentlichung von»Herz im Stress – Ein wissenschaftlicher Tatsachenroman« (Stössel 1986) einen wichtigen Beitrag geleistet.

Zu klären ist aber auch die Frage des»Zugangs zur Arbeitswelt«: Der Begriff der»arbeitsbedingten Erkrankungen« wird 1974 in das Arbeitssicherheitsgesetz (ASiG) aufgenommen. Diese Entscheidung war lange Zeit heftig umstritten, denn es herrschte ziemliche Unklarheit, was darunter zu verstehen ist und – vor allen Dingen – wie damit umzugehen sein sollte. Nach §3 Abs. 3c hat der Betriebsarzt auch die»Ursachen von arbeitsbedingten Erkrankungen« zu untersuchen, aber erst 1978 wird in einem Gesetzeskommentar festgestellt:»Arbeitsbedingte Erkrankungen sind Gesundheitsstörungen, die ganz oder teilweise durch die Arbeitsumstände verursacht sind« (Bundesverband der Betriebskrankenkassen, Handbuch zur Gesundheitsförderung, Essen 1991, zitiert nach Tempel 1995a). Da es also Krankheiten sind,»die unter Angehörigen einer bestimmten Berufs- bzw. Tätigkeitsgruppe oder Beschäftigten bestimmter Arbeitsbereiche regelmäßiger und häufiger als unter der übrigen Bevölkerung bzw. einer entsprechenden Vergleichsgruppe auftreten« (Müller 1985), benötigen wir im *Betrieb* eine systematische Erhebung diesbezüglicher Daten. In der Arztpraxis tritt der betroffene Mitarbeiter aber als individueller Träger eines betrieblichen Gesundheitsrisikos auf, das der behandelnde Arzt gar nicht erkennen kann, wenn er nicht danach fragt!

3. Mithelfen beim »Aktivieren«

Die Domäne der vertragsärztlichen Praxis ist die Diagnostik und Behandlung der Krankheiten. Die Prävention, die Verhütung der Gesundheitsstörungen und Entwicklung der Krankheiten ist dem nachgeordnet und kommt – vermutlich bis heute – eher zu kurz (ausführlich bei Tempel 1994: 53f.). Wenn das zutrifft, wie könnte dann Prävention in der Hausarztpraxis in einem praktischen Versuch aussehen?

»Die Idee des Projektes könnte unter dem Motto stehen: ›Der Arzt ist nur der Helfer, der Patient aber der Arzt‹ (Hippokrates). Dies bedeutet, dass der Patient die treibende Kraft sein sollte beim Prozess der Gesundung oder bei der Aufrechterhaltung der Gesundheit. In unserem Fall soll den Patienten des Hausarztes unter Einbeziehung anderer Hilfen, die Möglichkeit eröffnet werden, selbst im Bereich der Gesundheit aktiv zu werden. Das psychologische Konzept des Empowerment (...), das hier zum Tragen kommen soll, beinhaltet jene Form der sozialen Aktivierung, die es dem einzelnen mit Hilfe professioneller Unterstützung ermöglichen soll, selbstständig seine Interessen zu vertreten. Besonders interessant an diesem Ansatz ist die Tatsache, daß die Gesundheit ›nicht nur mit individuellen Ressourcen, sondern ebenso mit sozialen Verhältnissen verknüpft‹ (Kieselbach 1991: 71) wird. Auch uns geht es um die Verknüpfung von verhaltens- und verhältnisbezogener Prävention im Sinne einer umfassenden Salutogenese. Wir wollen sowohl gesundheitsriskante Verhaltensweisen (Rauchen, Bewegungsmangel, übermäßige Kalorienzufuhr) als auch die psychosoziale Situation betrachten, die vom gesellschaftlichen Handlungsrahmen nicht getrennt werden kann.« (Tempel/Bachmeier 1993: 61)

Schlüsselerlebnis 3: Vom Sprechzimmer in den Gesundheitspark
Vielleicht ist der Platz hinter dem Schreibtisch im Sprechzimmer ein Symbol für das »ärztliche Expertentum«, auf jeden Fall ermöglicht er eine gewisse räumliche und emotionale Distanz, die wir im Rahmen dieses Projektes aufgeben wollten. Finanziert zu gleichen Teilen von der gewerkschaftsnahen Hans-Böckler-Stiftung in Düsseldorf und der AOK München trafen sich Anfang der 1990er Jahre regelmäßig eine Diplom-Psychologin und ein Allgemeinarzt mit Patientinnen und Patienten aus der Praxis im Gesundheitspark der Münchner Volkshochschule im Olympiapark. Dieses Projekt hat Anerkennung gefunden, weil es nicht nur eine fundierte Kritik des »Modells der Maschine« leistet, son-

Tabelle 2: Qualitative Entwicklung der Teilnehmer aus medizinischer Sicht zwölf Monate nach Beendigung des Kurses

Teilnehmer	01	02	03	04	05	06	07	08	09	10	11	12	13	14	15	16	17
Gewicht [5]	+	X	0	0	0	0	-	-	-	0	-	X	0	+	0	X	X
Cholesterin/HDL-Cholesterin [5]	-	X	0	+	+	0	-	+	-	0	X	X	0	-	0	X	X
Kreislauf-beschwerden	+	X	0	-	+	0	0	+	0	+	-	X	+	+	+	X	X
Ausdauerbelast-barkeit [5]	+	X	X	X	+	X	-	-	-	X	-	X	+	-	-	X	X
Andere Stoffwechsel-parameter [5]	0	X	0	0	+[2]	0	0	0	0	-	0	X	0	0	-[4]	X	X
Umgang mit Krankheit	+	X	0	0	+	0	+	+	+	+	-	X	+	+	+	X	X
Selbständigkeit am Arbeitsplatz	0	X	0	+[1]	+	0	+	0	0	+	+	X	+	+	+	X	X
Psycho-soziale Kompetenz	+	X	0	0	+	0	+	+	0	+	+	X	+	0	+	X	X
Arbeitsunfähig-keit	0	X	0	0	X[3]	0	+	0	0	+	0	X	+	0	+	X	X
Arzt-Patient-Beziehung	+	X	0	+	+	+	+	+	+	+	+	X	0	+	+	X	X
Bewältigung der chronischen Krankheiten	+	X	0	-	+	0	+	+	0	+	-	X	+	+	+	X	X

Anmerkungen:
0 bedeutet keine Veränderungen, + entspricht einer Verbesserung und - einer Verschlechterung.
Das X bedeutet, daß eine Verlaufsbeurteilung nicht möglich ist; eine Säule mit X, daß der Teilnehmer insgesamt nicht zu beurteilen ist.
[1] Die Entscheidung des Teilnehmers, nicht weiter am Arbeitsplatz zu kämpfen, sondern sich seine Rente ausrechnen zu lassen und vorzeitig das Arbeitsverhältnis aus gesundheitlichen Gründen aufzulösen, wurde von mir als Verbesserung der psycho-sozialen Kompetenz bewertet.
[2] Normalisierung der (prä-)diabetischen Stoffwechsellage.
[3] Der Teilnehmer hat das gesetzliche Rentenalter erreicht.
[4] Der Teilnehmer entwickelt einen manifesten Diabetes.
[5] Diese Daten wurden bei der Abschlußuntersuchung im 1. Quartal 1992 erhoben, bei den anderen Daten wird die weitere Entwicklung bis Ende 1992 mit einbezogen.

Quelle: Tempel 1995b

dern Erkenntnisse aus anderen Wissenschaften mit einbezieht und in die Praxis umzusetzen versucht.»Vor diesem Hintergrund sollten wir Mut haben zu neuen Wegen, wie sie in einzelnen Modellprojekten (9, hier wird auf das Projekt verwiesen, JT) und Lebensweisenkonzepten (6) aufgezeigt werden« (Jork 1996). Dieses gemeinsame Arbeiten hat große Freude bereitet und die Türen geöffnet bezüglich der gleichberechtigten interdisziplinären Zusammenarbeit mit den Vertreterinnen und Vertretern anderer Fachgebiete, die bis heute nie wieder geschlossen wurden. Aber die Beschreibung der »Idee des Projektes« (s.o) und die in Tabelle 2 aufgeführte Übersicht der Ergebnisse zeigen doch seine Grenzen auf. Rückblickend möchte ich es so zusammenfassen:

■ Die bloße »Betrachtung« der psychosozialen Situation, die vom gesellschaftlichen Handlungsrahmen nicht getrennt werden kann, verändert diesen nicht

- und schon gar nicht die Arbeitsbedingungen der Teilnehmerinnen und Teilnehmer,
- allenfalls ihre Bewertung der individuellen Beanspruchung bei der Arbeit.
- Das kann hilfreich sein, reicht aber für die Erhaltung der Arbeitsfähigkeit nicht aus. Das wird sich erst ein paar Jahre später bei der Auswertung der finnischen Forschung zur Arbeitsfähigkeit erweisen. Das + steht für Verbesserungen bei den Teilnehmenden. Der Überblick zeigt die Konzentration der positiven Effekte auf die Arzt-Patient-Beziehung, die Bewältigung der chronischen Krankheiten, die psycho-soziale Kompetenz, die Selbständigkeit am Arbeitsplatz und den Umgang mit der Krankheit. Das sind wichtige Stärkungen (Empowerment) der individuellen Potenziale, aber eben auch nicht mehr. Ein Dialog – in welcher Form auch immer – mit den zuständigen Betriebsärzten hat nicht stattgefunden. Dafür war die Zeit noch nicht reif.

Schlüsselpersonen 1

Dr. Mark Schmid-Neuhaus, Mitglied im Projektbeirat, war damals ärztlicher Leiter des Gesundheitsparks und Leiter unserer Balint-Gruppe, in der Ärztinnen und Ärzte, überwiegend aus dem Stadtteil zusammenkamen, um ihre »Fälle« und »Probleme« zu besprechen. Wir sind zusammen laufen gegangen, haben miteinander über die Medizin und die Rolle der Medizin in dieser Welt und auch allgemein über die Welt diskutiert. Dabei sind unsere Sichtweisen durchaus aufeinandergeprallt, aber es überwog dann immer wieder der Dialog, das Interesse am gemeinsamen Handeln. Sein Vorschlag war das Projekt, die Bildung von Thesen und deren Überprüfung in der Praxis. Der Gesundheitspark der Münchner Volkshochschule lieferte dafür ideale Voraussetzungen.

Frau Dipl. Psych. Christine Bachmeier (Bachmeier 1994) hat durch ihre Mitarbeit an dem Projekt die Entwicklung und Umsetzung des Konzepts entscheidend ermöglicht. Mit ihrer Hilfe konnte ich Kooperation mit einem anderen Fachgebiet erfahren und lernen, wie ein Projekt erfolgreich durchgeführt und abgeschlossen wird.

Dr. Erika Mezger hat als Verantwortliche der Hans-Böckler-Stiftung beschlossen, das Projekt finanziell zu fördern, und die inhaltliche Diskussion im Beirat mitgetragen.

Herr Johann Fahn, Geschäftsführer der AOK München und Mitglied im Projektbeirat, hat in diesen Jahren die Diskussion um das Menschenbild in der Medizin, die sozialen Bedingungen von Krankheit und die

Bewertung der vertragsärztlichen Arbeit richtungweisend geprägt. Ohne seine Unterstützung wäre die Debatte um die Bedeutung der arbeitsbedingten Belastungen und Erkrankungen im Rahmen der kassenärztlichen Versorgung (KV) so eindeutig nicht zu führen gewesen.[10] Prof. Dr. Rainer Müller, Zentrum für Sozialpolitik an der Universität Bremen, nimmt in dieser Aufzählung eine Sonderstellung ein: Das Buch »Berufsarbeit und Krankheit«, das er 1985 zusammen mit Dietrich Milles geschrieben hat, war mir ein fachlicher Wegbegleiter geworden, es waren auch erste Kontakte entstanden. Und dann tauchte er im Projektbeirat auf, zusammen mit Bettina am Orde (DGB-Bundesvorstand Düsseldorf), Dieter Schneidinger, Abteilung Sozialpolitik der IG Metall, Frankfurt, und den bereits Genannten. Rainer Müller wurde mein Doktorvater und hat später den Anstoß gegeben, in den Räumen am Bremer Flughafen mit der Arbeitsmedizin zu beginnen.

4. Vom Hausarzt zum »Häuserbauer«

In den frühen 1980er Jahren konnte man relativ leicht für die Gründung einer Kassenarztpraxis bei einer Bank einen Kredit erhalten, um sich einzukaufen oder um seinen Anteil einzubringen. 1995 war es dann soweit: Der Kredit war getilgt, die Bedingungen für einen Wechsel in die Arbeitsmedizin günstig wie nie zuvor. Die Gestaltung der Verhältnisse am Arbeitsplatz gewann immer mehr an Bedeutung und konnte mit den Erfahrungen als Allgemeinarzt kombiniert werden. So konnte ein dauerhafter »Zugang zur Arbeitswelt« gefunden werden.

Die weitere Entwicklung in der Zusammenarbeit mit Marianne Giesert für das DGB Bildungswerk seit nunmehr 16 Jahren und mit Juhani Ilmarinen seit etwa zwölf Jahren ist bekannt.

Natürlich müssen Menschen irgendwie zusammenpassen, wenn sie solange in dieser Weise zusammenarbeiten, aber aus meiner Sicht

---

[10] In unserer Allgemeinpraxis gab es immer wieder Überschreitungen bei den Medikamentenverordnungen, die dann zu so genannten Arzneimittelregressen führten. Die ärztlichen Vertreter der KV haben unsere Ausführungen zur sozialen Ungleichheit vor Krankheit und Tod und den entsprechenden Mehrbedarf auf Grund der Praxisbesonderheiten immer wieder zurückgewiesen. Es war die AOK München, die uns schließlich mit einem anerkannten Mehrbedarf in dieser Frage Ruhe verschaffte.

gibt es auch ein fachliches Fundament, das diese weitere Entwicklung geprägt hat.

Schlüsselerlebnis 4: Gesundheit fördern, Arbeit gestalten

Die Ergebnisse des Münchner Präventionsprojektes in der Allgemeinpraxis wurden u.a. auch in Linz (Österreich) vorgestellt. Auf einer Mammutveranstaltung wurde im Fünf-Minuten-Takt vorgetragen: Drei Minuten für die Präsentation, zwei Minuten für die Fragen und Stellungnahmen. Irgendwann entfuhr es mir aus tiefster Seele: So ein Mist! Und eine Stimme bestätigte hinter mir: Das kann man wohl sagen! Wir bevorzugten dann, draußen einen Kaffee zu trinken und miteinander ins Gespräch zu kommen. Aus dieser gemeinsamen Enttäuschung entstand der Kontakt mit Heinrich Geißler und später Rudolf Karazman, die beide damals in Wien arbeiteten. Als in München im Gesundheitspark ein neues Projekt aufgelegt wurde, die »Gesundheitstage« für die Fahrerinnen und Fahrer der Münchner Verkehrsbetriebe (Ertl/Schmid-Neuhaus et al. 1998; Tempel 1998), konnten die beiden die Evaluation des Projektes übernehmen, und es begann eine Fachdiskussion um Methoden und einen wichtigen Fragebogen, den »ABI« oder Arbeitsbewältigungsindex.

Bei den »Gesundheitstagen« für die Fahrerinnen und Fahrer im ÖPNV war entscheidend, dass Maßnahmen der individuellen Gesundheitsförderung mit Maßnahmen der Arbeitsgestaltung verbunden wurden: Die Teilnehmer waren wenigstens 55 Jahre alt und bekamen 20 freie Tage in ihren Dienstplan integriert, sodass sie in regelmäßigen Abständen einen freien Tag als Arbeitsentlastung hatten: Das Konzept beruht auf den zehnjährigen Erfahrungen der Nürnberger Verkehrsaktiengesellschaft, die sich zunächst auf Maßnahmen der individuellen Gesundheitsförderung beschränkt hatten: »Für etwa 60 Fahrer und Fahrerinnen wurde ein entsprechendes Seminarangebot erarbeit. Dies enthielt Kurse für autogenes Training ebenso wie eine speziell auf die Bedürfnisse der Fahrer ausgerichtete Rückenschule. Vorträge zur richtigen Ernährung wurden angeboten und mit den Fahrern Strategien zur Streßbewältigung und Konfliktvermeidung eingeübt. Der Vergleich mit einer Kontrollgruppe von Fahrern, die an diesen Maßnahmen nicht teilnahmen, zeigte nach einem Jahr für keine dieser Maßnahmen eine signifikante Wirkung. ... Eine Maßnahme jedoch erwies sich bereits bei der Befragung nach einem Jahr als äußerst erfolgreich bezüglich des Abbaus von Befindlichkeitsstörungen aller Art. Es handelte sich dabei um eine Arbeitszeitverkürzung, die den über 57jährigen Fahrern, unabhängig von dem Gesundheitszustand, gewährt wird. ... Eine Analyse der Arbeitsunfähigkeitsdaten fünf Jahre später ergab ein überraschendes Ergebnis. Statt 49 Kalendertage krankheitsbedingter Fehlzeit, wie sie für die Gruppe der über 55-Jährigen im Unternehmen zu beobachten ist, nahmen die Fehlzeiten in der so genannten Sonderrotte deutlich ab und betrugen nur noch 27 Tage im Jahr.« (Ell 1995: 162f.) Es wurde dann die Arbeitshypothese gebildet,»daß die Anforderungen im Fahrdienst inzwischen so hoch sind, daß auch der durchschnittliche Gesunde, in seiner Leistungsfähigkeit oft nur gering eingeschränkte ältere Mitarbeiter, den hohen Anforderungen nicht mehr gewachsen ist« (ebd.: 170). Die Erkenntnis solcher Zusammenhänge hätte dem Straßenbahnfahrer Herrmann S. (Schlüsselerlebnis 2) eine entscheidende Hilfe sein können.

Schlüsseldiskussion 5: Alter und Altern im Arbeitsleben – was passiert da eigentlich?

Die Finnen sind zutiefst davon überzeugt, dass es immer mehr als zwei – alternative – Möglichkeiten gibt, zwischen denen man sich entscheiden kann. Leserinnen und Lesern, die das politisch interessiert, ist die Untersuchung von Seppo Hentilä,»Neutral zwischen den beiden deutschen Staaten – Finnland und Deutschland im Kalten Krieg«, zu empfehlen (Hentilä 2006). Ähnlich verhält es sich – so meine Deutung – mit der Verhalten-Verhältnis-Debatte, für die finnische Forscher mit Hilfe einer langjährigen, wissenschaftlich fundierten Verlaufsstudie neue Daten und Erkenntnisse gewonnen haben. Auslöser war die Frage, ob das aktuelle Rentenalter in Bezug auf die Lebensarbeitszeit noch von Bedeutung ist.»Deshalb wurde ein multidisziplinäres Forschungsprojekt geplant, das neue Konzepte über Arbeit und Berentung entwickeln sollte. Das allgemeine Projektziel war es, zu klären, wie Faktoren der Arbeit, der Gesundheit, der funktionellen Kapazität (das sind die bio-psycho-sozialen Fähigkeiten eines Menschen, JT), der Arbeitsbewältigungsfähigkeit und der wahrgenommenen Beanspruchung der Betroffenen Einfluss nehmen auf den älter werdenden Arbeitnehmer« (Ilmarinen/Tuomi et al. 1991: 135).

Diese Studie hat von Anfang an die Arbeitsbedingungen (Belastungen) untersucht und dabei die Auswirkungen auf die betroffenen alternden Arbeitnehmer (Beanspruchung) erfasst. Im Original findet sich eine systematische Beschreibung der»job analysis« (Arbeitsplatzanalyse, Gefährdungsbeurteilung), mit deren Hilfe die Bewertung der Risiken am Arbeitsplatz vorgenommen wurden. Das wichtigste Ergebnis der Studien besteht darin, dass die Gestaltung der Belastung bei der Arbeit mit der Förderung der individuellen Fähigkeiten (funktionelle Kapazität) kombiniert werden kann und muss, wenn ein Unternehmen sich auf die Bewältigung des demografischen Wandels einstellen will.

Heute würden wir systematisch erfassen, welche Belastungen vorliegen, über welche Ressourcen das Unternehmen verfügt und wie es um die Beanspruchung der Mitarbeiterinnen und Mitarbeiter steht (s. z.B. bei Tempel 2010). Der Arbeitsbewältigungsindex liefert dabei eine Maßzahl, mit deren Hilfe die Balance zwischen Arbeitsanforderung und dem individuellem oder kollektivem Potenzial der Beschäftigten beschrieben werden kann. Bei der VHH PVG UG haben wir Betriebsärzte die Entwicklung der letzten zehn Jahre zusammengefasst, dieser Bericht ist öffentlich zugänglich und kann angefordert werden (Schramm/Tempel 2011, vgl. dazu die Beiträge in diesem Band).

5. Ausblick

Arbeit kann krank machen und gesund halten. Arbeitslosigkeit ist eines der größten Gesundheitsrisiken überhaupt für die, die davon betroffen sind. Das gilt für die Industrienationen wie für Schwellen- oder Entwicklungsländer. Wie wollen wir in Zukunft mit der Entwicklung der Arbeit und der Entwicklung der Menschen bei der Arbeit umgehen? Inzwischen verfügen wir über ein solides wissenschaftliches Konzept und vielfältige Handlungsanleitungen, wie das Haus der Arbeitsfähigkeit im Unternehmen aufgebaut werden kann. Damit schließt sich aber auch eine folgerichtige Entwicklung vom Sichern der Vitalfunktion als Anästhesist, über die parteiliche, wenn auch begrenzte Tätigkeit als Hausarzt zum Mitarbeiter beim Häuserbau in Unternehmen: Dafür bedarf es eines Dialogs zwischen Arbeitgeber und Mitarbeitern bzw. deren Vertretungsorganen, den wir Betriebsärzte fachlich unterstützen können. Dieser Dialog basiert darauf, dass Entscheidungen eingeräumt und umgesetzt werden können. Die Verhalten-Verhältnis-Debatte ist damit nicht aus der Welt, und vieles spricht dafür, dass sie immer wieder aufflackern wird (Castel 2011). Aber die Unternehmen, denen es gelingt, einen dritten Weg zu finden, werden die Zukunft und den demografischen Wandel besser bewältigen können.

■ Der demografische Wandel, wie er aktuell nicht nur in den Industrienationen sondern weltweit unterschiedlich ausgeprägt zu beobachten ist (Satariano 2006: 6), braucht passende gesellschaftliche und betriebliche Rahmenbedingungen.

■ Er ist in diesem Ausmaß historisch einmalig und wir müssen gemeinsam lernen, damit umzugehen.

■ Er führt zu einer enormen Zunahme der *Individualität* der Beschäftigten in den Unternehmen.

■ Wenn diese sich nur an den Veränderungen der Arbeitsanforderung orientieren und diese Entwicklung vernachlässigen, wird es immer wieder zu schweren Behinderungen des Dialoges um das »Notwendige« kommen, der beiden Teilen nützen und den nächsten Schritt beim Bau des Hauses der Arbeitsfähigkeit ermöglichen kann.

Literatur

Albus, C./C. Herrmann-Lingen (2011): Koronare Herzkrankheit. Bio-psychosoziale Aspekte zur Ätiologie und Pathogenese. In: R. H. Adler/W. Herzog/ P. Joraschky et al. (Hrsg.), Lehrbuch der Psychosomatischen Medizin. Modelle ärztlichen Denkens und Handelns, 7. Aufl. München: Elsevier GmbH, Urban & Fischer Verlag.

Bachmeier, C. (1994): Gesundheitsorientierung bei Arbeitnehmern. Möglichkeiten der Gesundheitspsychologie/Gesundheitspädagogik zur Verhaltensänderung bei Erwachsenen. Wirtschafts- und Sozialwissenschaften. Bremen: Universität Bremen.

Balint, M. (1980): Der Arzt, sein Patient und die Krankheit. Stuttgart: Klett-Cotta.

Castel, R. (2011): Die Krise der Arbeit. Neue Unsicherheiten und die Zukunft des Individuums. Hamburg: Hamburger Edition.

Ell, W. (1995): Arbeitszeitverkürzung zur Belastungsreduzierung älterer Arbeitnehmer im öffentlichen Personennahverkehr – 10 Jahre Erfahrung aus den Interventionsmaßnahmen in den Verkehrsbetrieben in Nürnberg. In: R. Karazman/H. Geißler/I. Kloimüller/N. Winker (Hrsg.): Alt, erfahren und gesund. Betriebliche Gesundheitsförderung für älter werdende Arbeitnehmer. Gamburg: Verlag für Gesundheitsförderung G. Conrad. 1: 160-170.

Ertl, B./M. Schmid-Neuhaus et al. (1998): Lebensqualität für Leistungskraft – Das Gesundheitsförderungsprojekt für die Bus-, Straßenbahn- und U-Bahn-Fahrer/innen der Verkehrsbetriebe/Stadtwerke München. Bremerhaven: Wirtschaftsverlag NW, Verlag für neue Wissenschaft GmbH.

Friczewski, F./W. Maschewsky, et al. (1987): Herz-Kreislauf-Krankheiten und industrielle Arbeitsplätze. Frankfurt a.M./New York: Campus.

Geißler, H./T. Bökenheide, et al. (2003): Der Anerkennende Erfahrungsaustausch – Das neue Instrument für die Führung. Frankfurt a.M./New York: Campus.

Giesert, M./C. Wendt (2007): Handlungsleitfaden für ein Betriebliches Eingliederungsmanagement. Düsseldorf: DGB Bildungswerk e.V., Bestellung bei: Bianca.Kruber@dgb-bildungswerk.de.

Gostomzyk, J.G. (1993): Vorwort. In: A. Mielck (Hrsg.), Krankheit und soziale Ungleichheit. Sozialepidemiologische Forschung in Deutschland. Opladen: Leske + Budrich.

Hentilä, S. (2006): Neutral zwischen den beiden deutschen Staaten. Finnland und Deutschland im Kalten Krieg. Berlin: Berliner Wissenschafts-Verlag GmbH.

Ilmarinen, J./K. Tuomi et al. (1991):»Summary and recommendations of a project involving cross-sectional and follow-up studies on the aging worker in Finnish municipal occupations (1981-1985).« In: Scandinavian Journal of Work, Environment & Health 17 (suppl. 1): 135-141.

Jachertz, N. (1997): Phasen der»Vergangenheitsbewältigung«in der deutschen Ärzteschaft nach dem Zweiten Weltkrieg. In: Robert Jütte: Geschichte der deutschen Ärzteschaft. Köln. Deutscher Ärzte-Verlag.

Jäckle, R. (1988): Die Ärzte und die Politik. 1930 bis heute. München: Verlag C. H. Beck.

Jork, K. (1996):»Gesundheitsbildungsfunktion der Allgemeinärzte – Festvortrag zum 30. Jahrestag der Deutschen Gesellschaft für Allgemeinmedizin in Bremen«, in: Zeitschrift für Allgemeinmedizin (72): 999-1002.

Jütte, R. (1997): Geschichte der Deutschen Ärzteschaft. Köln: Deutscher Ärzte-Verlag.

Karasek, R./T. Theorell (Hrsg.) (1990): Healthy Work. Stress, Productivity, and the Reproduction of Working Life. USA: BasicBooks.

Lynch, J.J. (2000): A Cry Unheard – New Insights into the Medical Consequences of Loneliness. Baltimore: Bancroft Press.

Mielck, A. (1993a):»Gesundheitliche Ungleichheit«als Thema von Forschung und Gesundheitspolitik. In: Ders. (Hrsg.), Krankheit und soziale Ungleichheit. Sozialepidemiologische Forschung in Deutschland. Opladen: Leske + Budrich: 13-31.

Mielck, A. (Hrsg.) (1993b): Krankheit und soziale Ungleichheit. Sozialepidemiologische Forschung in Deutschland. Opladen: Leske + Budrich.

Milles, D. (1985): Tendenzen und Konsequenzen. Arbeit und Krankheit unter dem Einfluß der nationalsozialistischen Sozialpolitik. In: D. Milles/R. Müller, Berufsarbeit und Krankheit. Frankfurt a.M./New York: Campus.

Milles, D./R. Müller (1985): Berufsarbeit und Krankheit. Frankfurt a.M. u.a.: Campus.

Mitscherlich, A./F. Mielke (1960): Medizin ohne Menschlichkeit. Frankfurt a.M.: Fischer Taschenbuch Verlag.

Müller, R. (1985): Arbeitsbedingte Erkrankungen. Handbuch zur Humanisierung der Arbeit. Bau. Bremerhaven: nw-Verlag.

Murken, A.H. (2010): Geschichte der Arbeitsmedizin. In: S. Letztel/D. Nowack (Hrsg.), Handbuch der Arbeitsmedizin, begründet von J. Konietzko und H. Dupuis. Heidelberg u.a.: ecomed Medizin. Bd.1: 1-31.

Oldenbourg, R./J. Ilmarinen (2010): Für eine lebenslaufbezogene Arbeitsfähigkeitspolitik. In: G. Naegele, Soziale Lebenslaufpolitik, Wiesbaden: VS Verlag für Sozialwissenschaften.

Rattner, J. (1993): Krankheit, Gesundheit und der Arzt – Medizinische Anthropologie. München: Quintessenz Verlags-GmbH.

Rose, G. (1992): The Strategy Of Preventive Medicine. Oxford/New York/Tokio: Oxford University Press.

Rüther, M. (1997): Ärztliches Standeswesen im Nationalsozialismus 1933-1945. In: R. Jütte, Geschichte der deutschen Ärzteschaft. Köln: Deutscher Ärzte-Verlag.

Satariano, W. A. (2006): Epidemiology of Aging. Boston et al., Jones and Bartlett Publishers.

Schramm, J./J. Tempel (2011): Das Haus der Arbeitsfähigkeit im Unternehmen – gesammelte Beiträge aus dem VHH PVG-Kurier. Hamburg, Betriebsärztlicher Dienst der VHH PVG UG.

Siegrist, J. (1996): Soziale Krisen und Gesundheit. Göttingen u.a.: Hogrefe.

Stössel, J.-P. (1986): Herz im Stress – Ein wissenschaftlicher Tatsachenroman. München: Droemersche Verlagsanstalt Th. Knaur Nachf.

Tempel, J. (1994): Prävention in der hausärztlichen Vertragsarztpraxis – Probleme, Möglichkeiten und ein praktischer Versuch. Bremerhaven: Wirtschaftsverlag NW – Verlag für neue Wissenschaft GmbH.

Tempel, J. (1995a): Arbeitsbedingte Erkrankungen. Ein Erfahrungsbericht aus der Hausarztpraxis über arbeitsbedingte Belastungen, Erkrankungen und Krisen. In: Zeitschrift für Allgemeinmedizin 18: 1346-1354.

Tempel, J. (1995b): Hausarzt und präventivmedizinische Arbeit. Auswertung eines Modellprojektes. In: Zeitschrift für Allgemeinmedizin, 71: 300-308.

Tempel, J. (1998):»Wie soll ich das noch schaffen?« Über den vermeidbaren vorzeitigen Tod des Straßenbahnfahrers Hermann S. In: B. Ertl/M. Schmid-Neuhaus/J. Tempel, Lebensqualität für Leistungskraft. Das Gesundheitsförderungsprojekt für die Bus-, Straßenbahn- und U-Bahn-Fahrer/innen der Verkehrsbetriebe/Stadtwerke München. Bremerhaven: Wirtschaftsverlag NW: 7-124.

Tempel, J. (2010): Nachhaltiger Druck beugt das Knie. Ergebnisse der psychischen Gefährdungsbeurteilung in einer Stadtverwaltung. In: M. Giesert, Psychisch gesund bleiben. Betriebliche Gesundheitspolitik für die Praxis – in der Praxis. Hamburg: VSA: 131-144.

Tempel, J./C. Bachmeier (1993): Prävention in einer Kassenarztpraxis. Möglichkeiten von Präventionsmaßnahmen bei Versicherten mit arbeitsbedingten Belastungen und hohem Krankheitsrisiko. Düsseldorf: Hans-Böckler-Stiftung.

Uexküll, T. v./W. Wesiack (2011): Integrierte Medizin als Gesamtkonzept der Heilkunde: ein bio-psycho-soziales Modell. In: R. H. Adler, W. Herzog, P. Joraschky et al., Psychosomatische Medizin. Theoretisches Modell und klinische Praxis, München: Elsevier.

Vasold, M. (1988): Rudolf Virchow. Der große Arzt und Politiker. Biographie. Stuttgart: Deutsche Verlags-Anstalt.

4. Betriebliche Gesundheitsförderung – eine Standortbestimmung

Fritz Bindzius/Volker Wanek
Landkarte der betrieblichen Gesundheitsförderung in Deutschland
Ergebnisse der SWOT-Analyse[1]

Gute Argumente für die Betriebliche Gesundheitsförderung (BGF) gibt es schon lange. Zufriedene, motivierte und gesunde Mitarbeiter sind in Zeiten scharfen internationalen Wettbewerbs und älter werdender Belegschaften eine unverzichtbare Voraussetzung für den wirtschaftlichen Erfolg. Innovative Qualitätsprodukte und komplexe Dienstleistungen brauchen gut ausgebildete, motivierte und gesunde Beschäftigte. Betriebliche Gesundheitsförderung steigert die Zufriedenheit und Motivation und hebt so Produktivitätsreserven. Die Argumente sind nicht neu. Dennoch hat sich in Deutschland bisher nur eine Minderheit von Unternehmen tatsächlich für die Förderung der Mitarbeitergesundheit engagiert.

Doch derzeit sind die Chancen für eine Stärkung der betrieblichen Gesundheitsförderung so günstig wie schon lange nicht mehr. Die Finanz- und Wirtschaftskrise hat für alle die Gefahren sichtbar gemacht, die von unverantwortlichem kurzfristigem Gewinnstreben auf deregulierten Finanzmärkten ausgehen. Die Finanzmarktliberalisierung und eine die Verschuldung fördernde Kredit- und Zinspolitik der Notenbanken haben zu enormen Spekulationsblasen geführt. Ihr Platzen mündete in eine Weltwirtschaftsrezession von einer Dimension, wie es sie zuletzt in den Jahren 1929ff. gegeben hat. Diese Entwicklung war weder nachhaltig noch zukunftsfähig.

Die Krise ist im Unterschied zu 1929 in Deutschland aber überraschend schnell wieder überwunden worden. Dass sie so schnell überwunden wurde, liegt zum großen Teil an der entschlossenen Übernah-

[1] Vortrag auf der Dreiländer-Tagung »Betriebliche Gesundheitsförderung – Voneinander lernen, gemeinsam Impulse setzen«; 24.-25. März 2011, St. Gallen, Schweiz (SWOT steht für Strengths, Weaknesses, Opportunities, Threats).

me von Verantwortung zu Gunsten des Gemeinwohls durch Staat und Sozialpartner. Durch eine entschlossene staatliche Konjunktur- und Arbeitsmarktpolitik wurde der Einbruch der Nachfrage abgemildert und eine Katastrophe am Arbeitsmarkt verhindert. Die Arbeitgeber haben durch Kurzarbeit die Beschäftigten in den Betrieben gehalten. Die Gewerkschaften haben durch eine beschäftigungsorientierte Tarifpolitik und die Zustimmung zu Arbeitszeitverkürzungen auch ohne Lohnausgleich die Krisenüberwindung unterstützt. Diese Orientierung am Gemeinwohl hat sich für alle Beteiligten ausgezahlt: So wird das Bruttoinlandsprodukt im Laufe des Jahres 2011 das Vorkrisenniveau bereits wieder überschreiten.

Gesundheit im Betrieb»umfasst alle gemeinsamen Maßnahmen von Arbeitgebern, Arbeitnehmern und Gesellschaft zur Verbesserung von Gesundheit und Wohlbefinden am Arbeitsplatz«. Mit gutem Grund hebt die Luxemburger Deklaration für betriebliche Gesundheitsförderung die gemeinsame Übernahme von Verantwortung von Arbeitgebern, Arbeitnehmern und Gesellschaft für ein wichtiges kollektives Gut an zentraler Stelle hervor. Dies ist genau der Modus gemeinsamer Übernahme von Verantwortung zum Vorteil aller Beteiligten, dem Deutschland die rasche Überwindung der Krise seit 2009 verdankt. Von gesunden Beschäftigten profitiert die gesamte Gesellschaft!

In der Bundesrepublik Deutschland stehen Sicherheit und Gesundheit bei der Arbeit für die Bundesregierung oben auf der politischen Tagesordnung. Sowohl das Bundesministerium für Arbeit und Soziales (BMAS) als auch das Bundesministerium für Gesundheit (BMG) engagieren sich für diese Themen. Die Politik kann sich dabei auf ein Netzwerk kompetenter Partner stützen. Die nationale Arbeitsgruppe »Betriebliche Gesundheitsförderung« ist ein Zusammenschluss der wichtigsten Akteure aus dem Bereich der betrieblichen Prävention und Gesundheitsförderung. Die Arbeitsgruppe wird mit Unterstützung der Bundesanstalt für Arbeitsschutz und Arbeitsmedizin durch das Bundesministerium für Arbeit und Soziales geleitet. Mitglieder sind – neben dem BMAS und dem BMG – die Gesetzliche Krankenversicherung (GKV), die Deutsche Gesetzliche Unfallversicherung (DGUV), die Arbeitsschutzbehörden der Länder, die Verbände der Sozialpartner, die Nationale Arbeitsschutzkonferenz, die Deutsche Rentenversicherung Bund, die Verbände der Betriebs- und Werksärzte und der Sicherheitsingenieure, die Bundesvereinigung für Prävention und Gesundheitsförderung sowie weitere ausgewählte Fachverbände (vgl. Abbildung 1).

Abbildung 1: Arbeitsgruppe Betriebliche Gesundheitsförderung

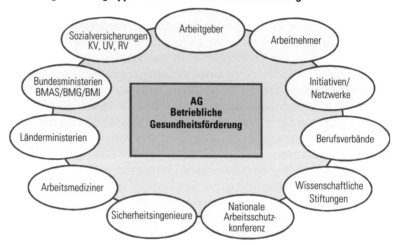

Zu den Aufgaben der Arbeitsgruppe BGF gehören u.a. die Entwicklung von Positionspapieren sowie Empfehlungen für prioritäre Aufgabenfelder ebenso wie die Entwicklung innovativer Ansätze für ein gesundes Arbeiten bis zur Rente mit 67. Die Arbeitsgruppe ist Impulsgeber und Berater für die Initiative »Neue Qualität der Arbeit« (INQA) sowie das deutsche Netzwerk »Betriebliche Gesundheitsförderung« (DNBGF). Ihr obliegt die Förderung und Verbreitung guter Praxis in der betrieblichen Prävention und Gesundheitsförderung sowie die Förderung eines Erfahrungsaustausches und der Entwicklung von Ansätzen zur Überprüfung der Wirksamkeit von Maßnahmen.

Damit ist die Arbeitsgruppe ein zentrales Gremium zur Förderung des Informationsaustausches und der Kooperation der überbetrieblichen Akteure. Sie hat in Vorbereitung der Dreiländertagung »Betriebliche Gesundheitsförderung« in St. Gallen eine Befragung ihrer Mitglieder zu Stärken und Schwächen, Möglichkeiten und Gefahren der betrieblichen Gesundheitsförderung (SWOT-Analyse) durchgeführt. Im März 2010 wurden alle Mitglieder der Arbeitsgruppe (n = 48) schriftlich zu ihrer Einschätzung der *S*trengths, *W*eaknesses, *O*pportunities und *T*hreats (SWOT) der betrieblichen Gesundheitsförderung in Deutschland befragt. 18 Partner haben geantwortet. Die Ergebnisse wurden allen Mitgliedern in aufbereiteter Form zur Verfügung gestellt und in einer Sitzung der Arbeitsgruppe im Oktober 2010 ausführlich diskutiert.

Zusammen mit den dort vereinbarten Änderungen und Ergänzungen wurden sie in St. Gallen vorgestellt. Es handelt sich um eine subjektive Einschätzung der Mitglieder der Arbeitsgruppe und nicht um eine quantitative Erhebung.

Stärken der Betrieblichen Gesundheitsförderung

Als zentrale Stärke wurde in zahlreichen Antworten die starke rechtliche Verankerung von Schutz und Förderung der Gesundheit bei der Arbeit hervorgehoben. Die Gesetzliche Krankenversicherung ist seit 2007 mit der Durchführung von Maßnahmen betrieblicher Gesundheitsförderung als Pflichtaufgabe im Sozialgesetzbuch Teil V (SGB V) beauftragt. Die gesetzlich geforderte Zusammenarbeit von Unfall- und Krankenversicherung im Rahmen der Betrieblichen Gesundheitsförderung und bei der Verhütung arbeitsbedingter Gesundheitsgefahren soll eine enge Abstimmung von Arbeitsschutz und Gesundheitsförderung im Betrieb sicherstellen. Die Arbeitsschutzgesetzgebung – insbesondere die Vorschriften zur Durchführung von Gefährdungsbeurteilungen für alle Arbeitsplätze – schafft eine solide Datengrundlage für eine bedarfsgerechte Planung von Maßnahmen der betrieblichen Gesundheitsförderung zusammen z.B. mit den Ergebnissen von Mitarbeiterbefragungen und arbeitsmedizinischen Untersuchungen. Die menschengerechte Gestaltung der Arbeit steht dabei im Mittelpunkt. Die betriebliche Gesundheitsförderung hat inzwischen auch in Tarifverträgen (z.B. bei den Erzieherinnen in Kindertagesstätten) mit konkreten Bestimmungen zur Durchführung, Rechten und Pflichten der Beteiligten Eingang gefunden. Darüber hinaus existieren auf betrieblicher Ebene zahlreiche Betriebs- und Dienstvereinbarungen zur BGF. Auch fördert die Politik die betriebliche Gesundheitsförderung durch Anreizsysteme: Die Krankenkassen können Versicherten und Arbeitgebern einen Bonus für die Durchführung von Maßnahmen der BGF gewähren. Darüber hinaus sind seit 2009 Präventions- und Gesundheitsförderungsleistungen durch Arbeitgeber von der Einkommensteuer bis zu einer Höhe von 500,00 EUR je Beschäftigten befreit.

Ein zweiter Komplex von Stärken ist die Umsetzung der BGF auf politischer Ebene. Sicherheit und Gesundheit bei der Arbeit sind Gegenstand der Programme, Gesetzesinitiativen und Verordnungen von vier Bundesministerien:

- Bundesministerium für Arbeit und Soziales (BMAS) – Modellprogramm zur Verhütung arbeitsbedingter Erkrankungen,
- Bundesministerium für Gesundheit (BMG) – zuständiges Ressort für die betrieblichen Gesundheitsförderungsleistungen der Krankenkassen,
- Bundesministerium für Bildung und Forschung (BMBF) – mit der Forschungsförderung zu Prävention und Gesundheitsförderung und
- Bundesministerium des Innern (BMI) – mit der Verpflichtung, für die eigenen Behörden ein betriebliches Gesundheitsmanagement durchzuführen.

Die Politik hat die Partner der betrieblichen Gesundheitsförderung auch zu Sektoren und Sozialversicherungszweige übergreifender Kooperation ermutigt und angehalten, z.b. durch die Kooperationsverpflichtung für Unfall- und Krankenversicherung in den Sozialgesetzbüchern. Arbeitgeber und Gewerkschaften sowie Kranken- und Unfallversicherung unterstützen die betriebliche Gesundheitsförderung in ihrem Verantwortungsbereich und wirken als Fürsprecher im politischen Raum.

Als ein dritter Komplex von Stärken wurden die bestehenden Infrastrukturen für die betriebliche Gesundheitsförderung angesprochen. Hierzu zählt die bereits angeführte Arbeitsgruppe »Betriebliche Gesundheitsförderung« beim BMAS als Plattform für einen bundesweiten Erfahrungsaustausch. Die Netzwerke, die sich teils mit politischer Unterstützung, teils aus freier Initiative der Partner selbst gebildet haben (so z.b. das DNBGF, das KMU-Kompetenznetzwerk speziell für die Belange kleiner und mittlerer Unternehmen, das deutsche Netzwerk gesundheitsfördernder Krankenhäuser und das vom BMAS geförderte Demografienetzwerk zur Bewältigung der Folgen des demografischen Wandels). Hier werden themenspezifische Lösungen für bestimmte Bereiche erarbeitet.

Zusätzlich gibt es nationale Dachprogramme. Hierzu gehören die Initiative »Neue Qualität der Arbeit« (INQA), die viele konkrete Problemlösungen erarbeitet hat; die Gemeinsame Deutsche Arbeitsschutzstrategie (GDS) von Bund, Ländern und Unfallversicherungsträgern und das Modellprogramm zur Verhütung arbeitsbedingter Erkrankungen des BMAS. In allen Projekten werden zielführende Lösungen für konkrete Probleme modellhaft erprobt. Auch gibt es in Deutschland inzwischen viele professionelle Dienstleistungs- und Beratungsfirmen, die den Unternehmen maßgeschneiderte Lösungen für ihre Bedürfnisse offerieren. Gerade für kleine und mittlere Unternehmen (KMU) ist mangels eigener Ressourcen und Kompetenzen die Beauftragung von Dienstleistern oftmals ein »Königsweg«.

Ein vierter Komplex von Stärken liegt nach Ansicht vieler Antwortenden in der inzwischen erreichten Verständigung auf Qualitätsstandards und deren praktischer Anwendung. Zu nennen ist hier insbesondere der Leitfaden für die betriebliche Gesundheitsförderung der Gesetzlichen Krankenversicherung. Er beschreibt Vorgehen und Handlungsfelder der betrieblichen Gesundheitsförderung. Hinzu kommen viele praktisch bewährte Standardinstrumente zur Bedarfsanalyse, Maßnahmenplanung und -umsetzung sowie zur Qualitätssicherung und Evaluation, die von der Krankenversicherung, von professionellen Anbietern und auch von Unternehmen, Netzwerken und Behörden in langjähriger Arbeit entwickelt, validiert und optimiert worden sind. Diese bilden zusammen eine Wissensbasis und einen Grundkonsens über qualitativ gute BGF.

Schließlich wird als Stärke der gemeinsame Nutzen für Arbeitgeber und Beschäftigte angeführt. Er war immer schon das stärkste Argument für die betriebliche Gesundheitsförderung. Auf einer im März 2011 in Berlin stattgefunden Konferenz zur Förderung der psychischen Gesundheit bei der Arbeit haben zahlreiche Redner darauf hingewiesen, dass es sich um eine Win-Win-Win-Situation handelt: Denn neben Beschäftigten und Arbeitgebern profitiert auch die Gesellschaft als Ganze – die Familie der Beschäftigten, die Gemeinden, in denen sie leben, die sozialen Sicherungssysteme und das ganze soziale Umfeld – von gesunden, motivierten und zufriedenen Beschäftigten. Dieses starke Argument kann nicht oft genug betont werden, es müsste auch den letzten Zweifler vom Nutzen der betrieblichen Gesundheitsförderung überzeugen.

Eine zusammenfassende Gegenüberstellung von Stärken und Schwächen der betrieblichen Gesundheitsförderung zeigt Tabelle 1.

Schwächen der Betrieblichen Gesundheitsförderung

Trotz der rechtlichen Verankerung der BGF wurden im Bereich der gesetzlichen Rahmenbedingungen auch Schwächen gesehen. Der gesellschaftliche Stellenwert von Prävention und betrieblicher Gesundheitsförderung kommt in der gesetzgeberischen Gesamtstrategie noch nicht genügend zum Ausdruck. Zwar gibt es, insbesondere im Bereich

Tabelle 1: Stärken und Schwächen der betrieblichen Gesundheitsförderung

Betriebliche Gesundheitsförderung	
Stärken	**Schwächen**
Rechtliche Rahmenbedingungen	**Gesetzliche Rahmenbedingungen**
■ Grundlagen für Sozialversicherung (insb. Krankenversicherung und Unfallversicherung [KV und UV])	■ fehlende gesetzgeberische Gesamtstrategie
■ Unterstützende Arbeitsschutzgesetzgebung	■ keine Verpflichtung zur Durchführung, fehlende Erzwingbarkeit
■ Integration in Tarifverträge	**Steuerungs- und Anreizstrukturen**
■ Finanzielle Anreizsysteme (Sozialversicherung)	■ keine abgestimmten nationalen Gesamtziele (trotz Gemeinsamer Deutscher Arbeitsschutzsstrategie [GDA])
Politische Unterstützung	
■ Bundesministerium für Arbeit und Soziales [BMAS], Bundesministerium für Gesundheit [BMG], Bundesministerium für Bildung und Forschung [BMBF], Bundesministerium des Innern [BMI]	■ Präventionsbudget der GKV stark auf Individualprävention ausgerichtet
■ existierende Strukturen/Ansätze für sektoren- bzw. sozialversicherungsübergreifende Kooperation	■ unzureichende Kassen(arten)-übergreifende Zusammenarbeit
■ starke Partner (Sozialpartner, KV, UV)	■ ressortübergreifende Zusammenarbeit noch unterentwickelt
Infrastrukturen	**Verbreitungsgrad**
■ Arbeitsgruppe Betriebliche Gesundheitsförderung	■ nur ca. 30% der Beschäftigten überwiegend in Mittel- und Großunternehmen
■ informelle Netzwerkstrukturen (u.a. Deutsches Netzwerk für Betriebliche Gesundheitsförderung [DNBGF], Netzwerk gesundheitsfördernder Krankenhäuser, KMU-Kompetenznetzwerk, das Demografie-Netzwerk [ddn])	■ unzulängliche Erreichung prekär Beschäftigter (z.B. Leih- und Zeitarbeit, befristet Beschäftigte)
■ Nationale Dachprogramme (Initiative Neue Qualität der Arbeit [INQA], Gemeinsame Deutsche Arbeitsschutzsstrategie [GDA], Modellprogramm Verhütung arbeitsbedingter Erkrankungen)	**Umsetzungsdefizite**
■ große Vielfalt von Anbietern	■ fortgesetzte Schwerpunktbildung auf Verhaltensprävention
Kompetenz und Know-how	■ Defizite bei Controlling/Evaluation
■ existierende Qualitätsstandards	■ Instrumente/Angebote zu wenig auf Klein- und Kleinstbetriebe ausgerichtet
■ gutes, breit entwickeltes praktisches Know-how	■ begrenzte Verbreitung im Bildungsbereich
Umsetzung in der Praxis/potenzieller Nutzen	■ BGF wird nicht ausreichend als Führungsaufgabe wahrgenommen
■ Win-Win-Charakter der BGF	■ Mängel in der Zusammenarbeit zwischen Kranken- und Unfallversicherung
	■ ganzheitliche Gefährdungsbeurteilungen nicht flächendeckend
	■ Dualismus

der Sozialversicherung, eine Reihe von gesetzlichen Grundlagen, eine Gesamtkonzeption sei jedoch nicht erkennbar. Dies drückt sich u.a. auch darin aus, dass es eine Vieldeutigkeit der einschlägigen Begriffe gibt. So werden z.b. die Begriffe »Betriebliches Gesundheitsmanagement« und »Betriebliche Gesundheitsförderung« vielfach synonym gebraucht. Auch gibt es keine eindeutige Klärung bezüglich der Begrifflichkeiten von Primär-, Sekundär- und Tertiärprävention. Die Tatsache, dass es keine Verpflichtung zur Durchführung von betrieblicher Gesundheitsförderung gibt, wurde kontrovers betrachtet. Hier plädieren insbesondere die Arbeitnehmervertreter für eine entsprechende Erzwingbarkeit. Erwartungsgemäß wird dies von der Arbeitgeberseite und anderen Institutionen anders betrachtet. Hier setzt man auf die Freiwilligkeit einschlägiger Maßnahmen.

Schwächen wurden auch im Bereich von Steuerungs- und Anreizstrukturen identifiziert. So gibt es in Deutschland nach wie vor keine abgestimmten nationalen Gesamtziele. Zwar verfolgt die Gesetzliche Krankenversicherung auf der einen und die Gemeinsame Deutsche Arbeitsschutzstrategie auf der anderen Seite spezifische Präventionsziele, diese konnten aber bis zum jetzigen Zeitpunkt nicht zu einem einheitlichen Zielsystem zusammengeführt werden. Für die zweite Periode der Gemeinsamen Deutschen Arbeitsschutzstrategie ist hier jedoch eine Abstimmung angestrebt. Als kritikwürdig wurde auch angesehen, dass der Leitfaden der Krankenkassen, der ja sowohl auf die Individualprävention als auch auf die Prävention in Settings abzielt, mit Blick auf seine Umsetzung seinen Schwerpunkt immer noch bei den individuellen Leistungen zur Primärprävention hat. Tendenziell nehmen jedoch die Maßnahmen zur betrieblichen Gesundheitsförderung zu. Als eine weitere Schwäche wurde der zwar sozialpolitisch gewünschte, aber in der Umsetzung der betrieblichen Gesundheitsförderung mitunter hinderliche Wettbewerb zwischen den Krankenkassen gesehen. Zwar hat dieser Wettbewerb auf der einen Seite bei einer Vielzahl von Krankenkassen die Konzepte und Maßnahmen der Betrieblichen Gesundheitsförderung gefördert, auf der anderen Seite gestaltet sich die Umsetzung in vielen Betrieben, in denen es auf Grund des Wettbewerbs kaum noch homogene Versichertenbestände einzelner Kassenarten gibt, als schwierig. Ein Dissens in der Auffassung bestand hier insofern, als die Krankenkassen selbst dieses Problem als nicht so gravierend betrachten, während die anderen Stakeholder in diesem Tatbestand eine deutliche Schwäche sehen. Eine Ressort-übergreifende Zusammenarbeit,

insbesondere von BMAS und BMG, wird als optimierungsfähig eingeschätzt. Zwar gibt es inzwischen eine Reihe von Ansätzen guter Zusammenarbeit (z.b. in der Arbeitsgruppe »BGF«), dennoch wünschen sich
die Mitglieder der AG »BGF« eine bessere Abstimmung zu den verschiedenen Themenfeldern.

Nach wie vor wird der Verbreitungsgrad der Betrieblichen Gesundheitsförderung als verbesserungswürdig eingeschätzt. Verschiedene,
unabhängig voneinander, mit unterschiedlichen Methoden durchge-
führte Umfragen zeigen, dass rund 30% der Beschäftigten, überwiegend in mittleren und großen Unternehmen, Möglichkeiten der Betrieblichen Gesundheitsförderung in Anspruch nehmen können. Der Bereich
kleiner und kleinster Betriebe ist deutlich unterrepräsentiert. Als ein
weiteres Defizit wurde der geringe Durchdringungsgrad von Ansätzen der Betrieblichen Gesundheitsförderung bei atypischen Beschäf-
tigungsformen, und hier insbesondere bei prekärer Beschäftigung,
gesehen.

Umsetzungsdefizite wurden auch im Bereich von Controlling und
Evaluation ausgemacht. In der Regel gibt es keine gut ausgeprägten
Kennzahlen-Systeme für das Betriebliche Gesundheitsmanagement in
den Unternehmen. Auch die Umsetzung in Universitäten, Schulen und
Kindergärten wird als defizitär eingeschätzt. Positiv hervorgehoben wurde jedoch, dass es z.b. im Bereich der Tarifverträge für Erzieherinnen
explizite Regeln für die Prävention und die Gesundheitsförderung gibt.
Darüber hinaus wurde auch ein neuer Ansatz für ein Konzept »Gute
und gesunde Schule« hervorgehoben. Nach wie vor ist die Betriebliche
Gesundheitsförderung in der Regel kein Thema für die Qualifizierung
von Führungskräften. Weder gibt es entsprechende Grundlagen in den
einschlägigen Studiengängen, noch sind einschlägige Ansätze bei der
betrieblichen Qualifizierung vorgesehen.

Was die Zusammenarbeit von Unfall- und Krankenversicherung bei
der Verhütung arbeitsbedingter Gesundheitsgefahren und der Betrieblichen Gesundheitsförderung betrifft, so wird diese auf der Bundesebene
als gut eingeschätzt. Hier wird u.a. auf die Initiative »Gesundheit und
Arbeit« (iga) verwiesen. Die Zusammenarbeit auf der regionalen bzw.
auf der Trägerebene wird mit Blick auf die Quantität und Qualität sehr
unterschiedlich eingeschätzt. Defizite werden auch bei der Realisierung
der Gefährdungsbeurteilungen als einer Orientierungsgröße für Ansätze
der Betrieblichen Gesundheitsförderung gesehen. Nach wie vor wird die
Gefährdungsbeurteilung in den Betrieben in Deutschland nicht flächen-

deckend umgesetzt. Defizite sind insbesondere im Bereich der Beurteilung arbeitsbedingter psychischer Einwirkungen festzustellen.

Chancen der Betrieblichen Gesundheitsförderung

Im demografischen Wandel und den durch ihn ausgelösten sozialpolitischen Anpassungen (u.a. höheres Renteneintrittsalter) sehen die Arbeitsgruppenmitglieder große Chancen für die weitere Realisierung Betrieblicher Gesundheitsförderung in Deutschland. Der Erhalt und die Wiederherstellung der Beschäftigungsfähigkeit bedürfen intensiver Bemühungen auf allen Gebieten der Realisierung von Gesundheit im Betrieb und damit auch der Betrieblichen Gesundheitsförderung. Auch der aktuelle Fachkräftemangel wird für die BGF als Chance gesehen. Neben der besseren Integration von Migranten und einem höheren Anteil weiblicher Arbeitnehmer ist auch hier die Verbesserung der Beschäftigungsfähigkeit ein zwingender Ansatz zur Behebung des Fachkräftemangels.

Als eine weitere Chance wird das deutlich gestiegene öffentliche Interesse an psychischer Gesundheit betrachtet. Gerade hier sind die Schnittmengen zum Betrieblichen Gesundheitsmanagement und zur Betrieblichen Gesundheitsförderung groß. Als chancenreich wird auch das wachsende Interesse im öffentlichen Dienst an der BGF gesehen. Hier ist z.B. ein Erlass des Bundesministeriums des Innern (BMI) zu nennen, der alle Einrichtungen in dessen Zuständigkeitsbereich auf die Umsetzung von Ansätzen des Betrieblichen Gesundheitsmanagements verpflichtet.

Grenzen des quantitativen Wohlstandskonzeptes befördern aktuell ein qualitatives Verständnis von Wohlstand. Im Zuge dieses Wertewandels, der eher nach mehr Qualität als nach mehr Quantität strebt, wird eine weitere Chance für die Betriebliche Gesundheitsförderung gesehen. Die intensive Diskussion und die vielfältigen Ansätze bei einer Balance zwischen Arbeit und Freizeit (Work-Life-Balance) werden auch in diesem Zusammenhang als Chance für die BGF verstanden.

Die Tatsache, dass ein moderner Arbeitsschutz ebenfalls Elemente der Betrieblichen Gesundheitsförderung beinhaltet, wenn es z.B. um die Ausgestaltung des Präventionsauftrages »Verhütung arbeitsbedingter Gesundheitsgefahren« geht, wird als weitere Chance erkannt; ebenso die Anstrengungen zur Abmilderung des Kostendrucks auf die Sozialversicherungssysteme durch verstärkte Prävention, BGF und Eigenverantwortung.

Gefahren für die Betriebliche Gesundheitsförderung

Aus der Sicht der Arbeitsgruppe werden auch Gefahren gesehen, denen die BGF ausgesetzt ist. Zum einen wurde die Bedrohung des europäischen Sozialmodells in Folge zunehmender Globalisierung als Gefahr gekennzeichnet. Der verschärfte Standortwettbewerb könnte zu einem »Race to the bottom« führen, bei dem auch die betriebliche Gesundheitsförderung unter »die Räder« einer kurzsichtigen Kostensenkungsstrategie geraten könnte. Zum anderen könnten die veränderten Arbeitsformen, die sich mit den Begriffen »Individualisierung« (z.b. Freelancing) und prekärer Beschäftigung zusammenfassen lassen, zu einer verschlechterten Erreichbarkeit für die BGF führen. In diesem Kontext wurde die Befürchtung geäußert, dass zunehmende soziale Ungleichheit (z.b. die Ausgrenzung wachsender Gruppen aus dem System der Erwerbsarbeit) auch zu wachsenden Ungleichheiten führen und damit die Aufmerksamkeit von der BGF ablenken könnten.

Ein zweiter Komplex von Gefahren betrifft die politischen Rahmenbedingungen der BGF, wobei hier die Meinung der Antwortenden des Öfteren geteilt waren: Insbesondere von den Vertretern der Sozialversicherungsträger wurde der Rückzug des Staates aus der Finanzierung von Prävention, Arbeitsschutz und Gesundheitsförderung als Gefahr angesprochen, was die Vertreter von Bund und Ländern so nicht gesehen haben. Zum anderen wurde z.B. von den Vertretern der Gewerkschaften, nicht aber von den Arbeitgebern, die fehlende rechtliche Erzwingbarkeit von Gesundheitsförderung in den Betrieben als Gefahr für eine flächendeckende Umsetzung betrachtet. Darüber hinaus wurden von einigen Antwortenden die staatlichen Kostendämpfungsbemühungen im Gesundheitswesen als »Hemmschuh« für einen weiteren Ausbau der BGF genannt.

Damit im Zusammenhang steht ein dritter Komplex von Gefahren, der sich explizit auf die finanzielle Situation im Gesundheitswesen bezieht. Einige Antwortende sehen eine sich vergrößernde Diskrepanz zwischen dem Bedarf der Betriebe und der BGF und zurückbleibenden Leistungsmöglichkeiten, insbesondere der Krankenkassen, als ernste Gefahr. In der Tat würden die begrenzten Mittel der Krankenkassen auch bei noch so sparsamem Einsatz keine Flächendeckung der Versorgung erlauben. Ganz allgemein wurde von einigen der Sparzwang im Gesundheitswesen als Gefahr für die Zukunft der betrieblichen Gesundheitsförderung bezeichnet.

In der Rubrik »Gefahren« wurde auch die teilweise unzulängliche Verzahnung der BGF mit dem Arbeitsschutz und die Schwerpunktsetzung auf der Verhaltensprävention sowie die Instrumentalisierung der BGF zu einem Wettbewerbsinstrument der Krankenkassen beim Kampf um Mitglieder angesprochen. Zu beiden Punkten war das Meinungsbild jedoch nicht einheitlich. Vor allem die Arbeitsschutzvertreter einschließlich der hier tätigen Fachverbände zeigten sich besorgt, dass die BGF nicht ausreichend verhältnispräventiv und integrativ angelegt ist. Schließlich wurde die Gefahr geäußert, dass Beschäftigte bei einer Verbreitung von BGF zunehmend in ihrem individuellen Verhalten unter Druck geraten könnten und ihre Selbstbestimmung einbüßen: Stichworte waren hier: »Pflicht zur Gesundheit« – genauer gesagt zu gesundheitsförderlichem Verhalten und »Blaming the victim«, also Schuldvorwürfe an die Opfer, wenn diese die Beteiligung an BGF verweigern.

Fazit

Was lehrt nun die SWOT-Analyse aus dem deutschen Beispiel? Auf den ersten Blick liefert sie ein verwirrendes Bild von Licht und Schatten. Da sie die persönlichen Einschätzungen der Antwortenden zusammengefasst hat, sind keine quantifizierenden Aussagen über das relative Gewicht der Stärken und Schwächen möglich. Die SWOT-Analyse ist ein Instrument zur *qualitativen* Beschreibung des Status quo. Sie lässt ferner Gemeinsamkeiten und Unterschiede in der Bewertung der BGF hervortreten. Was dem einen als Schwäche erscheint, ist für den anderen gerade eine Stärke. Unterschiedliche Auffassungen bestehen vor allem bei der Bewertung der fehlenden rechtlichen Erzwingbarkeit der BGF, der Zusammenarbeit von BGF und Arbeitsschutz sowie der Zusammenarbeit der Krankenkassen in der BGF. Die SWOT-Analyse liefert Hinweise auf unzureichend gelöste Probleme: Alle Antwortenden würden der Aussage zustimmen, dass der Bedarf der Betriebe und Beschäftigten an qualitativ hochwertiger BGF bei weitem nicht gedeckt ist, wobei insbesondere die KMU bedeutend mehr Unterstützung benötigen. Konsens besteht also darin, dass die BGF in Deutschland kontinuierlich weiter ausgebaut werden muss. Dies ist ein nicht gering zu schätzendes Plus für die Zukunft der BGF in Deutschland. An diesem Anspruch müssen sich alle messen lassen, die in Deutschland politische und gesellschaftliche Verantwortung tragen. Mit aller Vorsicht kann gesagt werden, dass das Licht den Schatten überwiegt. Die ungefährdete rechtliche Stellung der BGF in Deutschland, die Unterstützung, die sie auf nationaler und internationaler politischer Ebene und bei den Sozialpartnern genießt, und nicht zuletzt der breite Konsens der Stakeholder über »gute Praxis« in der BGF sind Pluspunkte, die auch von unbestritten vorhandenen Unvollkommenheiten in der praktischen Umsetzung nicht aufgehoben werden. Es gibt in Deutschland niemanden von politischem Einfluss, der die BGF grundsätzlich in Frage stellt. Sie ist in den Betrieben und Verwaltungen inzwischen angekommen und etabliert.

Der BGF kann auch deswegen eine optimistische Zukunftsprognose gestellt werden, weil ihr Grundansatz gesellschaftlicher Verantwortung zum gemeinsamen Vorteil erst jüngst wieder bei der Überwindung der Folgen der Finanzkrise unter Beweis gestellt wurde. Wie einleitend betont, war der Schlüssel zu der raschen Krisenüberwindung nach 2009 entschlossenes gemeinsames Handeln zu Gunsten des Gemeinwohls. Nach der Krise darf es kein einfaches »Weiter so« wie vor der Krise geben. Es besteht die Chance, dass die BGF von dieser Erfahrung eines Zusammenrückens in Krisensituationen profitieren kann. Die Hoffnung ist berechtigt, dass es nicht erst der Erfahrung eines Zusammenbruches wie 2008 bedarf, ganz abgesehen von den Erfahrungen, die derzeit Japan machen muss, um die Einsicht wirksam werden zu lassen, dass Investitionen in Gesundheit und Wohlbefinden der Beschäftigten allen zugute kommen: den Unternehmen, den Beschäftigten und der gesamten Gesellschaft.

Gudrun Faller
Lässt die Qualifizierung in der Betrieblichen Gesundheitsförderung zu wünschen übrig?

1. Anforderungen an die Qualifizierung von Akteuren der Betrieblichen Gesundheitsförderung

An der Praxis der Betrieblichen Gesundheitsförderung (BGF) in Deutschland wird seit Jahren bemängelt, dass diese, sofern überhaupt Maßnahmen realisiert werden, oftmals einen sehr oberflächlichen Charakter aufweist und viele Unternehmen über die Durchführung von Betriebssportgruppen oder das Angebot von Stressbewältigungskursen für Beschäftigte nicht hinausgehen (z.b. Badura et al. 1999; Ulich/ Wülser 2009: 14). Fachlich fundierte Betriebliche Gesundheitsförderung erfordert aber mehr. Sie lässt sich am treffendsten als gesundheitsfördernder Organisationsentwicklungsprozess beschreiben, der unter bewusster Beteiligung aller betroffenen Bereiche und Hierarchieebenen einen Reflexions- und Veränderungsprozess mit dem Ziel Gesundheit intendiert und der dabei die betrieblichen Strukturen, Prozesse und Kommunikationsroutinen einbezieht (vgl. Faller 2010).

Entgegen der ebenso naiven wie unrealistischen Annahme, dass sich diese betrieblichen Entwicklungsprozesse durch die immer noch steigende Flut von Broschüren, »How-To-Do«-Ratgebern«, Best Practice-Wettbewerben und Preisverleihungen befördern ließen, steht die wiederholte Erfahrung, dass sich Betriebliche Gesundheitsförderung, wenn sie als der beschriebene Organisationsentwicklungsprozess verstanden wird, eben nicht so einfach realisieren lässt. Das Beharrungsvermögen von betrieblichen Routinen ist erheblich, und um Veränderungen in Gang zu setzen und zu erhalten, braucht es nicht nur eine ausreichend starke Veränderungsmotivation, sondern auch geeignete und akzeptierte Perspektiven und vor allem ein nachhaltiges, wirksames und stetiges Bemühen aller Beteiligten, auf diese Ziele hinzuarbeiten. Nötig sind darüber hinaus kompetente Berater und Koordinatoren, betriebliche Entscheidungsträger und Mitwirkende, die diese Intentionen ken-

Gudrun Faller

nen, unterstützen und die in der Lage sind, kompetent und konstruktiv zusammenzuarbeiten.

Im Kontext eines von divergierenden Interessen, Rollen, Einflussmöglichkeiten, Handlungsrepertoires und Organisationsformen (Lenhardt 2010) gekennzeichneten Organisationsgefüges ist die hierfür erforderliche Rollenklärung oft nicht einfach herzustellen.

Bereits die zu Beginn eines BGF-Prozesses geführten Diskussionen über die Ordnung der künftigen Projektgruppe und die Explikation der dort vertretenen Standpunkte, Interessen und Aufgabenverteilungen können einen ersten Schritt zur gesundheitsfördernden Organisationsentwicklung darstellen.

Eine zentrale Voraussetzung für das Gelingen solcher Veränderungsprozesse ist die Qualifizierung der an dieser Entwicklung beteiligten Akteure: der obersten Entscheidungsträger, des mittleren Managements, der Interessenvertretungen, der mit Personalfragen und mit Gesundheitsthemen befassten betrieblichen Experten.

Analog zu den komplexen Qualitätsprämissen für die Betriebliche Gesundheitsförderung im hier verstandenen Sinne sind deshalb die Anforderungen an die Ausbildung der mit ihr befassten Akteure nicht minder anspruchsvoll. Diese sollte nicht nur ein adäquates und zeitgemäßes Wissen über den Begriff von Gesundheit und die Zusammenhänge von Arbeit und Gesundheit vermitteln, sie muss auch Einblicke in das Funktionieren von Organisationen und die Möglichkeiten und Grenzen der Veränderung vermitteln. Wenn anspruchsvolle Betriebliche Gesundheitsförderung tatsächlich eine stärkere Verbreitung erfahren soll, müssen Qualifizierungsangebote die Adressaten darüber hinaus dabei unterstützen, den Transfer vom theoretischen Wissen zur praktischen Umsetzung herzustellen, sie auf die Auseinandersetzung mit Rollen- und Interessenkonflikten vorbereiten und ihnen Beratung und Hilfe bei der Bearbeitung konkreter Probleme anbieten.

Derzeit besteht wenig Wissen hinsichtlich des Status quo der Qualifizierungslandschaft in Betrieblicher Gesundheitsförderung. Es gibt kaum Erkenntnisse darüber, welche Institutionen sich mit welchen Angeboten in welcher Qualität an welche Adressaten wenden und zu welchen Bedingungen dies geschieht. Entsprechende Einblicke sind jedoch erforderlich, wenn geklärt werden soll, ob das vorhandene Schulungsangebot qualitativ und quantitativ den derzeitigen Erfordernissen an die Weiterentwicklung von BGF entspricht, bzw. an welchen Stellen Korrekturen nötig sind. Vor diesem Hintergrund wurde mit Unterstützung des BKK Bundesverbandes von Oktober 2010 bis Februar 2011 eine

Status-quo-Analyse der akademischen und nichtakademischen Qualifizierungsangebote im Bereich der Betrieblichen Gesundheitsförderung durchgeführt. Der nachfolgende Abschnitt stellt eine Auswahl an Ergebnissen dieser Studie im nichtakademischen Bereich vor. Ausführlichere Informationen sind im entsprechenden Untersuchungsbericht nachzulesen (vgl. Faller 2011).

2. Ausgewählte Ergebnisse zum Stand der Aus- und Fortbildung zur Betrieblichen Gesundheitsförderung in Deutschland

Die nachfolgend dargestellten Ergebnisse basieren auf einer Auswertung der Seminarausschreibungen der wichtigsten Anbieter von Fort- und Weiterbildungsangeboten im Bereich BGF für das Jahr 2011. Eingang in die Analyse fanden insgesamt 1.269 Seminare und 3.641 Seminartage. Diese werden von insgesamt 115 verschiedenen Institutionen angeboten.[1] Die Auswertung erfolgte zunächst in Form einer schrittweisen qualitativen Zuordnung des Materials nach Schwerpunktthemen, Adressatenkreisen und Anbietergruppen. In der zweiten Phase wurde eine quantitative Analyse zu diesen und weiteren Themenbereichen vorgenommen.

■ *Inhaltliche Zuordnung:* Anhand der qualitativen Auswertung der Kursbeschreibungen ließen sich insgesamt sechs thematische Schwerpunkte identifizieren (vgl. Abbildung 1). Die prozentual stärkste Kategorie (gesundheitsfördernde Arbeitsgestaltung) umfasst dabei ein breites Spektrum dessen, was gemeinhin unter den Begriffen »Betriebliche Prävention«, BGF, BGM oder »erweiterter Arbeitsschutz« subsumiert wird. Eine tiefer gehende, thematische Binnendifferenzierung dieses Bereichs war auf Basis der vorhandenen Datenlage schwierig, zumal zwischen den einzelnen Konzepten zahlreiche Überschneidungen bestehen. Neben typischen, der BGF-Strategie im Sinne der Luxemburger Deklaration folgenden Ansätzen finden sich hier auch Seminare, die im Sinne einer »erweiterten Prävention« betriebsstrategisches Know-how zur Identifikation und Verhütung psychischer Belastungen und Fehlbeanspruchungsfolgen beinhalten. Eine weitere Unterkategorie umfasst Schulungen, die zusätzlich zum

---

[1] Zu den Ein- und Ausschlusskriterien sei auf den entsprechenden Untersuchungsbericht verwiesen (Faller 2011).

Abbildung 1: Prozentuale Verteilung der Seminare nach Themenschwerpunkten

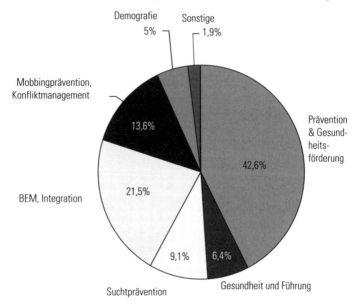

betrieblichen Vorgehen zur Prävention von psychischen Fehlbeanspruchungsfolgen individuelle Stressbewältigungskompetenzen vermitteln. Und schließlich gibt es Kurse mit eher klassischem Arbeitsschutzzuschnitt, die ein zusätzliches Teilmodul zur BGF enthalten.

■ *Zielgruppen:* Die meisten Seminare richten sich an mehrere betriebliche Akteursgruppen, wobei sich die Zusammensetzung je nach Anbieter und Themenbereich ändert. Am häufigsten werden in den Ausschreibungen betriebliche Interessenvertretungen (Betriebs- und Personalräte, Mitarbeitervertretungen, Vertrauensleute der Schwerbehinderten, Gleichstellungsstellen u.a.m.) als Adressaten genannt, gefolgt von Entscheidungsträgern (z.B. Geschäftsleiter, Führungskräfte, Personalverantwortliche). Akteure im Arbeitsschutz und Personen, zu deren Aufgabenbereich die Pflege und Förderung von Personalressourcen zählen (Personalentwicklung, Gesundheitskoordination, Betriebssozialarbeit u.a.m.), werden insgesamt seltener angesprochen. Abbildung 2 zeigt die absolute Zahl der Seminare, jeweils bezogen auf die in den Ausschreibungen benannten Zielgruppen sowie die absolute Anzahl an adressatenspezifischen Semi-

**Abbildung 2: Adressatenspezifische Ausrichtung der Seminare
in absoluten Zahlen (Mehrfachnennungen)**

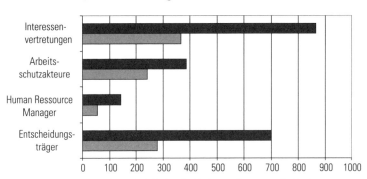

naren im Bereich Betrieblicher Gesundheitsförderung und Prävention. Auffallend hier ist der geringe Anteil an Seminaren für Personen im Bereich der Personalressourcenpflege, zu denen auch Koordinatoren für BGF gehören. Selbst wenn man die in einem anderen Teil der Studie ausgewerteten akademischen Qualifizierungsangebote berücksichtigt, ist das Angebot für eine spezifische Ausbildung mit dem Ziel der betrieblichen Gesundheitskoordination sehr begrenzt.

■ *Kursdauer:* Der zeitliche Umfang der ausgewerteten Seminare reicht von einem Tag bis 65 Tagen. Wie Abbildung 3 erkennen lässt, nehmen Angebote mit einer Dauer von drei Tagen mit 29,4% den größten Anteil ein. Danach folgen mit 25,4% eintägige Schulungen, während Zwei-Tages-Veranstaltungen mit 19,3% an dritter Stelle zu nennen sind. Schulungen, die über eine Woche hinausgehen, bewegen sich in Größenordnungen von weniger als 2%.

■ *Leistungsnachweise:* Den ausgewerteten Seminarausschreibungen waren kaum Informationen darüber zu entnehmen, ob und in welcher Weise Leistungsnachweise gefordert werden. Knapp 2% der Ausschreibungen enthalten Anhaltspunkte für eine Zertifikatsvergabe. Diese ist jedoch weniger von der Seminardauer als vielmehr von der Art des Anbieters abhängig. Allerdings ging auch aus diesen Hinweisen nicht hervor, mit welchen Anforderungen die Zertifikatsvergabe verbunden ist (reine Teilnahme, Prüfung, Projektpräsentation etc.).

Abbildung 3: Prozentuale Verteilung nach Seminardauer

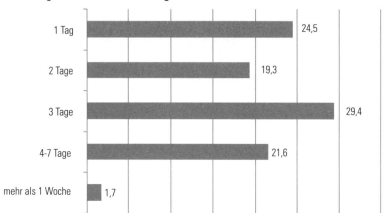

1 Tag	24,5
2 Tage	19,3
3 Tage	29,4
4-7 Tage	21,6
mehr als 1 Woche	1,7

3. Stärken und Schwächen des derzeitigen Qualifizierungsangebots

Die hier auszugsweise wiedergegebenen Ergebnisse der Studie lassen zunächst erkennen, dass trotz – oder gerade wegen – einer prinzipiell großen Fülle an Seminarangeboten im Themenbereich»Betrieb
und Gesundheit« ein hohes Maß an konzeptioneller und begrifflicher
Diffusität sowie Unklarheit hinsichtlich der jeweiligen Zielsetzungen
besteht. Zwar enthalten die meisten Ausschreibungen Auflistungen zu
den im jeweiligen Seminar vorgesehenen Themen, jedoch lässt bereits
der unterschiedliche Umfang dieser Inhaltsangaben, der in keiner Weise mit der zeitlichen Dauer der Kurse korreliert, erkennen, dass diese thematischen Übersichten kaum als Indikatoren für die Qualität und
Tiefe der behandelten Themen geeignet sind. Angesichts der überpro-
portional hohen Zahl an kurzfristigen Angeboten – gut drei Viertel dau-
ern nur bis zu drei Tagen – stellt sich zudem die Frage, welche Ansprü-
che sich realistischerweise mit diesen Schulungen verbinden können.
Die wenige Tage umfassenden Schulungen dürften eher dazu geeignet
sein, einen allgemeinen Überblick über die vorgesehenen Themenbe-
reiche zu vermitteln, als dazu, die Teilnehmer in die Lage zu versetzen,
mehrjährige gesundheitsfördernde Organisationsentwicklungsprozesse
im Betrieb zu realisieren. Letztere erfordern nicht nur einen allgemeinen Einführungskurs, sondern eine tiefergehende Auseinandersetzung
mit den eingangs beschriebenen Aspekten. Insbesondere diejenigen

Personen, die gesundheitsfördernde Veränderungsprozesse steuern, benötigen Möglichkeiten zur geschützten, selbstreflexiven Auseinandersetzung mit der eigenen Rolle und den eigenen Kommunikationsstrategien. Angebote, die diesen Ansprüchen genügen und eine längerfristige und tiefergehende Qualifizierung zum BGF-Koordinator beinhalten, sind sowohl im nichtakademischen als auch im akademischen Sektor deutlich unterrepräsentiert (vgl. Faller 2011).

Unklarheit herrscht in der derzeitigen Aus- und Fortbildungslandschaft auch hinsichtlich der Frage, welche Inhalte überhaupt unter dem Dach der »gesundheitsfördernden Arbeitsgestaltung« vermittelt werden sollten. Die unter dieser Gesamtkategorie subsumierten Angebote enthalten ein breites Spektrum unterschiedlicher Ansätze, die von auf Expertenwissen beruhenden Top-Down-Interventionen bis hin zu umfassenden Beteiligungsstrategien und von schadensvermeidenden bis hin zu ressourcenorientierten Ansätzen reichen. Für den Laien sind die konzeptionellen Unterschiede zwischen diesen Ansätzen oftmals schwer nachvollziehbar. Was fehlt, sind Übereinkünfte der Anbieter hinsichtlich einer einheitlichen Verwendung von Begriffen, ebenso wie inhaltlich-konzeptionelle Zuordnungen der Ansätze innerhalb des präventiv-gesundheitsfördernden Gesamtspektrums im betrieblichen Setting (vgl. auch Schreiter 2010).

4. Handlungsempfehlungen für die Qualifizierung in der Betrieblichen Gesundheitsförderung

Aus der vorausgegangenen Ergebnisdiskussion leiten sich eine Reihe von Handlungsbedarfen für die Optimierung der Qualität der Aus- und Weiterbildung in der BGF ab. Diese beziehen sich zunächst auf die Notwendigkeit, das Anspruchsniveau und die Ziele von Schulungsangeboten zur Betrieblichen Gesundheitsförderung eindeutiger zu beschreiben und klarer zuzuordnen. Die in großer Zahl angebotenen kurzfristigen Kurse sind eher dazu geeignet, unterschiedlichen betrieblichen Akteuren einen ersten Einblick in die Betriebliche Gesundheitsförderung zu geben. Erwartungen, durch diese Seminare die Verbreitung von anspruchsvoller Betrieblicher Gesundheitsförderung in Deutschland wesentlich voranbringen zu können, erscheinen eher unrealistisch. Insbesondere für Koordinatoren und Berater von gesundheitsfördernder Organisationsentwicklung reichen solche Schulungen nicht aus. Eine vertiefende

Auseinandersetzung für diese Zielgruppe bieten längerfristige Weiterbildungen und Studiengänge, wobei auch für letztere ein spezifischer Weiterentwicklungsbedarf besteht (vgl. Faller 2011). Selbstverständlich ist ein solches Angebot unter anderem davon abhängig, inwieweit in Betrieben überhaupt eine Nachfrage nach entsprechendem Personal besteht. Andererseits ist dieser Zuspruch wiederum davon abhängig, ob betrieblichen Entscheidungsträgern die Potenziale und Einsatzmöglichkeiten einer qualifizierten BGF bekannt und bewusst sind. Auch in diesem Zusammenhang wäre zu hinterfragen, wie die zahlreich vorhandenen Kurzlehrgänge zur BGF besser dafür genutzt werden können, das dafür notwendige Bewusstsein und entsprechende Qualitätsansprüche zu vermitteln.

Neben einer klaren und realistischen Formulierung des Anspruchsniveaus der jeweiligen Angebote besteht dringender Abstimmungsbedarf hinsichtlich der im Feld der Betrieblichen Prävention und Gesundheitsförderung angesiedelten handlungsrelevanten Konzepte und Begriffe. Einschlägige Vereinbarungen und Normierungen kämen nicht nur den Adressaten von Qualifizierungsangeboten entgegen, sondern würden die Fachdiskussion insgesamt befördern. Geachtet werden sollte im Rahmen einer entsprechenden definitorischen Diskussion jedoch darauf, dass diese ausreichend theoretisch und konzeptionell untersetzt und begründet wird. Als zentrale Zuordnungskategorien kommen in diesem Zusammenhang die Merkmale Schadensvermeidung/Ressourcenförderung, Entscheidungsbeteiligung/Expertenorientierung, bevorzugte Reichweite von Interventionen (Individuum, Gruppe, Organisation) oder der Ansatzpunkte (Person/Organisation/Technik) in Betracht. Eine entsprechende Begriffs- und konzeptionelle Klärung zielt dabei weniger auf ein »besser« oder »schlechter«, sondern vielmehr auf Transparenz. Diese könnte nicht nur Teilnehmer von Schulungen dabei unterstützen, eine bedarfsbezogene Auswahl zu treffen, sondern würde zudem den Anbietern helfen, das eigene Repertoire klarer zu verorten.

Darüber hinausgehender Handlungsbedarf besteht schließlich im Hinblick auf die Qualitätssicherung von Qualifizierungsangeboten. Mit Ausnahme einiger längerfristiger, von externen Fachgesellschaften anerkannter Ausbildungen (z.B. im Bereich der Suchtberatung oder im Disability Management) existiert im Bereich der Weiterbildung in Betrieblicher Prävention und Gesundheitsförderung keine externe Qualitätssicherung. Entsprechende Standards wären jedoch dringend erforderlich, um das Qualitäts- und Anspruchsniveau der einschlägigen Ausbildungen sicherzustellen. Die eingangs beschriebenen Defizite bei der Qualität von Betrieblicher Gesundheitsförderung in der Praxis geben wenig Anlass zur Hoffnung, dass sich diese Frage der Qualität von selbst regelt. Denkbar wäre stattdessen die Bildung einer unabhängigen Fachkommission, bestehend aus Vertretern der Ausbildungsanbieter und aus Experten, die – eventuell getragen durch bereits bestehende Netzwerke der Betrieblichen Gesundheitsförderung – sich dieser Frage annehmen sollte. Entsprechende Bemühungen zur Qualitätssicherung im Bereich der allgemeinen Gesundheitsförderung gibt es derzeit auf europäischer Ebene mit dem Ziel der Entwicklung eines Akkreditierungssystems (vgl. Faller 2011). Die Spezifikation und Konkretisierung von Anforderungen für verschiedene Ausbildungsstufen in Betrieblicher Gesundheitsförderung würde nicht nur die Qualität befördern, sondern auch den Status der BGF innerhalb der Qualifizierungslandschaft insgesamt deutlich verbessern.

Literatur

Badura, B./Ritter, W./Scherf, M. (1999): Betriebliches Gesundheitsmanagement – Ein Leitfaden für die Praxis. Berlin: edition sigma.

Faller, G. (2010): Mehr als nur Begriffe: Prävention, Gesundheitsförderung und Gesundheitsmanagement im betrieblichen Kontext. In: Faller G. (Hrsg.): Lehrbuch betriebliche Gesundheitsförderung. Bern: Huber: 23-33.

Faller, G. (2011): Stand und Entwicklungsbedarf der Qualifizierung im Bereich der Betrieblichen Gesundheitsförderung. Studie im Auftrag des BKK Bundesverbandes GbR. In Vorbereitung.

Lenhardt, U. (2010): Akteure der Betrieblichen Gesundheitsförderung: Interessenlagen – Handlungsbedingungen – Sichtweisen. In: Faller, G. (Hrsg.), Lehrbuch betriebliche Gesundheitsförderung. Bern: Huber: 112-120.

Schreiter, I. (2010): iga-Projektbericht »Harmonisierungsbedarf der Qualifizierungsmaßnahmen im Umfeld des Betrieblichen Gesundheitsmanagements«. Internetquelle: http://www.iga-info.de/fileadmin/Veroeffentlichungen/Einzelveroeffentlichungen/iga-Projektbericht_Harmonisierungsbedarf_Ausbildung_Gesundheitsexperten.pdf [Zugriff: 6.3.2011]

Ulich, E./Wülser, M. (2009): Gesundheitsmanagement im Unternehmen. Arbeitspsychologische Perspektiven. 3., überarb. und erw. Aufl. Wiesbaden: Gabler.

Marianne Giesert
Wie sieht eine zukunfts- und alternsorientierte betriebliche Gesundheitsförderung aus?
Eine Bestandsaufnahme und Möglichkeiten

Der 15. Workshop »Betriebliche Gesundheitsförderung« findet als letzter dieser Reihe vom 19.-22. Juni 2011 im DGB Tagungszentrum Starnberger See statt. Ich möchte diese Veranstaltung zum Anlass nehmen, um Entwicklungen der Betrieblichen Gesundheitsförderung in der Vergangenheit nachzuzeichnen und gleichzeitig Möglichkeiten für die Zukunft eröffnen. Grundlage sind dafür die Themenfelder der 15 Workshops, die sich jeweils mit aktuellen Themen und Fragestellungen in diesem Bereich auseinandergesetzt haben (s. Abbildung 4).

Folgende Fragestellungen sind für meine Rückschau relevant: Wie hat sich die betriebliche Gesundheitsförderung von der Konzeptentwicklung innerhalb des 1. bis zum 15. Workshop, also im Zeitraum 1996 bis 2011 entwickelt? Welche Erkenntnisse und bedeutsamen Entwicklungen gab und gibt es für die Betriebe und die Beschäftigten?

Es ist festzustellen, dass es in Deutschland keine einheitlichen Handlungsfelder der betrieblichen Gesundheitsförderung (BGF) gibt. Auch die Begrifflichkeiten in diesem Themenfeld werden nicht einheitlich gebraucht. In Theorie und Praxis unterscheiden sie sich oft stark (vgl. auch Faller 2010). Mit dem unterschiedlichen Gebrauch der Begriffe Betriebliche Gesundheitsförderung, Arbeitsschutz, Betriebliches Gesundheitsmanagement (BGM) usw. variiert auch das Verständnis. Deshalb möchte ich in diesem Artikel Handlungsfelder mit klaren Strukturen aufzeigen, die m.E. für eine zukunftsorientierte erfolgreiche Arbeit und für ein besseres Verständnis in den Betrieben mit allen beteiligten internen und externen Akteurinnen und Aktueren hilfreich und notwendig sind.

Grundlage für den Start der Workshopreihe »Betriebliche Gesundheitsförderung« war die Ottawa-Charta der Weltgesundheitsorganisa-

Abbildung 1: Betriebliche Gesundheitsförderung im Überblick auf der Grundlage der Ottawa-Charta (WHO)

Selbstbestimmung:
Möglichkeit zu gesundem Verhalten, ohne Zwang zu gesundem Verhalten

Befähigung (Empowerment):
⇨ gesundheitliche Bedrohungen zu erkennen
⇨ gesundheitsfördernde Maßnahmen zu gestalten
⇨ zu gesundem Verhalten

Umfassendes Wohlbefinden:
⇨ Abkehr von Beschränkung auf Risiko-Prävention
⇨ Hinwendung auch zu Gruppen
⇨ Hinwendung zur Gesundheit statt Fixierung auf Krankheit (salutogener Ansatz)

"Gesundheitsförderung zielt auf einen **Prozess**, allen Menschen ein höheres Maß an **Selbstbestimmung** über ihre Gesundheit zu ermöglichen und sie damit zur Stärkung ihrer Gesundheit zu **befähigen**. Um ein umfassendes körperliches, seelisches und soziales **Wohlbefinden** zu erlangen, ist es notwendig, dass sowohl **Einzelne als auch Gruppen** ihre Bedürfnisse befriedigen, ihre Wünsche und ihre Hoffnungen **wahrnehmen und verwirklichen** (...) können."

(Ottawa Charta der Weltgesundheitsorganisation (WHO), 1986)

Prozess-Orientiertung:
⇨ Mobilisierung von gesundheitlichem Wissen
&
⇨ Stabilisierung von gesundheitlichem Verhalten in
⇨ gesunden Verhältnissen

Partizipation:
⇨ Teilnahme an der Entwicklung und Umsetzung von GesundheitsförderungsMaßnahmen
&
⇨ Teilhabe an Gesundheitsförderung

Quelle: Giesert/Geißler 2003: 12

tion (WHO) von 1986 zur Gesundheitsförderung (s. Abbildung 1) sowie das neue Arbeitsschutzgesetz von 1996. Die WHO setzte mit der Ottawa-Charta neue Akzente. Sie stellte der Lehre von den Krankheiten (Pathogenese) die Lehre von der Gesundheit (Salutogenese) zur Seite – ein wichtiger Schritt, da die Salutogenese nicht nach den Ursachen von Krankheit, sondern nach den Ursachen von Gesundheit fragt. Damit rückte die Frage, »was kann getan werden, damit die Menschen gesund bleiben?«, in den Vordergrund.

Die Gesundheitsförderung wurde somit zum Mittelpunkt eines Prozesses erklärt, der den Menschen ein höheres Maß an Selbstbestimmung und damit die Befähigung zur Stärkung ihrer Gesundheit ermöglichen soll. Darüber hinaus wurde neben einem umfassenden Gesundheitsbegriff – der körperliches, seelisches und soziales Wohlbefinden beinhaltet – auch eine Orientierung über das Individuum hinaus, auf Gruppen gegeben.

Das neue Arbeitsschutzgesetz trat 1996 in Kraft und ist die deutsche nationale Umsetzung der europäischen Richtlinie des Rates vom 12. Juni 1989 über die Durchführung von Maßnahmen zur Verbesserung

Abbildung 2: Betrieblicher Arbeitsschutz und betriebliche Gesundheitsförderung in Gegenüberstellung

	Betrieblicher Arbeitsschutz	Betriebliche Gesundheitsförderung
Betrachtung des Menschen als ...	... schutzbedürftiges Wesen → Defizitmodell → schwächenorientiert → pathogenetisches Grundverständnis	... autonom handelndes Subjekt → Potenzialmodell → stärkenorientiert → salutogenetisches Grundverständnis
Aufgaben/Ziele verhältnisorientiert	Vermeiden bzw. Beseitigen gesundheitsgefährdender Arbeitsbedingungen oder Belastungen → Schutzperspektive → Belastungsorientiert	Schaffen bzw. Erhalten gesundheitsförderlicher Arbeitsbedingungen und Kompetenzen → Entwicklungsperspektive → Ressourcenorientiert
Aufgaben/Ziele verhaltensorientiert	Erkennen und adäquates Handeln in gefährlichen Situationen → Wahrnehmen von Gefahren	Erkennung und Nutzen von Handlungs- und Gestaltungsspielräumen → Wahrnehmen von Chancen

Quelle: Ulich/Wülser 2010: 13

der Sicherheit und des Gesundheitsschutzes der Arbeitnehmenden bei der Arbeit (89/391/EWG). Dieses Gesetz hat grundlegende Veränderungen im traditionellen Arbeitsschutz mit sich gebracht.

Diese neue Auffassung von Arbeitsschutz orientiert sich am Menschenbild und dem Gesundheitsverständnis der WHO. Das alte Arbeitsschutzrecht, das vor allem den Schutz körperlicher Unversehrtheit zum Ziel hatte, wurde durch einen ganzheitlichen Aspekt erweitert. Somit werden auch »die durch Arbeitsbedingungen beeinflussbaren psychischen Befindlichkeiten, insbesondere psychosomatischen Zustände«(BVerwG NZA 1997: 482) berücksichtigt.

In der Abbildung 2 ist die Weiterentwicklung des Arbeitsschutzes um die betriebliche Gesundheitsförderung durch das neue Arbeitsschutzgesetz und die Ottawa-Charta dargestellt. Sie lässt auch die erforderlichen gravierenden Veränderungen im Denken und Handeln der beteiligten betrieblichen Akteurinnen und Akteure erkennen – von den passiven, objektbezogenen zu den gestalterisch aktiven, subjektbezogenen Herangehensweisen.

Im Arbeitsschutzgesetz (ArbSchG) sind neue Instrumente und Prozesse festgelegt worden, die die betriebliche Gesundheitsförderung im Arbeitsschutz integrieren. Dies ist vor allem eine umfassende prozes-

Abbildung 3: Handlungsfeld 1 – Arbeitsschutz auf der Grundlage des Arbeitsschutzgesetzes 1996

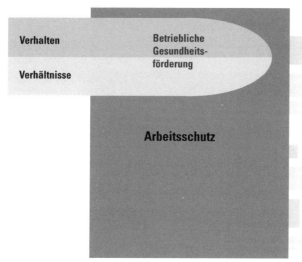

Verhalten

Verhältnisse

Betriebliche
Gesundheits-
förderung

Arbeitsschutz

Vgl. zu allen vier Handlungsfeldern auch Abbildung 11, S. 268.

sorientierte Gefährdungsbeurteilung (§ 5 ArbSchG) und eine dialogo-rientierte Unterweisung (§ 12 ArbSchG).

Die Gefährdungsbeurteilung körperliche und psychische Belastungen soll an allen Arbeitsplätzen mit Beteiligung der Beschäftigten durchgeführt werden. Damit wurde dem Arbeitgeber noch eine weitere Verpflichtung hinsichtlich der kontinuierlichen Verbesserung der Arbeitsbedingungen und der menschengerechten Gestaltung der Arbeit auferlegt.

Bei der durchzuführenden Unterweisung im Betrieb ist der Dialog zwischen Vorgesetzten und Beschäftigten von besonderer Bedeutung. Gefahren und Gefährdungen am Arbeitsplatz sollen dadurch vermieden und Lösungsmöglichkeiten für eine kontinuierliche Verbesserung der Arbeitsbedingungen entwickelt und umgesetzt werden.

Bei diesen gesetzlichen Pflichtaufgaben des Arbeitgebers greift das betriebliche Mitbestimmungsrecht der Betriebsräte und hat damit eine besondere Priorität im betrieblichen Alltag.

Erkenntnisse und bedeutsame Entwicklungen für die Betriebe und die Beschäftigten im Zeitraum 1996 bis 2011

Diese gravierenden Veränderungen beflügelten uns zum Start der Workshopreihe »Betriebliche Gesundheitsförderung« 1996 mit dem mutigen Titel: »Visionen? Gesundheit für alle bis zum Jahr 2000«. Dieses Wunschbild ist nicht in Erfüllung gegangen und erscheint aus heutiger Perspektive in der nächsten Zeit schwer zu realisieren. Aus der Workshopreihe (vgl. Abbildung 4) kristallisieren sich *drei Themenschwerpunkte* heraus, die auch für die weitere Perspektive einer erfolgreichen Gesundheitspolitik im Betrieb von Bedeutung sind.
1. Beteiligung der inner- und außerbetrieblichen Akteure
2. Psychische Gesundheit der Beschäftigten
3. Demografischer Wandel mit seinen besonderen Herausforderungen.

Beteiligung der inner- und außerbetrieblichen Akteurinnen und Akteure

Das erste Themenfeld »Beteiligung der inner- und außerbetrieblichen AkteurInnen« wurde im 2. Workshop 1997, 7. Workshop 2003 und 12. Workshop 2008 (s. Abbildung 4) eingehend bearbeitet und diskutiert.

Bis zum heutigen Tag gibt es immer noch Gründe, warum Unternehmen in Hinblick auf die Gesundheit der Beschäftigten nicht in ihrem Eigeninteresse handeln bzw. die Wichtigkeit sowie den Gewinn für das Unternehmen und die Beschäftigten nicht erkennen. Oft wird die Gesundheit der Beschäftigten nur im Fall ihrer Abwesenheit (Krankheit) und dann als betriebliches Problem wahrgenommen. Dies ist oft auf den kurzen Zeithorizont manch eines Managements zurückzuführen, der sich häufig nicht über den nächsten Bilanzstichtag erstreckt, und sich von daher nicht mit einer mittel- und langfristigen betrieblichen Gesundheitsförderung vereinbaren lässt.

Besondere Beachtung fand in dem Zusammenhang die 1997 in Luxemburg verabschiedete Deklaration des Europäischen Netzwerks für betriebliche Gesundheitsförderung,[1] welche nach wie vor das aner-

---

[1] Vgl. Luxemburger Deklaration zur Betrieblichen Gesundheitsförderung (1997), Europäisches Netzwerk für Betriebliche Gesundheitsförderung – Natio-

**Abbildung 4: Die Workshopreihe »Betriebliche Gesundheitsförderung«
auf einen Blick**

1. Workshop, 1996
Visionen...?
Gesundheit für alle bis zum Jahr
2000

2. Workshop, 1997
Wohlbefinden und Gesundheit
aktiv gestalten – für eine
menschengerechte Arbeit

3. Workshop, 1999
Psychische Belastungen auf-
decken – Wege zur Entlastung
entdecken

4. Workshop, 2000
Inner- und außerbetriebliche
Handlungsträger des Arbeits-
und Gesundheitsschutzes
gemeinsam an einem Tisch

5. Workshop, 2001
Ein erfolgreicher Weg zu
gesunden MitarbeiterInnen und
gesunden Unternehmen

6. Workshop, 2002
Arbeitsfähigkeit 2010

7. Workshop, 2003
Ist Gesundheit nur ein Kostenfaktor?

8. Workshop, 2004
Prävention – Erfolge durch gemeinsames Handeln der Berufs-
genossenschaften, Unfallversicherungsträger, Krankenkassen
und Rentenversicherungsträger

9. Workshop, 2005
Alternde Belegschaften –
gesund und produktiv

10. Workshop, 2006
Eingliedern statt entlassen:
Ein betriebliches Eingliederungs-
management aufbauen

11. Workshop, 2007
Lebenslanges Lernen:
Hält gesund und fördert die
Beschäftigungsfähigkeit

12. Workshop, 2008
Prävention: Pflicht & Kür –
Gesundheitsförderung und
Prävention in der betrieblichen
Praxis

13. Workshop, 2009
»Ohne Gesundheit
ist alles nichts«
Führung & Gesundheit –
Prävention & Gesundheits-
förderung

14. Workshop, 2010
Psychisch gesund bleiben

15. Workshop, 2011
Arbeitsfähig in die Zukunft –
Willkommen im Haus der
Arbeitsfähigkeit

Abbildung 5: Luxemburger Deklaration zur betrieblichen Gesundheitsförderung

---

Erklärung

Die unterzeichnende Organisation (Unternehmen/Betrieb/Behörde/Institution) bringt hiermit zum Ausdruck, dass sie die in der »Luxemburger Deklaration zur betrieblichen Gesundheitsförderung in der Europäischen Union« beschriebenen Grundsätze teilt und ihren Arbeits- und Gesundheitsschutz im Geiste der Deklaration fortführt.

Zu diesen Grundsätzen zählen:

→ Unternehmensgrundsätze und -leitlinien, die in den Beschäftigten einen wichtigen Erfolgsfaktor sehen und nicht nur einen Kostenfaktor,

→ eine Unternehmenskultur und entsprechende Führungsgrundsätze, in denen Mitarbeiterbeteiligung verankert ist, um so die Beschäftigten zur Übernahme von Verantwortung zu ermutigen,

→ eine Arbeitsorganisation, die den Beschäftigten ein ausgewogenes Verhältnis bietet zwischen Arbeitsanforderungen einerseits und eigenen Fähigkeiten andererseits sowie Einflussmöglichkeiten auf die eigene Arbeit und soziale Unterstützung,

→ die Verankerung von Gesundheitszielen insbesondere in der Personalpolitik, aber auch in allen anderen Unternehmensbereichen (Integration),

→ ein integrierter Arbeits- und Gesundheitsschutz,

→ ein hoher Grad an Einbeziehung der Beschäftigten in Fragen der Gesundheit (Partizipation),

→ die systematische Durchführung aller Maßnahmen und Programme (Projektmanagement),

→ die Verbindung von Risikoreduktion mit dem Ausbau von Schutzfaktoren und Gesundheitspotenzialen (Ganzheitlichkeit).

Die Organisation erklärt sich damit einverstanden, daß der BKK Bundesverband/Europäisches Informationszentrum als Nationale Kontaktstelle im Europäischen Netzwerk für betriebliche Gesundheitsförderung die Unterzeichner in angemessener Weise öffentlich bekanntmacht mit dem Ziel, weitere Unternehmen dafür zu gewinnen, im Sinne der Luxemburger Deklaration zu handeln.

---

kannte Konzept der betrieblichen Gesundheitsförderung in der Union darstellt. Mitglieder dieses Europäischen Netzwerkes sind Organisationen aus allen 27 Mitgliedsstaaten, Ländern des Europäischen Wirtschaftsraumes sowie der Schweiz. Ziel dieses Netzwerkes ist es, auf

---

nale Kontaktstelle Deutschland – BKK Bundesverband GbR, Essen, auch unter www.inqa.de.

der Basis eines kontinuierlichen Erfahrungsaustausches nachahmenswerte Praxisbeispiele zur BGF zu identifizieren und zu verbreiten. Folgende Ansätze stehen dabei im Mittelpunkt:

- »Verbesserung der Arbeitsorganisation und der Arbeitsbedingungen
- Förderung einer aktiven Mitarbeiterbeteiligung
- Stärkung der persönlichen Kompetenz.«[2]

Im Zusammenhang mit der Deklaration wurde die in Abbildung 5 zitierte Erklärung entwickelt. Sie dient den Betrieben als freiwillige Leitlinie der Betrieblichen Gesundheitsförderung, beinhaltet aber keine weiteren überprüfbaren Regeln im betrieblichen Alltag. Hunderte in- und ausländische Unternehmen – große Konzerne, kleinere und mittlere Unternehmen sowie Organisationen des öffentlichen Dienstes – haben bisher diese Erklärung unterschrieben.

Die Arbeit der betrieblichen Gesundheitsförderung kann nur dann erfolgreich sein, wenn sich Führung und Belegschaft darauf verständigen, dass gesunde Arbeit (überlebens-)wichtig für das Unternehmen und die Beschäftigten ist. Um dies zu fördern, müssen klare Verbindlichkeiten auf der Grundlage des erweiterten Arbeitsschutzgesetzes, z.B. durch Betriebs- bzw. Dienstvereinbarungen zwischen der Geschäftsführung und dem Betriebsrat/Personalrat geschlossen werden. Dafür braucht es in den Unternehmen einen langen Atem, Aufklärung und Sensibilisierung, Qualifizierungen zum Thema auf allen Ebenen (Geschäftsführung, Betriebsrat/Personalrat, Führungskräfte und Mitarbeiter/innen) und vielfältige Beteiligungsmöglichkeiten für alle Beschäftigten, damit das Ziel:»Gute Arbeit für gute Gesundheit« zur anerkannten und gelebten Unternehmenskultur wird.

Unterstützend ist dabei die Verpflichtung des Arbeitgebers, erforderliche Maßnahmen für Sicherheit und Gesundheit im Betrieb durchzuführen und kontinuierlich zu verbessern. Er muss für eine geeignete Organisation sorgen und die erforderlichen Mittel bereitstellen (§ 3 ArbSchG). Dafür ist es sinnvoll, auf bestehende Arbeitsschutzbestimmungen zurückzugreifen und die Organisation der betrieblichen Gesundheitsförderung darauf aufzubauen. So kann beispielsweise ein Arbeitsschutzausschuss, der in den Betrieben mit mehr als 20 Beschäftigten nach dem Arbeitssicherheitsgesetz (ASiG) Pflicht ist, eine gute

---

[2] Siehe ebd.

Grundlage für weitere Aktivitäten der betrieblichen Gesundheitsförderung sein. Er tritt mindestens vier Mal im Jahr zusammen.

Betriebsräte, Personalräte, Schwerbehindertenvertrauenspersonen (§§ 84, 95 Abs. 4 SGB IX, Arbeitsschutzgesetzgebung) und Sicherheitsbeauftragte (§ 22 SGB VII) haben eine aktive Rolle im Arbeits- und Gesundheitsschutz und in der betrieblichen Gesundheitsförderung. Sie sind daher zu beteiligen

■ bei der Ermittlung und Beurteilung von Gefahren und Gefährdungen,

■ der Festlegung von Maßnahmen,

■ der Auswahl persönlicher Schutzausrüstung usw.

Der Aufgabenkatalog für Betriebsärzte und Fachkräfte für Arbeitssicherheit hat sich durch die neue Arbeitsschutzgesetzgebung erweitert. Beide Experten haben eine beratende Funktion. Durch sie soll eine bedarfsgerechte, zukunftsorientierte, arbeitsmedizinische und sicherheitstechnische Betreuung der Beschäftigten in den Betrieben gewährleistet werden. Eine gute Grundlage bietet hier ebenfalls die neue Vorschrift 2 der Deutschen Gesetzlichen Unfallversicherung (DGUV) die am 1.1.2011 in Kraft trat. Zu betonen sind hier vor allem die Gestaltungsmöglichkeiten der betriebsspezifischen Betreuung und die erweiterten Mitbestimmungsrechte des Betriebsrats.

Zu den hier aufgeführten innerbetrieblichen Akteuren können außerdem außerbetriebliche Instanzen als Unterstützung in den Prozess der betrieblichen Gesundheitsförderung mit einbezogen werden: die Krankenkasse (s. Kapitel Bestandsaufnahme der betrieblichen Gesundheitsförderung), die Unfallversicherungsträger, das Amt für Arbeitsschutz, die Gewerkschaften.

Auf dem Gebiet der betrieblichen Gesundheitsförderung kooperieren auch die *Unfallversicherungsträger* im Sinne ihres erweiterten Präventionsauftrags zur Verhütung arbeitsbedingter Gesundheitsgefahren aufgrund des § 14 SGB VII mit den Krankenkassen und den für den Arbeitsschutz zuständigen Landesbehörden.

Die *staatlichen Arbeitsschutzbehörden* haben die Aufgabe, die Durchführung der Arbeitsschutzbestimmungen in den Betrieben zu kontrollieren und den Arbeitgeber bei der Umsetzung von Maßnahmen für Sicherheit und Gesundheit zu beraten.

Die *Einzelgewerkschaften* und der *DGB* begleiten Betriebe bei Projekten zur »Betrieblichen Gesundheitsförderung« und stehen Arbeitnehmerinnen, Arbeitnehmern und betrieblichen Interessenvertretungen

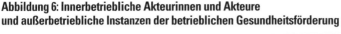

Abbildung 6: Innerbetriebliche Akteurinnen und Akteure und außerbetriebliche Instanzen der betrieblichen Gesundheitsförderung

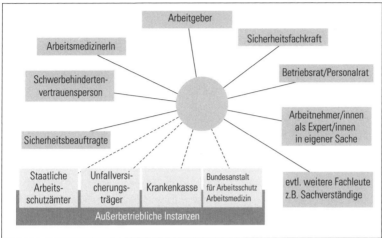

mit Informationen (Info-Material), Weiterbildungsangeboten und Beratungen zur Verfügung.

Insgesamt bieten die rechtlichen Grundlagen der innerbetrieblichen Akteure und außerbetrieblichen Instanzen gute Möglichkeiten, im Betrieb Maßnahmen zum erweiterten gesetzlichen Arbeitsschutz zu entwickeln und durchzuführen. Eine so umfassende Gestaltungsperspektive ist zugleich daran gebunden, dass betriebliche Gesundheitsförderung zu einer gesamtbetrieblichen Aufgabe für alle im Betrieb wird. Das setzt allerdings voraus, dass Führungskräfte und Beschäftigte sowie die weiteren beteiligten Akteure (z.b. Betriebsärzte, Fachkräfte für Arbeitssicherheit u.a.) ihre Entscheidungen und ihr Verhalten im Hinblick auf das Kriterium der Gesundheitsförderlichkeit im Sinne der Ottawa Charta der WHO und der Luxemburger Deklaration überprüfen und anpassen (s. Abbildung 5) sowie die umfassenden Arbeitsschutzregelungen in den Mittelpunkt ihres Handelns stellen.

Psychische Gesundheit der Beschäftigten

Das *zweite Themenfeld* der Workshopreihe »Psychische Gesundheit der Beschäftigten« stand im Mittelpunkt des 3. Workshops 1999, des 13. Workshop 2009 und des 14. Workshops 2010 (s. Abbildung 4). Ausgangspunkt der Diskussion waren psychische Belastungen und Beanspruchungen in den Betrieben, die aufgrund langfristiger Veränderungen in der Arbeitswelt – Auswirkungen der Globalisierung wie verdichtete und beschleunigte Abläufe, verschwimmende Grenzen von Arbeits- und Privatleben – sowie durch die Auswirkungen der Wirtschafts- und Finanzkrisen immer mehr zugenommen haben. Auch neueste Studien wie z.b. die des TÜV Süd im September 2010 zeigen, dass mehr als 60% der Befragten in den Betrieben mit psychischen Belastungsfaktoren konfrontiert sind (vgl. INQA.de, Pressemitteilung vom 28.4.2011). Dies spiegelt sich auch in wachsenden Krankenständen sowie in der steigenden Anzahl von Frühverrentungen aufgrund psychischer Erkrankungen wieder. Nach der jüngsten Analyse des Wissenschaftlichen Instituts der AOK (WIdO) ist nahezu jeder zehnte Ausfalltag auf eine psychische Erkrankung zurückzuführen. Dadurch sind die psychischen Erkrankungen seit 1999 um 80% angestiegen (vgl. INQA. de, Pressemitteilung vom 28.4.2011).

Im aktuellen Gesundheitsbericht der Allianz Deutschland AG und des Rheinisch Westfälischen Instituts für Wirtschaftsforschung wird eine Modellrechnung aufgestellt, die verdeutlicht, dass allein die verringerte Produktivität depressiver Beschäftigter die Unternehmen in Deutschland jährlich 9,3 Milliarden Euro kostet (vgl. Corporate Health Jahrbuch 2011).

Dies könnte sich verändern, wenn die Gefährdungen, die durch psychische Belastungsfaktoren entstehen, durch die Betriebe erkannt und als solche anerkannt werden. Nach einer Untersuchung des WIdO nimmt jedoch nur jeder zehnte Betrieb psychische Erkrankungen wirklich ernst. Dementsprechend niedrig ist die Bereitschaft, in diesen Bereichen etwas präventiv zu tun bzw. etwas zu investieren.

Zu erkennen ist dies auch an der geringen Umsetzung der gesetzlich vorgeschriebenen Gefährdungsbeurteilung der körperlichen und psychischen Belastungen. Obwohl diese seit 15 Jahren (Arbeitsschutzgesetz 1996) umfassend durchgeführt werden soll, zeigen die Ergebnisse der Betriebsrätebefragung der Hans-Böckler-Stiftung von 2008/09, dass die Gefährdungsbeurteilung nur in 56% der befragten

Betriebe durchgeführt wurde. Davon wiederum hat nur jeder vierte Betrieb auch die psychischen Belastungen erfasst. Diese Zahlen sind bezogen auf alle Unternehmen in Deutschland sehr optimistisch, da es sich bei den erfassten Betrieben der Betriebsrätebefragung (im Vergleich zu Unternehmen ohne Interessenvertretung) um eine privilegierte Gruppe handelt. Andere Befragungen kommen noch zu weit negativeren Ergebnissen. Beim DGB-Index »Gute Arbeit« von 2008 geben nur 30% der Beschäftigten an, an einer Gefährdungsbeurteilung teilgenommen zu haben.

Dabei sind Gefährdungsbeurteilungen das einzige gesetzlich verbindliche Instrument, das in der Lage ist, die körperlichen und psychischen Belastungen im Betrieb wirksam zu bekämpfen. Den Betriebsräten fällt damit eine wichtige, aber schwierige Rolle zu. Sie haben eine Reihe von Mitbestimmungsrechten (nach §§ 87 und 91 Betriebsverfassungsgesetz) und Mitwirkungsrechten, sodass sie auf der Umsetzung des Gesetzes (bis zur Einigungsstelle) bestehen können. Doch ein erheblicher Teil der betrieblichen Akteure ist mit diesem Instrument überfordert oder sieht den Nutzen von Gefährdungsbeurteilungen offenbar selbst als fraglich an.

Erschwerend kommt hinzu, dass zwar die Anwendung der Gefährdungsbeurteilung für alle Arbeitgeber verpflichtend ist, ein Verstoß gegen das Gesetz aber kaum sanktioniert wird. Erst wenn es zu einem Arbeitsunfall kommt, wird von den Unfallversicherungsträgern geprüft, ob eine ordnungsgemäße Gefährdungsbeurteilung vorliegt. Ist dies nicht der Fall, kann die Übernahme von Kosten verweigert werden.

Das Arbeitsschutzgesetz schreibt kein bestimmtes Verfahren zur Beurteilung psychischer Belastungen vor. Die Auswahl der Instrumente unterliegt der Mitbestimmung der Betriebsräte und ist nicht einfach vorzunehmen. Allein die Aufstellung der BAuA zeigt mittlerweile über 80 Instrumente und Verfahren zur Beurteilung psychischer Belastungen (Toolbox, www.baua.de). Es ist nicht einfach, bei der mittlerweile insgesamt vorhandenen Vielfalt und Unübersichtlichkeit von Instrumenten und Verfahren die richtige Auswahl für den jeweiligen Betrieb mit seinen Tätigkeiten und Anforderungen zu treffen. Viele Verfahren gelten als zu aufwendig, expertenorientiert und für Praktiker und Beschäftigte nicht nachvollziehbar. Bei der Auswahl eines Instruments ist zu berücksichtigen, dass psychische Belastungen von den Beschäftigten individuell unterschiedlich wahrgenommen werden und je nach Betriebs- oder Abteilungsstruktur verschiedene Ursachen haben können. Deshalb kommt es darauf an, sehr intensiv mit den Beschäftigten in den Betrieben zusammenzuarbeiten und Arbeitsbelastungen zu erfragen und Verbesserungen und Entlastungen am Arbeitsplatz mit ihnen gemeinsam zu entwickeln. Dieser Prozess kann nur dann erfolgreich sein, wenn er partizipativ und gesundheitsförderlich angewandt wird.

Empfehlenswert ist, wenn Betriebs- und Personalräte ihre Verfahren, Instrumente, Prozesse zur Erfassung, Bewertung und Verbesserung der körperlichen und psychischen Gefährdungen in einer Betriebs- bzw. Dienstvereinbarung mit dem Arbeitgeber festlegen. Besonders ist hervorzuheben, dass sich dabei die Festlegung von Grenzwerten eignet,[3] um bei einer Überschreitung zügig und zwingend Maßnahmen herbeiführen zu können (vgl. Hummel 2010).

Auffälligerweise wird nach wie vor in den Betrieben kaum das Alter der Beschäftigten bezüglich der Beurteilung von psychischen und körperlichen Belastungen beachtet. Dies ist erstaunlich, da spezifische altersbedingte Gefährdungen tendenziell zunehmen: Einerseits verschlechtern sich die Leistungsmöglichkeiten im Alterungsprozess, insbesondere bei schwerer körperlicher Arbeit, Nachtarbeit etc. sowie durch Zeitdruck und Überstunden; zudem nehmen individuelle Unterschiede von Personen mit dem Alter zu. Andererseits altert die Erwerbsbevölkerung in fast allen Unternehmen deutlich (vgl. Geißler 2011).

Der demografische Wandel mit seinen besonderen Herausforderungen

Diese Überlegungen werden im dritten Themenfeld aufgegriffen.»Der demografische Wandel mit seinen besonderen Herausforderungen« umschließt die Themen des 6. Workshops 2002, des 9. Workshops 2005, des 10. Workshops 2006, des 11. Workshops 2007 und des 15. Workshops 2011 (s. Abbildung 4). Im Mittelpunkt steht hier die Erhaltung und Förderung der Arbeitsfähigkeit von alternden Belegschaften sowie die Eingliederung nach längerer Krankheit.

Zentral für die Diskussionen der letzten Jahre war das Jahr 2002. Prof. Dr. Juhani Ilmarinen hielt das Eröffnungsreferat »Arbeit alleine erhält die Arbeitsfähigkeit nicht«. Er berichtete über Längsschnittstu-

---

[3] Dies gilt für körperliche sowie für psychische Grenzwerte.

Abbildung 7: Handlungsfeld 2 – Betriebliches Eingliederungsmanagement
auf der Grundlage des SGB IX § 84

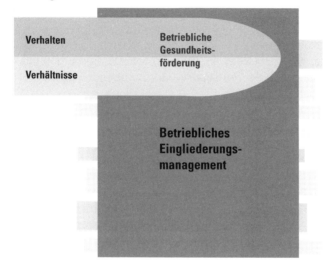

dien von 1981-1997 aus Finnland und die Möglichkeiten, die Arbeitsfähigkeit alternder Belegschaften zu erhalten und zu fördern.

Diese Erkenntnisse und Erfahrungen waren für uns eine große Bereicherung und wurden gleichzeitig Grundlage für unsere weitere Vorgehensweise in den Betrieben. Die zentrale Bedeutung dieses Themenschwerpunkts dokumentiert auch das vorliegende Buch mit seinen einzelnen Beiträgen. Juhani Ilmarinen stellt das »Haus der Arbeitsfähigkeit« vor und betriebliche Beispiele untermauern die Möglichkeit, die Arbeitsfähigkeit alternder Beschäftigten gesundheitsförderlich zu erhalten.

Da die Anzahl von Älteren in den Betrieben in Deutschland immer mehr zunimmt, kann das Betriebliche Eingliederungsmanagement eine immer größere Bedeutung erhalten; denn wer z.b. im Alter aufgrund nachlassender Körperkraft weniger gut heben oder tragen kann, läuft Gefahr, bei nächster Gelegenheit als nicht mehr arbeitsfähig eingestuft zu werden. Hier kann frühzeitig auch präventiv etwas getan werden. Spätestens aber dann, wenn derjenige arbeitsunfähig geworden ist, muss eine Möglichkeit zur Eingliederung an seinen Arbeitsplatz bzw. in seinen Betrieb gefunden werden.

Das Betriebliche Eingliederungsmanagement (BEM) ist seit 2004 im SGB IX § 84 gesetzlich verankert. Beschäftigte, die länger als sechs Wochen ununterbrochen oder wiederholt arbeitsunfähig sind, sollen ein professionelles Eingliederungsmanagement erhalten, um wieder an ihren Arbeitsplatz zurückkehren zu können. Für den Betroffenen selbst ist das BEM freiwillig. Dadurch wird die Förderung der Selbstbestimmung und der Partizipation als übergeordnetes Ziel im Sozialgesetzbuch formuliert.

Relevant für die betriebliche Gesundheitsförderung ist die konsequente Identifikation krankheitsfördernder betrieblicher Bedingungen, die eine wertvolle Informationsbasis für geeignete Maßnahmen zur Verbesserung der Arbeitsbedingungen darstellt.

Insgesamt ist dies eine große Herausforderung für die einzelnen Betriebe und ihre beteiligten Akteure. Sie müssen ihr BEM strategisch gut gesundheitsförderlich aufbauen, um damit erfolgreich zu sein.

Bestandsaufnahme der »betrieblichen Gesundheitsförderung« für eine zukunftsorientierte erfolgreiche Arbeit in den Betrieben

Anhand der drei Themenschwerpunkte der Workshopreihe lassen sich die Entwicklungen gut aufzeigen. Die gesetzliche Grundlage der betrieblichen Gesundheitsförderung ist gut, nur die praktische Umsetzung lässt noch zu wünschen übrig. Hier sollte Bildung und Weiterbildung in den Betrieben intensiver, qualitativ hochwertig und ergebnisorientiert angeboten und durchgeführt werden (s. auch den Artikel von Gudrun Faller in diesem Buch). Die Unfallversicherungsträger und die Krankenkassen können dabei eine Vorreiterrolle einnehmen und ein ergebnisorientiertes Belohnungssystem für Unternehmen und Beschäftigte flächendeckend aufbauen. Wenn die Kriterien einer betrieblichen Gesundheitsförderung im Arbeitsschutz und im betrieblichen Eingliederungsmanagement erfüllt sind, sollte sich dies in reduzierten Mitgliedsbeiträgen bei den Unternehmen und bei den Beschäftigten niederschlagen.

Im Anschluss gehe ich auf das dritte Handlungsfeld ein – die betriebliche Gesundheitsförderung (Abbildung 8). Ein kleiner Rückblick soll helfen, die Geschichte der Gesundheitsförderung zu verstehen und den aktuellen Stand zu skizzieren: 1988 wurde die Gesundheitsförderung als Kassenleistung mit dem Gesundheitsreformgesetz eingeführt. Auf der Grundlage insbesondere der §§ 11 und 20 SGB V erhielten gesetz-

Abbildung 8: Handlungsfeld 3 – Betriebliche Gesundheitsförderung nach SGB V

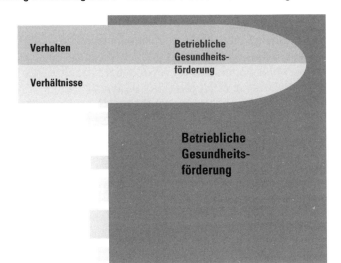

lich Krankenversicherte einen Rechtsanspruch auf Leistungen »zur Förderung der Gesundheit« (§ 11 Abs. 1). Weiterhin wurden die gesetzlichen Krankenkassen verpflichtet:

- »ihre Versicherten allgemein über Gesundheitsgefährdungen und über die Verhütung von Krankheiten aufzuklären und darüber zu beraten, wie Gefährdungen vermieden und Krankheiten verhütet werden können (§ 20 Abs. 1),
- und »bei der Verhütung arbeitsbedingter Gesundheitsgefahren mit(zu)wirken«, wobei sie mit den Trägern der gesetzlichen Unfallversicherung zusammenarbeiten sollen.

Der Gesetzgeber erlaubte den Krankenkassen, in ihren Satzungen Ermessensleistungen zur Erhaltung und Förderung der Gesundheit sowie zur Krankheitsverhütung vorzusehen und Art und Umfang dieser Leistungen zu bestimmen (§ 20 Abs. 3).

Die Anwendung dieser Rechtsvorschriften führte in den 1990er Jahren zu einer Zunahme entsprechender Leistungsangebote der Kassen. Sie betrugen trotzdem immer noch weniger als 1% der Gesamtausgaben der gesetzlichen Krankenversicherung. Vorwiegend waren diese Leistungen allgemein gesundheitsfördernd, verhaltenspräventiv und auf Individuen ausgerichtet. Hingegen entwickelten sich verhältnispräventiv orientierte Angebote und Interventionen in den Betrieben nur in geringer Anzahl (vgl. Priester 1998).

Mitte der 1990er Jahre entstand eine öffentliche Kritik an der Praxis der Gesundheitsförderung und ein Infragestellen bestimmter Leistungen, wie zum Beispiel Bauchtanzgruppen, die aus Krankenkassenbeiträgen der Versicherten und der Arbeitgeber bezahlt wurden. Nach öffentlichen Diskussionen hat der Gesetzgeber mit dem in 1996 verabschiedeten Beitragsentlastungsgesetz die Gesundheitsförderung als eigenständige Kassenleistung wieder aus dem Krankenversicherungsrecht gestrichen. Ab 1996 bis 2000 beschränkte sich dadurch das Angebot der Kassen auf die weiterhin bestehenden Aufgaben der Vorsorge und Früherkennung.

Durch die Neufassung des § 20 SGB V im Jahr 2000 konnten die Krankenkassen auch wieder Maßnahmen zur betrieblichen Gesundheitsförderung durchführen. Diese unterliegen den gleichen Anforderungen wie jenen zur primären Prävention und haben ein enges gesetzlich vorgeschriebenes Ausgabenlimit von 2,74 Euro pro Versicherten pro Jahr (bezogen auf das Jahr 2006, wird jährlich angepasst).

Im April 2007 wurde zusätzlich die betriebliche Gesundheitsförderung im neu ergänzten § 20a SGB V (s. Abbildung 9) in eine gesetz-

Abbildung 9: Auszug aus dem SGB V

---

§ 20a SGB V Betriebliche Gesundheitsförderung

1) Die Krankenkassen erbringen Leistungen zur Gesundheitsförderung in Betrieben (betriebliche Gesundheitsförderung), um unter Beteiligung der Versicherten und der Verantwortlichen für den Betrieb die gesundheitliche Situation einschließlich ihrer Risiken und Potenziale zu erheben und Vorschläge zur Verbesserung der gesundheitlichen Situation sowie zur Stärkung der gesundheitlichen Ressourcen und Fähigkeiten zu entwickeln und deren Umsetzung zu unterstützen. § 20 Abs. 1 Satz 3 gilt entsprechend.

2) Bei der Wahrnehmung von Aufgaben nach Absatz 1 arbeiten die Krankenkassen mit dem zuständigen Unfallversicherungsträger zusammen. Sie können Aufgaben nach Absatz 1 durch andere Krankenkassen, durch ihre Verbände oder durch zu diesem Zweck gebildete Arbeitsgemeinschaften (Beauftragte) mit deren Zustimmung wahrnehmen lassen und sollen bei der Aufgabenwahrnehmung mit anderen Krankenkassen zusammenarbeiten. § 88 Abs. 1 Satz 1 und Abs. 2 des Zehnten Buches und § 219 gelten entsprechend.

liche Verpflichtung der Kassen umgewandelt. Dies bedeutet, dass die Krankenkassen Betriebe bei Maßnahmen der betrieblichen Gesundheitsförderung unterstützen müssen (vgl. Faller/Faber 2010). Von daher haben Krankenkassen die gesetzliche Aufgabe, nicht nur präventiv tätig zu werden – also Krankheiten zu verhüten –, sondern gesundheitsförderlich. Die Beschäftigten sollen dadurch mit Initiativen und Maßnahmen verhältnis- und verhaltensorientiert unterstützt werden, Gesundheitsressourcen aufzubauen, um ihre Gesundheit zu erhalten. Dies ist m.E. eine gute Unterstützung für die Betriebe und die Beschäftigten, eine umfassende betriebliche Gesundheitsförderung über die drei Handlungsfelder – den umfassenden Arbeitsschutz, das betriebliche Eingliederungsmanagement und die betriebliche Gesundheitsförderung – zu initiieren und zu gestalten. Um dies zu verdeutlichen, schauen wir in die Praxis. Durch die Auswertung von Betriebs- und Dienstvereinbarungen zur betrieblichen Gesundheitsförderung ergeben sich zahlreiche Hinweise für die betriebliche Gestaltung. Diese sind in dem in Abbildung 10 wiedergegebenen Gestaltungsraster zusammengefasst und bieten eine Übersicht über die unterschiedlichen Gesichtspunkte bei der Planung, Organisation, Umsetzung und Ergebnisbewertung der betrieblichen Gesundheitsförderung bzw. einzelner gesundheitsförderlicher Maßnahmen. Dieses Gestaltungsraster ist als Anregung für eigene Überlegungen angelegt und nicht als ein geschlossener Gestaltungsvorschlag zu verstehen (s. Giesert/Geißler 2003: 90ff.).

Möglichkeiten zur Gestaltung einer zukunfts- und alternsorientierten betrieblichen Gesundheitsförderung im BGM

Die aktuelle Gesetzeslage bietet eine gute Grundlage für die betriebliche Gesundheitsförderung, aufbauend auf und ergänzend zum gesetzlichen Arbeitsschutz und zum betrieblichen Eingliederungsmanagement sowie zur betrieblichen Gesundheitsförderung (als Krankenkassenleistung). Und es gibt eine Reihe von guten Beispielen für umfassende Regelungen von betrieblicher Gesundheitsförderung im Rahmen eines betrieblichen Gesundheitsmanagements.[4] Aufbauend auf dem betrieb-

---

[4] Betriebliches Gesundheitsmanagement soll hier als zielorientierte Gestaltung, Steuerung und Entwicklung des Unternehmens und seiner Teilbereiche verstanden werden (vgl. Birker 2005: 262).

Abbildung 10: Gestaltungsraster – Vereinbarung zur betrieblichen Gesundheitsförderung

Präambel – gemeinsames Grundverständnis der betrieblichen Gesundheitsförderung
In der Präambel wird ein gemeinsames Grundverständnis von Gesundheitsförderung beschrieben, das in den allgemeinen Zielen konkretisiert werden kann:

Ziele der betrieblichen Gesundheitsförderung
→ Gesundheitsförderung wird als Prozess und Gesundheit als Wohlbefinden verstanden
→ Beteiligung und Befähigung der Mitarbeiterinnen und Mitarbeiter
→ Aussagen zu Produktivität und Nachhaltigkeit betrieblicher Gesundheitsförderung
→ Mögliche Festlegung besonderer Zielgruppen der betrieblichen Gesundheitsförderung
→ Gesundheitsförderung durch Verhaltens- und Verhältnisprävention
→ Regelungen über Veränderungen der Arbeitsbedingungen (Verhältnisprävention) und Beeinflussung des Verhaltens (von Stressprävention bis Rückenschulen)

Instrumente der betrieblichen Gesundheitsförderung
→ Daten für Taten
→ Betrieblicher Gesundheitsbericht
  ❍ Gesundheitsbericht der Krankenkassen, Verknüpfung mit anderen Daten: Befragungen von Mitarbeiterinnen und Mitarbeitern, Begehungsprotokolle, Daten der Arbeitsmedizinerinnen und -mediziner, Daten aus der Gefährdungsbeurteilung
  ❍ Jährlich einmal zu erstellen. Fasst alle im Berichtszeitraum durchgeführten Maßnahmen zur Gesundheitsförderung zusammen.
  ❍ Befragung der Mitarbeiterinnen und Mitarbeiter
  ❍ Information der Mitarbeiter/innen über die Ziele und Ergebnisse der Befragung sowie über die entwickelten Maßnahmen
  ❍ Schriftliche, anonyme Befragungen, Berücksichtigung des Datenschutzes durch Untergrenzen für die Auswertung (zu hohe Grenzen verwässern das Ergebnis), Verwendung von geprüften Fragebögen auch zum überbetrieblichen Vergleich psychische Belastungen – Schnittpunkt von Gefährdungsbeurteilung und betrieblicher Gesundheitsförderung
  ❍ Insbesondere die Daten der Gefährdungsbeurteilung der psychischen Belastungen sind eine wichtige Basis für gesundheitsförderliche Maßnahmen
  ❍ Sinnvoll ist der Einsatz psychologischer Arbeitsanalyseverfahren: Fragebögen und Beobachtungsverfahren durch interne (z.B. entsprechend geschulte Sicherheitsbeauftragte) oder externe

Expertinnen/Experten für Kommunikation, Fehlzeiten- und Ge-
sundheits-Gespräche
○ Anerkennungsgespräche mit Gesund(et)en: Statt Fehlzeiten- und
(Kranken-)Rückkehrgesprächen wird systematisch mit Gesund(et)en
gesprochen
○ Willkommensgespräche: Nach jeder Abwesenheit – Urlaub, Weiterbildung, Krankheit, Karenz ...

Steuerung des Prozesses der betrieblichen Gesundheitsförderung
→ Arbeitskreis Gesundheit (AKG) und Koordinations-Team
○ Arbeitskreis Gesundheit (AKG): als freiwilliges Gremium der betrieb-
lichen Gesundheitsförderung ähnlich zusammengesetzt wie der
Arbeitsschutz-Ausschuss (ASA). AKG und ASA können im Rahmen
eines Gesundheits-Managements zusammengelegt werden
○ Das Gremium vereinbart eine Geschäftsordnung zur Regelung
der inhaltlichen und organisatorischen Arbeit
→ Detailanalysen und Vorschläge für Maßnahmen – Arbeitsgruppen im
Betrieb
→ Ständige Arbeitsgruppen (Gesundheitsteams)
→ Zeitlich befristete Arbeitsgruppen (Gesundheitszirkel oder Fokus-
gruppen)

Betriebliche Organisation
Einbindung der betrieblichen Gesundheitsförderung zusammen mit
dem Arbeitsschutz in ein betriebliches Gesundheitsmanagement mit
entsprechenden Gremien (Zusammenlegung von ASA und AKG)
Akzeptanzbildung auf allen Hierarchieebenen und Einbeziehung aller
Führungskräfte, Mitarbeiter/innen und deren Vertretung Einbeziehung
aller internen Gesundheits- und Sicherheits-Expert/innen Einbeziehung
externer Expert/innen und Institutionen (Unfall- und Krankenkassen
...)

Qualifizierung für Gesundheitsförderung
→ Innerbetriebliche Akteure
○ Sicherheitsbeauftragte, z.B. Ausbildungen für Feinanalysen (ar-
beitspsychologische Beobachtungsverfahren) im Rahmen der Ge-
fährdungsbeurteilung psychischer Belastungen) Beschäftigte
○ Befähigung zu gesundem Verhalten und
○ Zum Erkennen gesundheitsgefährdender Arbeitsbedingungen
○ Befähigung zu gesundheitsförderlicher Führung (soziale Kompe-
tenz, Personalführung)
○ Gesundheits- und Krankheitsfaktoren der Arbeit

Erfolgsbewertung der betrieblichen Gesundheitsförderung
Die Instrumente der
→ Datengewinnung, wie z.B. Mitarbeiter/innenbefragungen, Gesund-
heitsberichte oder Instrumente

→ der Entwicklung von Maßnahmen, wie z.B. Gesundheitszirkel und ständige Arbeitsgruppen, eignen sich neben
→ betrieblichen Kennziffern, wie z.b. Qualitätsnormen, Fluktuation oder
→ den Ergebnissen von Mitarbeiter/innengesprächen zur Erfolgsbewertung.

Beteiligungsrechte der betrieblichen Interessenvertretung

→ Informations- und Beratungsrechte gegenüber den innerbetrieblichen Akteurinnen und Akteuren für Sicherheit und Gesundheit
  ❍ Rechtzeitige Information über die Durchführung von Mitarbeiter/innengesprächen.
  ❍ Regelmäßige Information über die Gesundheitssituation im Betrieb.
→ Beteiligungsrechte
  ❍ Beteiligung an Instrumenten der betrieblichen Gesundheitsförderung (z.b. Gesundheitszirkeln, Gesundheitsförderungsmaßnahmen)
→ Mitbestimmungsrechte
  ❍ Verhütung von Arbeitsunfällen und Berufskrankheiten
  ❍ Sicherheit und Gesundheit
→ Überwachungsrechte
  ❍ Einhaltung der Arbeitsschutzgesetzgebung und den entsprechenden Verordnungen
→ Mitwirkung In Koordinations- und Arbeitskreisen,
  ❍ im Einvernehmen mit dem BR wird über Umfang und Inhalte der Schulung für Sicherheitsbeauftragte im Gesundheitsteam entschieden sowie über die Person des Trainers eines Gesundheitsteams
  ❍ Abstimmung über die Ausstattung eines Gesundheits-Centers
  ❍ Mitarbeit im Gesundheitszirkel
  ❍ Mitarbeit bei der Entwicklung betriebsbezogener Gesundheitsförderungsprogramme
  ❍ Aktiv eingebunden in die Gesundheitsförderungsmaßnahmen
  ❍ Animiert die Belegschaft zu gesundheitsgerechtem Verhalten und zur aktiven Teilnahme am Gesundheitsförderungsprogramm
  ❍ Wirkt auf das gesundheitsgerechte Verhalten ein und motiviert zur Teilnahme am Förderungsprogramm Betriebsvereinbarungen zur betrieblichen Gesundheitsförderung

Abschließende Regelungen

Kündigungsmöglichkeiten und -fristen; Festlegung von Erprobungsphasen mit abschließender Bewertung; Verpflichtung zum Abschluss weiterer Betriebsvereinbarungen; Beschränkung der Nachwirkung auf die Fälle der gesetzlich erzwingbaren Mitbestimmung; Salvatorische Klauseln.

lichen Arbeitsschutz gilt es, mit der aktiven Beteiligung alternder Arbeitnehmer und Arbeitnehmerinnen, betriebliche Gesundheitsförderung kontinuierlich weiter zu entwickeln. Dies umfasst alle Bereiche von der Ermittlung der Gefahren und Gefährdungen und ihrer Bekämpfung und Reduzierung bis hin zur Suche nach gesundheitsförderlichen Potenzialen der Arbeit, ihrem Ausbau und ihrer Nutzung. Aktiver Arbeitsschutz und betriebliche Gesundheitsförderung sowie das betriebliche Eingliederungsmanagement sind für den Arbeitgeber Pflicht, sie bieten umfassende und vielfältige Möglichkeiten einer menschengerechten Gestaltung in der Arbeitswelt.

Die dritte Säule der betrieblichen Gesundheitsförderung (Leistung der Krankenkassen u.a.) ist für den Arbeitgeber keine Pflicht, sondern nur die Kür. Er kann die Leistungen der Krankenkassen nach Sozialbuch V in Anspruch nehmen, er muss aber nicht. Für die Krankenkassen ist betriebliche Gesundheitsförderung dagegen eine gesetzliche Verpflichtung.

Die Verzahnung von Arbeits- und Gesundheitsschutz, betrieblichem Eingliederungsmanagement und betrieblicher Gesundheitsförderung (Leistung der Krankenkassen) ist in der Organisationsstruktur des Betrieblichen Gesundheitsmanagements die optimale Gestaltung für eine erfolgreiche betriebliche Gesundheitspolitik.

Betriebliche Gesundheitsförderung und Betriebliches Gesundheitsmanagement sind keine theoretischen Gebilde (wie sie z.B. in Betriebsvereinbarungen auftreten), sondern müssen in der Praxis von allen Beschäftigten, der betrieblichen Interessenvertretung, Führungskräften und Geschäftsführung gelebt und gestaltet werden. Qualitätsmanagement, kontinuierlicher Verbesserungsprozess und Zielvereinbarungen erleichtern den Aufbau von Strukturen zur Erhaltung und Förderung der Gesundheit.

Betriebsräte haben durch ihre Mitbestimmungs- und Initiativrechte eine wichtige Stellung und Funktion und können dadurch Prozesse für die Erhaltung und Förderung der Gesundheit in den vier Handlungsfeldern (s. Abbildung 11) initiieren und begleiten.

Tarifverträge und Betriebsvereinbarungen unterstützen die betriebliche Arbeit und sind für die Geschäftsleitung und den Betriebsrat verbindlich. Sie sorgen damit für eine klare, langfristige gemeinsame Arbeitsgrundlage.

Ein Netzwerk kann zum Austausch von Erfahrungen und Wissen über unterschiedliche Ebenen und Standorte eines Unternehmens bei-

Abbildung 11: Handlungsfeld 4 – Betriebliches Gesundheitsmanagement

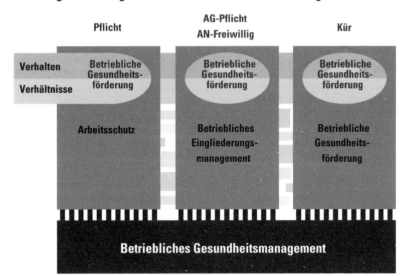

tragen. Die betrieblichen Akteurinnen und Akteure können durch Beispiele voneinander lernen und Synergien in einem kontinuierlichen Verbesserungsprozess optimieren.

Gerade in der Zeit von Unsicherheiten und weiterhin drohenden Finanz- und Wirtschaftskrisen sowie angesichts einer permanenten Restrukturierung in den Betrieben und immer älter werdender Belegschaften steigt der Bedarf an einem umfassenden Arbeitsschutz, an einer integrierten betrieblichen Gesundheitsförderung und an einem gut etablierten und frühzeitig funktionierenden betrieblichen Eingliederungsmanagement sowie einem betrieblichen Gesundheitsmanagement, das systematisch und nachhaltig gesundheitsförderliche Strukturen und Prozesse gestaltet und die Beschäftigten als aktive Akteure und Akteurinnen mit einbezieht.

Unternehmen, die dies erkennen und sich darauf einstellen, haben einen wesentlichen Wettbewerbsvorteil.

Literatur

Birker, K. (Hrsg.) (2005): Das neue Lexikon der BWL, Berlin.

Faller, G./U. Faber (2010): Hat BGF eine rechtliche Grundlage? Gesetzliche Anknüpfungspunkte für die Betriebliche Gesundheitsförderung. In: G. Faller, Lehrbuch Betriebliche Gesundheitsförderung, Bern.

Geißler, H. (2011): Umgang mit psychischen Belastungen und Fehlbeanspruchungen, Düsseldorf.

Giesert, M./H. Geißler (2003): Betriebliche Gesundheitsförderung, Frankfurt a.M.

Hummel, D. (2010): Erfolgskriterien für die Umsetzung einer Gefährdungsbeurteilung, in: M. Giesert, Psychisch gesund bleiben, Hamburg.

Luxemburger Deklaration zur Betrieblichen Gesundheitsförderung (1997): Europäisches Netzwerk für Betriebliche Gesundheitsförderung – Nationale Kontaktstelle Deutschland – BKK Bundesverband GbR, Essen, auch unter www.inqa.de.

Priester, K. (1998): Betriebliche Gesundheitsförderung. Voraussetzungen – Konzepte – Erfahrungen, Frankfurt a.M.

Ulich, E./M. Wülser (2010): Gesundheitsmanagement in Unternehmen, Wiesbaden.

Anhang

I Literaturhinweise

Marianne Giesert:
Zukunftsfähige Gesundheitspolitik
im Betrieb
Betriebs- und Dienstvereinba-
rungen – Fallstudien.
Frankfurt am Main:
BUND Verlag GmbH, 2010.
Bestellen: www.bund-verlag.de
ISBN 978-3-7663-3798-6

Marianne Giesert/Cornelia Wendt:
Handlungsleitfaden für ein
Betriebliches Eingliederungs-
management
DGB-Bundesverband 2007

| Veranstaltungshinweis

4. Gesundheitsgipfel 2011 mit Vertiefungsseminar
Prävention und Gesundheitsförderung: Führung und Partizipation
7.-12.8.2011 in Grainau

Durch die Globalisierung der Märkte und den dadurch resultierenden gesellschaftlichen Wandel sind Lebensrisiken entstanden, die zu erheblichen Ungleichheiten in unserer Gesellschaft führen können. Prävention und Gesundheitsförderung bieten zur Bewältigung dieser Aufgaben in den Betrieben und in der Gesellschaft ein wichtiges Innovationspotenzial, das bislang nicht ausgeschöpft wurde. Ziel des »Gesundheitsgipfels« ist es, Entscheidungsträger aus den Betrieben und der Gesellschaft für die Neuausrichtung ihrer Strategien zu gewinnen, bei der Prävention und Gesundheitsförderung eine eindeutige Rolle zugewiesen wird.

Die Ottawa Charta der Weltgesundheitsorganisation (WHO) bezeichnet Beschäftige als Subjekte ihrer eigenen Lebens- und Arbeitsbedingungen. Im Gegensatz dazu sehen Führungskräfte sie in der betrieblichen Realität meist als Objekte. Sie sind unternehmerischen Arbeitsabläufen, Zielsetzungen und Kennzahlen untergeordnet, auf die sie keinen Einfluss haben. Führung und Partizipation der Beschäftigten liegen jedoch eng beieinander. In der heutigen Zeit ist eine erfolgreiche Steuerung von Unternehmen und Abteilungen ohne Partizipation nicht mehr denkbar. Der Gestaltungsraum für die Beteiligung wird durch Führung einerseits eröffnet und wirkt gleichzeitig verändernd auf sie zurück. Dies erfordert ein neues Führungsverhalten und fortschrittliche Führungsstrategien. Die Beschäftigten müssen an der Gestaltung der Arbeitsbedingungen beteiligt werden. Im Zentrum des Gesundheitsgipfels steht die Frage – welche Handlungsmöglichkeiten hat die betriebliche Interessenvertretung aktuell, um aktiv mitzugestalten?
Der »Gesundheitsgipfel« findet an der Zugspitze statt. Dieser Ort soll damit die besondere Bedeutung der Veranstaltung herausstellen und als Plattform und jährlicher Höhepunkt des Austausches und der Inspiration für neue Impulse und Strategien der Prävention und Gesundheitsförderung dienen. Expertinnen und Experten aus Politik, den Betrieben und der Gesellschaft bieten die Möglichkeit, neue Ideen und erprobte

Beispiele näher zu durchleuchten, um daraus Strategien für die eigene individuelle und betriebliche Praxis zu gewinnen.

Leitung und Moderation: Marianne Giesert, Leiterin des Kompetenzzentrums
Gesundheit und Arbeit, DGB Bildungswerk BUND

Schauen Sie doch auch mal ins Internet unter
www.gipfel.betriebsratsqualifizierung.de | www.betriebsratsqualifizierung.de

Die Autorinnen und Autoren

Fritz Bindzius ist Leiter der Unterabteilung Gesundheit, Abteilung Sicherheit und Gesundheit der Deutschen Gesetzlichen Unfallversicherung (DGUV) I Fritz.Bindzius@dguv.de

Torsten Bökenheide ist Dipl. Betriebswirt/Dipl. Sozialökonom und Personalprokurist der VHH PVG Gruppe I Torsten.Boekenheide@vhhpvg.de

Melanie Ebener ist Diplom-Psychologin und Wissenschaftliche Mitarbeiterin am Institut für Sicherheitstechnik an der Bergischen Universität Wuppertal und seit 2009 Teil des WAI-Netzwerkteams I ebener@uni-wuppertal.de

Prof. Dr. Gudrun Faller lehrt Betriebliche Gesundheitsförderung und Organisationsentwicklung an der Hochschule Magdeburg-Stendal/Fachbereich Sozial- und Gesundheitswesen I gudrun.faller@hs-magdeburg.de

Alexander Frevel ist Berater im Themenfeld demografischer Wandel mit den Schwerpunkten Altersgerechte Berufsverläufe, Förderung der Arbeitsbewältigungsfähigkeit, demografierobuste Personalpolitik. Er leitet das virtuelle Forschungsinstitut Arbeit und Zukunft I frevel@arbeitundzukunft.de

Dr. Heinrich Geißler ist Berater für Betriebliche Gesundheitsförderung mit den Schwerpunkten Gesundheitsfördernde Führung und Generationen-Management und Lehrbeauftragter an verschiedenen Fachhochschulen und Universitäten in Deutschland, Österreich und der Schweiz I office@bf-geissler.com, www.bf-geissler.com

Marianne Giesert ist Leiterin des Kompetenzzentrums Gesundheit und Arbeit beim DGB Bildungswerk BUND, Düsseldorf. Sie ist Diplom Betriebswirtin, Diplom Sozialökonomin, Supervisorin, Coach und Sachverständige in Einigungsstellen I Marianne.Giesert@dgb-bildungswerk.de

Brigitta Gruber ist Arbeits- und Sozialpsychologin sowie geschäftsführende Gesellschafterin der arbeitsleben Gruber KG, Hamburg, Beraterin für Betriebliche Gesundheitsförderung seit 1999 I Brigitta.Gruber@arbeitsleben.com, www.arbeitundzukunft.de

Prof. Juhani Ilmarinen ist der ehemalige Leiter der Abteilung Physiologie des Finnischen Institutes für Arbeitsmedizin, Helsinki, Finnland und hat das Instrument des Arbeitsbewältigungsindex (Work Ability Index) entwickelt | juhani.ilmarinen@jic.fi

Dr. Irene Kloimüller, MBA, ist Medizinerin, Psychotherapeutin und Unternehmensberaterin und Leiterin des Programms »Fit für die Zukunft – Arbeitsfähigkeit erhalten«. Sie ist strategische Beraterin für die Themen Arbeitsfähigkeits- und Generationenmanagement für zahlreiche Organisation und Betriebe und hat im Auftrag des BMASK das Gütesiegel Nestor Gold – Alternsgerechte Organisation entwickelt | i.kloimueller@wertarbeit.at; www.wertarbeit.at bzw. www.wainetzwerk.at

Heinz Kowalski ist Geschäftsführer des Instituts für Betriebliche Gesundheitsförderung BGF GmbH | heinz.kowalski@bgf-institut.de, www.bgf-institut.de

Dr. Joseph Kuhn ist Diplompsychologe. Seine Arbeitsschwerpunkte sind Gesundheitsberichterstattung und Gesundheitsförderung beim Bayerischen Landesamt für Gesundheit und Lebensmittelsicherheit, Oberschleißheim | joseph.kuhn@lgl.bayern.de

Dr. Anja Liebrich ist Diplom-Psychologin mit Schwerpunkt Arbeits- und Organisationspsychologie. Sie ist Projektmitarbeiterin beim DGB-Bildungswerk BUND | anja.liebrich@dgb-bildungswerk.de.

Ralf Lukas ist im Betriebsrat der Verkehrsbetriebe Hamburg-Holstein AG | Ralf.Lukas@vhhpvg.de

Dr. Manuela Maschke leitet das Archiv Betriebliche Vereinbarungen der Hans-Böckler-Stiftung | www.boeckler.de/betriebsvereinbarungen, Manuela-Maschke@Boeckler.de.

Dr. Martina Panke ist Diplompsychologin und Leiterin der DGB Jugendbildungsstätte Flecken Zechlin. Ihre Arbeitsschwerpunkte sind politische Bildungsarbeit und Arbeitspsychologie | martina.panke@dgb-jugendbildungsstaette.de

Tobias Reuter ist Diplom Ökonom und Projektmitarbeiter beim DGB-Bildungswerk BUND | tobias.reuter@dgb-bildungswerk.de.

Prof. Dr. Gottfried Richenhagen lehrt an der FOM – Hochschule für Ökonomie und Management in Essen und ist ein weithin anerkannter Experte für Arbeits- und Beschäftigungsfähigkeit | gottfried.richenhagen@fom.de

Birgit Schauerte ist Dipl.-Sportlehrerin, exam. Krankenschwester und Mitarbeiterin des Instituts für Betriebliche Gesundheitsförderung BGF GmbH | www.bgf-institut.de

Thomas Scheel ist im Betriebsrat der Verkehrsbetriebe Hamburg-Holstein AG | thomas.scheel@vhhpvg.de

Christoph Schindler ist Diplom-Sportwissenschaftler und arbeitet als Gesundheitsmanager bei der Landeshauptstadt München im Personal- und Organisationsreferat, Personalentwicklung | christoph.schindler@muenchen.de

Dr. Jutta Schramm ist Ärztin für Innere Medizin und Arbeitsmedizin und arbeitet als Betriebsärztin bei der VHH/PVG | jutta.schramm@vhhpvg.de

Karin Schweighofer ist geschäftsführende Gesellschafterin der syn.energy GmbH, Hamburg. www.syn-energy.com

Karin Sötje ist Sozialpädagogin und Diplompsychologin. Sie ist 1. Vorsitzende des Vereins Forum Arbeit e.V. Ihre Arbeitsschwerpunkte sind betriebliche Bildungsarbeit, betriebliche Gesundheitsförderung und Themen der beruflichen Sozialisation. FORUM ARBEIT e.V., Berlin | forumarbeit@t-online.de

Andreas Soukup ist geschäftsführender Gesellschafter der syn.energy GmbH, Hamburg | www.syn-energy.com

Matthias Stricker ist Betriebsleiter der VHH PVG Unternehmensgruppe Bergedorf | matthias.stricker@vhhpvg.de

Dr. med. Jürgen Tempel ist Facharzt für Anästhesie und Allgemeinmedizin arbeitet als Betriebsarzt bei der VHH PVG Unternehmensgruppe in Hamburg im Öffentlichen Personennahverkehr (ÖPNV) | juergen.tempel@arbeitalterwohlbefinden.de

Anastasia Wagner ist Diplom-Gesangspädagogin, klassische Sängerin | nico-ger@web.de

Dr. Volker Wanek ist Mitarbeiter der Abteilung Gesundheit des GKV-Spitzenverbandes, Berlin | Volker.Wanek@gkv-spitzenverband.de

VSA: Arbeiten & gesund bleiben